财经类专业新文科改革建设试点系列教材

Accounting and Financial Analysis Based on SQL Databases

基于SQL数据库的会计核算与财务分析

胡际莲 李小明／主 编

许静 余倩 刘建梅 覃甲恩／副主编

东北财经大学出版社
Dongbei University of Finance & Economics Press

大连

图书在版编目（CIP）数据

基于SQL数据库的会计核算与财务分析 / 胡际莲，李小明主编. —大连：东北财经大学出版社，2024.8. —（财经类专业新文科改革建设试点系列教材）. —ISBN 978-7-5654-5378-6

Ⅰ．F275.2

中国国家版本馆CIP数据核字第2024RJ9254号

东北财经大学出版社出版

（大连市黑石礁尖山街217号　邮政编码　116025）

网　　　址：http://www.dufep.cn

读者信箱：dufep@dufe.edu.cn

大连永盛印业有限公司印刷　　　东北财经大学出版社发行

幅面尺寸：185mm×260mm　字数：297千字　印张：12.5　插页：1

2024年8月第1版　　　　　　　　2024年8月第1次印刷

责任编辑：包利华　　　　　　　　责任校对：刘贤恩

封面设计：原　皓　　　　　　　　版式设计：原　皓

定价：45.00元

教学支持　售后服务　　联系电话：（0411）84710309

版权所有　侵权必究　　举报电话：（0411）84710523

如有印装质量问题，请联系营销部：（0411）84710711

前言

党的二十大报告强调了科技创新和信息技术的运用在推动经济发展、优化社会经济结构和提升社会治理能力中的重要作用。在当前全面建设社会主义现代化国家的战略背景下，在数据驱动的时代，尤其是在计算机和互联网技术飞速发展的今天，数据处理技术广泛应用和快速普及。这不仅导致了各行各业的信息化和数字化程度显著提高，还引发了前所未有的行业变革。这种变革对从业人员提出了新的要求——不断提升数据处理和分析能力，以适应自动化和智能化技术发展的新趋势。

数据已成为一项关键资产，尤其是结构化数据，如客户档案、营销业绩、财务记录等。这些数据通常存储在关系型数据库中，对企业的决策制定和运营效率产生直接影响。因此，学习如何有效管理和利用这些数据至关重要。为了帮助在校学生和各行业从业人员更好地适应这些变化，提升数据处理能力，我们参考了全国计算机等级考试（二级）——《MySQL数据库程序设计》考试大纲的要求，编写了本教材，旨在提供一个内容精选、深入浅出的学习路径，使读者能够有效地掌握SQL语言的应用。

本教材以财经类专业或其他非计算机专业背景的初级和中级用户为目标读者，以企业存货管理、企业会计核算流程和企业财务分析指标查询等作为教学案例，从SQL的基本概念入手，逐步深入到数据库的创建、使用、查询、更新和数据管理，以及探索高级数据聚合和分析技术，目标是让读者不仅能够理解SQL命令的结构，还能够从课程案例分析中受到启发，灵活地运用SQL命令来解决实际问题。

本教材内容共分10章，涵盖了数据库的基本概念、创建数据库及表、数据表操作、数据查询、多表连接、视图、数据库规范化设计，以及数据库在财务会计和财务分析中的应用等内容。教材结构安排合理、重点突出、难点分散、语言通俗易懂。每章都提供了丰富的示例，这些示例均在MySQL 8.0环境下运行并验证；章后设置【练习与思考】，涵盖选择题、填空题、判断题、实操题和思考题等丰富题型，并为读者提供参考答案及解析，旨在帮助读者巩固和应用所学知识。附录中列出了常用的SQL命令和函数，以及五套模拟试卷，以方便读者速查和进行自我检测。

考虑到为初学者提供一个易于理解和实用性强的数据库学习资源，在数据管理和分析领域建立坚实的基础，提升实际应用能力，本教材在编写过程中注意突出以下几个特点：

1. 零基础。本教材可供无任何数据库经验的读者，从零基础开始循序渐进地学习。教材内容由浅入深，包含丰富的操作示例，并配有操作演示视频和完整的命令代码文本。读者只需扫描二维码，即可观看演示视频，还可复制示例代码，粘贴到数据库命令窗口进行试运行，逐步建立对数据库基础的理解，为进阶学习打下坚实基础。

2. 通俗化。教材内容避免使用过多的专业术语和复杂技术概念，采用直接明了的语言表达和通俗易懂的案例。操作对象尽可能以中文命名，使复杂的数据库技术变得易于理解和应用。

3.科普性。教材专注于让读者掌握数据库的基本常识和操作技巧，通过案例演示，帮助读者熟悉 SQL 语法的基本逻辑和功能。在解析数据库管理系统基本原理的同时，教材还介绍了数据库技术在现代社会中的广泛应用，使读者了解数据库技术对社会发展的重要性和实际影响，培养其科技素养和社会责任感。

4.适用性。教材中介绍的 SQL 语法适用于常见的主流数据库管理系统和工具，如 Oracle、MySQL、SQL Server 和金蝶云·星空轻分析平台等，确保读者能够在各种实际环境中灵活运用所学知识。教材内容也具有广泛的适用性，既可作为学校及教育培训机构数据库技术课程的主要教材，也可作为自学者的参考资料。

5.扩展性。编写团队将持续改版和升级本教材，提供进一步学习和深入研究的路径和资源，包括但不限于教材示例操作演示视频、操作命令源代码、【练习与思考】参考答案及解析、模拟试卷参考答案及解析等，帮助读者不断拓展数据库技术的实际应用能力，促进技能和知识的持续提升。

我们鼓励读者在学习过程中积极实践和探索。希望读者在完成本教材学习后，能够编写有效的 SQL 查询，深入理解数据管理和分析，从而在任何数据密集型工作环境中提升工作效率和成果。

无论你的背景或职业目标如何，掌握 SQL 都将成为你职业技能库中的一项重要技能。我们希望你能勇敢地迈出这一步，探索 SQL 的强大功能，让我们一起踏上这段既充满挑战又富有成就感的学习之旅！

本教材由重庆三峡学院会计学新文科建设项目团队组织编写。胡际莲、李小明担任主编，许静、余倩、刘建梅、覃甲恩担任副主编，姜蕾、谭静、张娟、彭易梅等参与了编写工作。同时，我们荣幸地邀请到金蝶精一信息科技服务有限公司的傅仕伟博士对本教材进行了全面审阅。

在教材编写过程中，廖珊妮协助制作第 1 章的操作演示视频，何江琴和钟冰冰负责第 2 至 8 章的案例数据收集和示例操作演示视频的制作，董奕伶协助整理第 9 章案例数据，并制作相应的操作演示视频。此外，李洪翔、张杰和罗鑫鑫对教材中的示例代码进行了测试和验证。在此，特向他们表达谢意。

在本书的编写和出版过程中，我们得到了金蝶精一信息科技服务有限公司、重庆安全技术职业学院、西南财经大学天府学院以及东北财经大学出版社的大力支持。对此，我们表示衷心的感谢。

由于编者水平有限，书中难免存在不足之处，恳请广大读者批评指正，以便我们不断改进和完善。具体联系方式如下：电话：0411-84711800；邮箱：184510119@qq.com；或手机 QQ 扫描以下二维码，加入教学交流群，与我们取得联系：

SQL 数据库教学交流群

编　者

2024 年 8 月

目 录

教学目标

　　本课材旨在通过结合会计核算实务与数据库技术，培养学生在财务数据处理与分析方面的综合能力。该课程的教学目标分为知识目标、能力目标和素养目标三个方面：

一、知识目标

　　掌握SQL基础知识：学生应理解并掌握SQL数据库的基础知识，包括数据的结构化表达、数据库的基本操作以及SQL语言的核心语法。

　　了解会计核算流程：学生应了解基本的会计核算原理和流程，包括但不限于资产、负债、权益、收入和费用等会计要素的核算方法，学会用SQL命令重构会计核算流程。

　　掌握财务分析技术：学生应掌握如何使用SQL语言进行财务数据的提取、处理和分析。重点掌握SQL环境下的财务分析指标计算方法。

二、能力目标

　　数据处理能力：学生应具备使用SQL语言进行有效的数据查询、筛选、排序和聚合的能力，能够处理和分析大量的财务数据。

　　分析和解决问题的能力：学生应能够独立分析会计和财务问题，利用SQL技术提取相关数据，并通过数据分析支持决策制定。

　　实际应用能力：学生应能够将理论知识与实际问题结合，使用SQL数据库技术解决实际的会计核算和财务分析问题。

三、素养目标

　　逻辑思维：通过分析和处理复杂的财务数据，培养学生的逻辑思维能力，提高学生分析问题、解决问题的能力。

　　专业素养：培养学生的职业道德和专业素养，使其在处理财务数据时能够遵循会计原则和伦理标准。

　　创新和终身学习：鼓励学生在学习过程中发挥创新精神，探索新的数据处理方法和技术，并培养终身学习的意识，适应快速发展的财经领域。

　　通过实现以上教学目标，培养学生成为具有扎实的会计核算基础、熟练的SQL数据库操作技能和良好的职业素质的复合型人才。

第1章
基础知识

本章重点

数据库的基本概念：了解数据库是如何作为信息存储和管理的系统性解决方案，以及它的主要组成部分和功能。

结构化与非结构化数据：理解结构化数据（如数据库中的数据）和非结构化数据（如文本、图像等）的区别及其在数据处理和分析中的应用。

关系型数据库的特点：掌握关系型数据库（RDBMS）的核心特性，包括数据结构标准、事务处理可靠、数据查询灵活、数据安全有保障和数据管理简便。

SQL语言的基础：了解SQL语言的基本含义、主要功能（数据查询、操作、定义和控制）及其在关系型数据库管理中的应用。

MySQL和Navicat的下载与安装：学会如何下载和安装MySQL数据库管理系统和Navicat可视化数据库管理和开发软件，包括选择合适的服务器类型、安装包，以及基本的配置步骤。

本章难点

非结构化数据：理解非结构化数据的概念，特别是如何将非结构化数据转换为结构化数据以便在数据库中使用，这对初学者来说较为抽象。

MySQL开发平台的配置和优化：对于初学者来说，MySQL开发平台的配置和优化可能是一个挑战，需要逐步积累MySQL应用的经验。

思政要点

认识信息技术的社会作用：强调SQL及数据库知识在现代社会中的应用及其对社会发展的推动作用，培养学生对信息技术价值的深刻理解。

强化逻辑思维和条理性：通过学习SQL基础，培养学生的逻辑思维和条理性，为处理更复杂的信息管理任务打下基础。

1.1　基本概念

1.1.1　数据

数据（Data）是信息处理和分析的基础，是描述客观事物的符号记录。这些记录可以表现为多种形式，包括数字、文字、图形、图像、音频和视频等。数据根据其组织方式可分为两类：一是结构化数据，如数据库或电子表格程序中的数据；二是非结构化数据，包括但不限于文本、图像、音频和视频。

1.1.2　结构化数据

结构化数据，也被称为行数据，以二维表的形式存在，它们遵循严格的数据格式和长度规范。这类数据通常存储在关系型数据库中，具有清晰定义的数据模型和固定字段。结构化数据的存储和处理可以通过表格和数据库等形式实现，它们通常基于预定义的模式和模板，如关系型数据库中的表、字段和约束。结构化数据的常见形式包括数字、文本、日期、时间和货币等。

在企业环境中，结构化数据发挥着关键作用。它们提供了企业运营和战略决策所需的重要信息，如客户数据、财务记录、员工信息、库存和订单、供应商资料，以及市场营销或销售数据等。企业通过各种业务应用程序和数据库系统收集、存储和分析这些数据，从而支持决策制定、提升运营效率，推动业务增长。

结构化数据由其高度的可读性和可操作性，成为数据分析和决策支持系统中不可或缺的部分。

1.1.3　关系型数据库

关系型数据库，是关系型数据库管理系统（RDBMS）的简称，是一种常见的数据库类型。它是结构化数据管理的重要工具，使用表格的形式来存储和组织数据。在这些表格中，每一行代表一个数据记录（如一个客户或一个订单），而每一列代表记录的一个特定属性（如姓名、价格等）。这些表格可以通过特定的列（称为键）相互关联，从而形成复杂的数据结构。为了管理这些数据，用户通常会使用一种名为 SQL（结构化查询语言）的编程语言进行数据查询和操作。

关系型数据库具有以下特点：

（1）数据结构标准：数据以统一的表格形式呈现，字段类型和约束明确，确保数据整齐有序。

（2）事务处理可靠：支持事务处理，确保数据操作的安全性和准确性，防止数据丢失或错误。

（3）数据查询灵活：具有强大的查询功能，能够处理复杂的数据检索和分析任务。

（4）数据安全有保障：包含多级安全措施，如登录验证、权限设置和数据加密，确保数据不被未授权访问。

（5）数据管理简便：具备数据备份、恢复和维护等管理功能，方便进行日常数据维护。

关系型数据库管理系统广泛应用于各种行业，如银行系统、网上商城、医疗记录管理和教育信息系统等。它们因为稳定可靠、易于扩展、支持广泛而成为处理关键数据的首选。常见的关系型数据库管理系统有 Oracle、MySQL、Microsoft SQL Server 和 PostgreSQL，它们各有特色，广泛用于不同的应用场景。

1.1.4 SQL 语言

SQL，全称为"结构化查询语言"（Structured Query Language），是一种专门用于在关系型数据库管理系统（RDBMS）中存储、操作和检索数据的编程语言。关系型数据库是一种以表格形式存储数据的数据库，其中的数据按行（记录）和列（字段）组织。SQL 为与这些类型数据库交互的标准语言。

SQL 的主要功能包括：

（1）数据查询：最常见的用途之一是从数据库中检索特定数据。这是通过 SELECT 命令实现的，它允许用户指定要检索的数据类型和来源。

（2）数据操作：它包括添加新数据（INSERT）、更新现有数据（UPDATE）和删除数据（DELETE）。

（3）数据定义：SQL 可以用来创建新的数据库、表格和视图，以及修改数据库结构，如增加或删除表格中的列。这些操作通常通过 CREATE 和 ALTER 命令来执行。

（4）数据控制：SQL 包括控制对数据库的访问和操作权限的能力。这通过 GRANT 和 REVOKE 命令来实现，用于管理用户和权限。

SQL 的强大之处在于它提供了一种相对容易理解和使用的方式来与复杂的数据库系统进行交互。由于其在数据管理和分析中的重要性，SQL 技能在许多行业和职业领域中都非常受欢迎，特别是在需要大量数据处理的领域，如业务分析、数据科学和软件开发。

1.2 搭建学习平台

1.2.1 认识 MySQL

在正式学习 SQL 数据库之前，需要做一些准备工作。建议选择 MySQL 作为 SQL 语言的学习平台。

MySQL 是一个关系型数据库管理系统，它使用结构化查询语言（SQL）进行数据库管理。由于其开源特性，许多开发者都选择 MySQL 作为网站数据库，尤其是中小型网站。MySQL 具有体积小、速度快、总体拥有成本低等特点，受到了广泛欢迎。MySQL 可以运行在多种操作系统上，包括 AIX、FreeBSD、HP-UX、Linux、Mac OS、Novell Netware、OpenBSD、OS/2 Wrap、Solaris 和 Windows 等。MySQL 提供了多种编程语言的应用程序接口（API），包括 C、C++、Java、Python、PHP 等，使得开发者可以方便地使用 MySQL 进行数据库开发。

选择 MySQL 作为学习 SQL 语言的平台的主要理由是：

（1）应用广泛：MySQL 是世界上最流行的开源关系型数据库管理系统之一，许多大型网站和应用程序都在使用。因此，掌握 MySQL 后将能够与许多实际应用中使用的数据库进行交互。

（2）开源和免费：MySQL 是开源软件，免费提供给用户使用。这意味着用户可以在没有额外费用的情况下获得并使用 MySQL，这对于学生和初学者来说是一个重要的优势。

（3）社区支持： MySQL 有一个庞大的开源社区，具有支持论坛，在遇到问题时可以轻松找到解决方案。

（4）跨平台性： MySQL 支持多个操作系统，包括 Windows、Linux 和 macOS，因此可以在不同的环境中使用相同的数据库技能。

（5）易于学习： MySQL 的操作平台运行非常稳定，操作界面直观，使用相对简单，适合初学者学习。学习 MySQL 可以帮助我们建立对 SQL 语言基本概念的理解，并为以后学习其他关系型数据库提供坚实的基础。

（6）资源丰富： 由于 MySQL 的广泛应用，其中存在大量的学习资源，包括官方文档、在线教程和书籍。这些资源可以帮助我们更好地理解 MySQL。

因此，我们选择 MySQL 作为学习 SQL 语言的平台，这为学习者提供了一个良好的起点，使其能够更好地理解和应用 SQL 语言。

1.2.2   MySQL 服务器的下载与安装

MySQL 服务器下载与安装

MySQL 开放源代码，允许任何人使用和修改该软件，任何人均可以从 Internet 上下载和使用，而不需要支付任何费用。使用者可以根据自身的操作系统平台，从其官方网站（http://dev.mysql.com/downloads/mysql）免费下载对应的 MySQL 服务器社区版安装包。

MySQL 版本在不断更新，为方便初学者学习和掌握 MySQL 的使用，本教材以 MySQL8.0 版为例，介绍其在 Windows 操作系统的具体安装和配置步骤。具体如下：

（1）下载 Windows（x86,32 位）的 MySQL8.0.36 在本地计算机之后，双击安装文件直接进入如图 1-1 所示的 MySQL 安装类型选择界面，勾选 "Custom" 自行选择路径或配置。

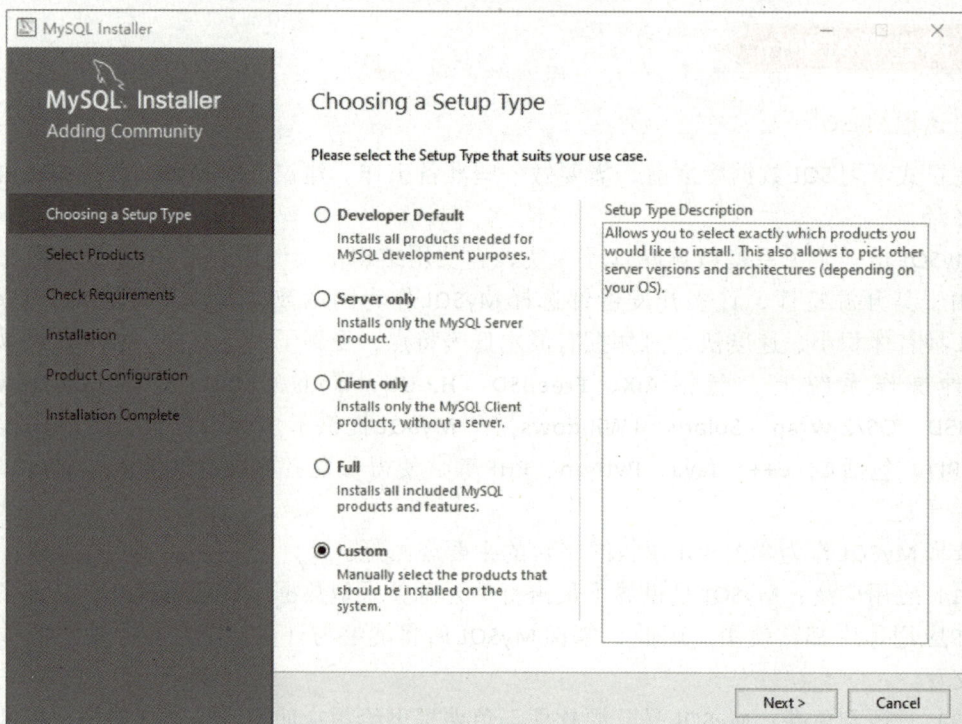

图 1-1   MySQL 安装类型选择界面

（2）单击"Next"按钮进入如图1-2所示的MySQL产品选择界面，在"Available Products："栏下点击"MySQLServers"左侧的下拉键"+"直至出现"MySQLServer 8.0.36 - X64"，点击"MySQL Server 8.0.36 - X64"，使用箭头将其添加至"Products To Be Installed："中，如图1-3所示。

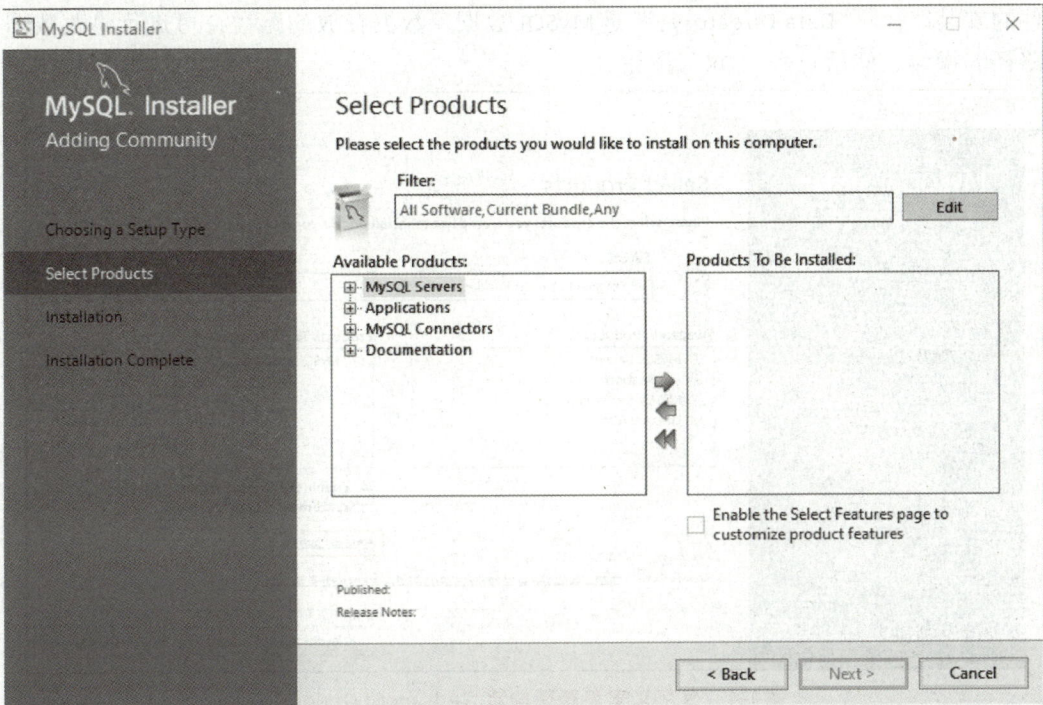

图 1-2　MySQL产品选择界面

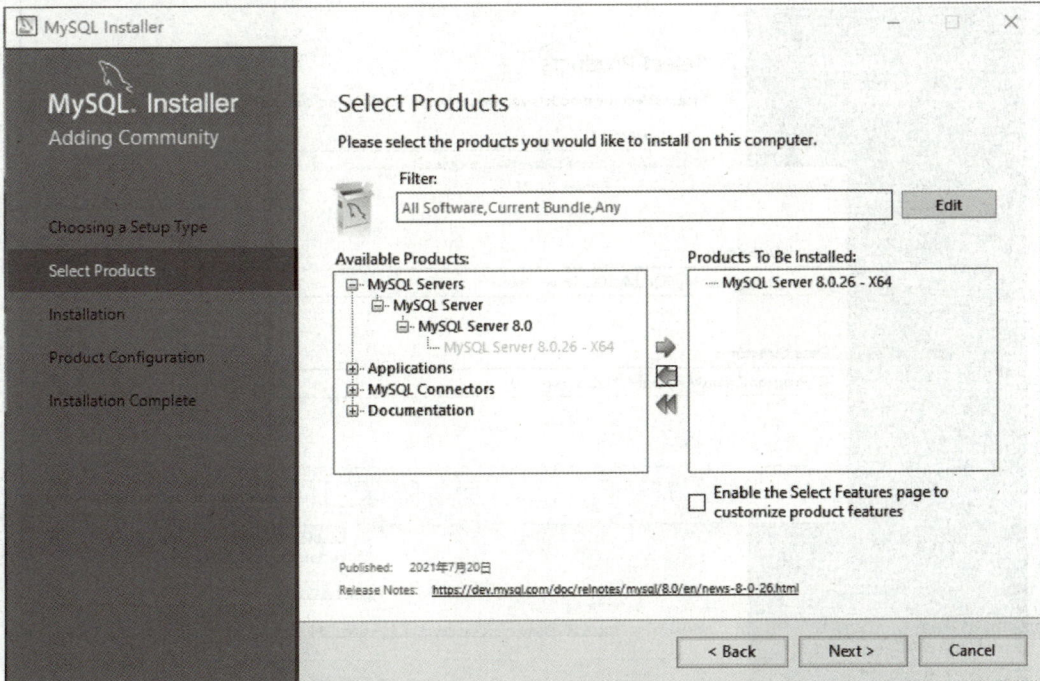

图 1-3　根据需要选择版本

（3）单击"Products To Be Installed："下的"MySQL Server 8.0.36 - X64"，将出现自定义安装路径按钮"Advanced Options"，如图1-4所示。点击"Advanced Options"按钮，出现修改路径界面，可根据需要自行修改路径，如图1-5所示。"Install Directory："是 MySQL 软件的安装路径；"Data Directory："是 MySQL 数据库数据存放的路径，可进行修改数据存储路径的操作，然后点击"OK"按钮。

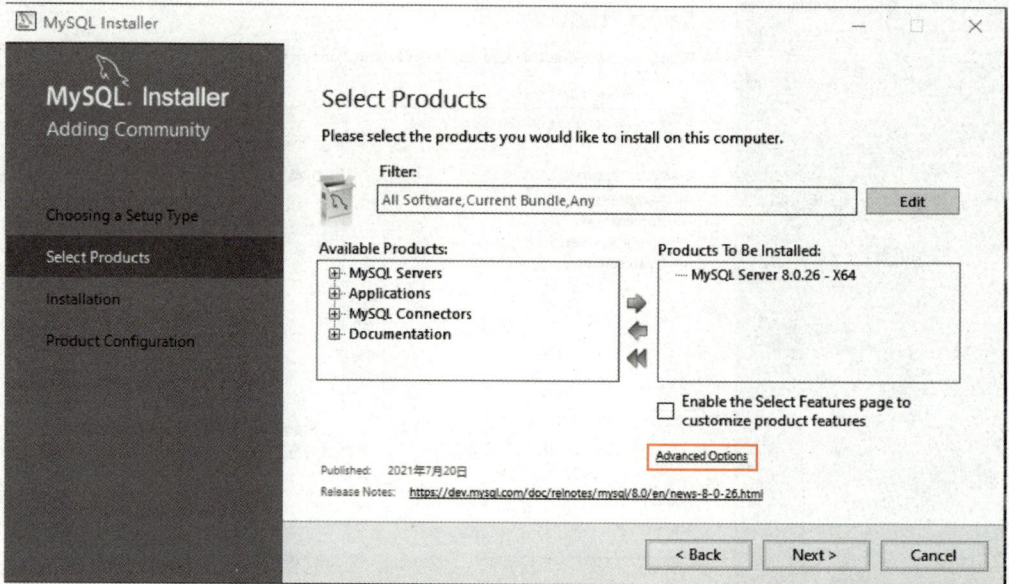

图1-4　自定义安装路径按钮"Advanced Options"

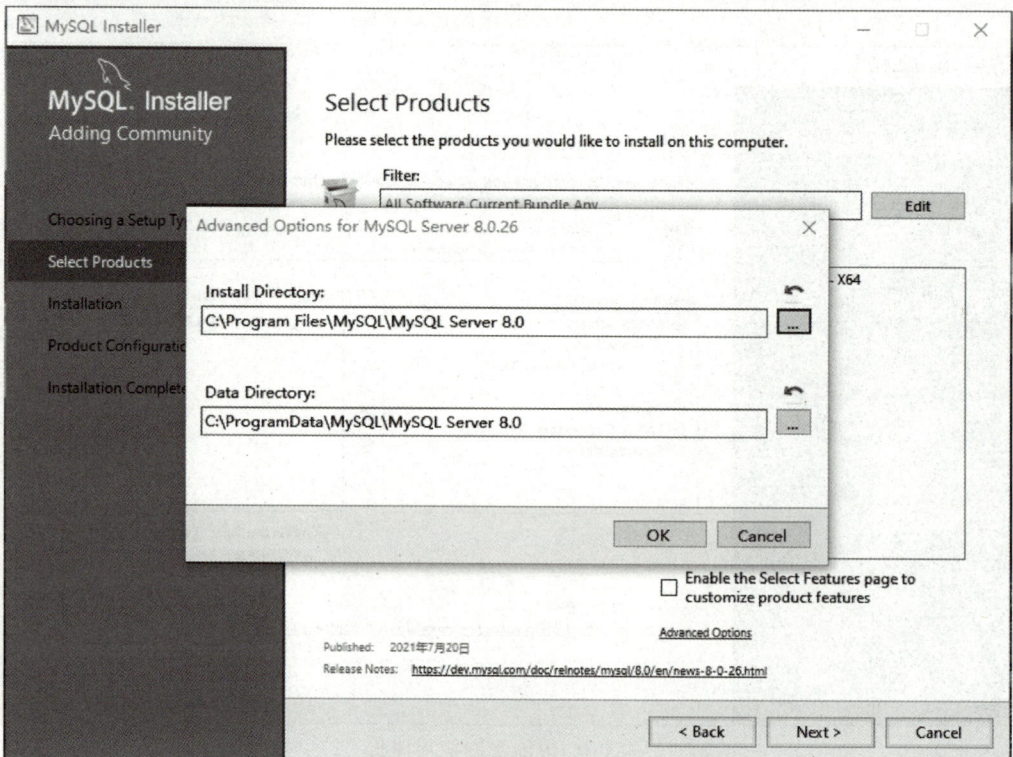

图1-5　修改路径界面

（4）单击"Next"按钮进入安装界面，如图1-6所示，点击"Execute"执行安装程序，安装成功如图1-7所示。

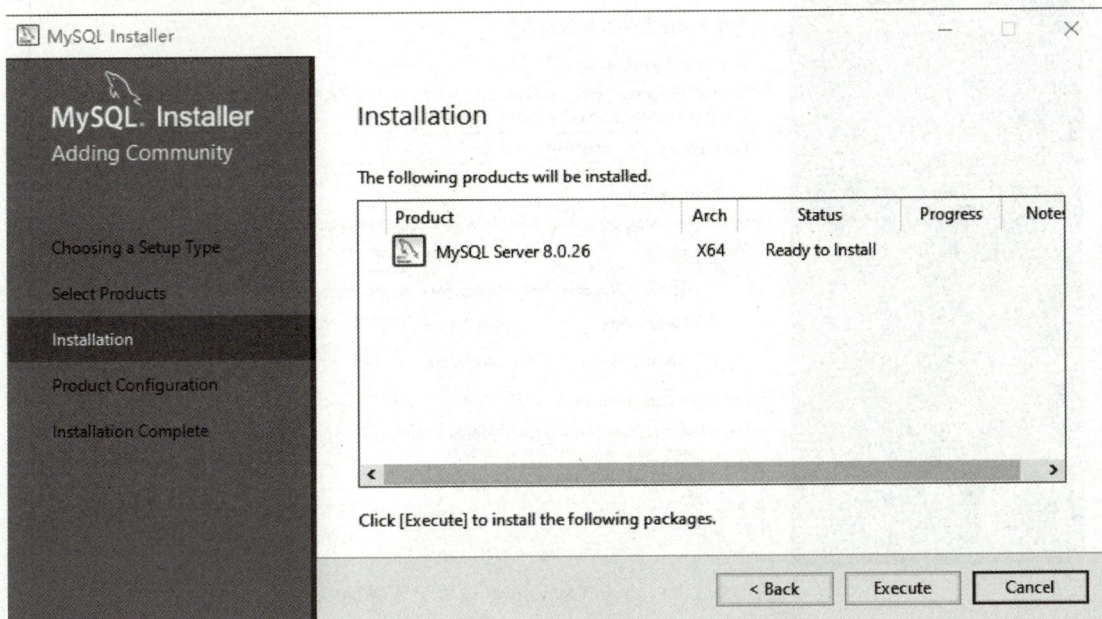

图1-6 安装界面

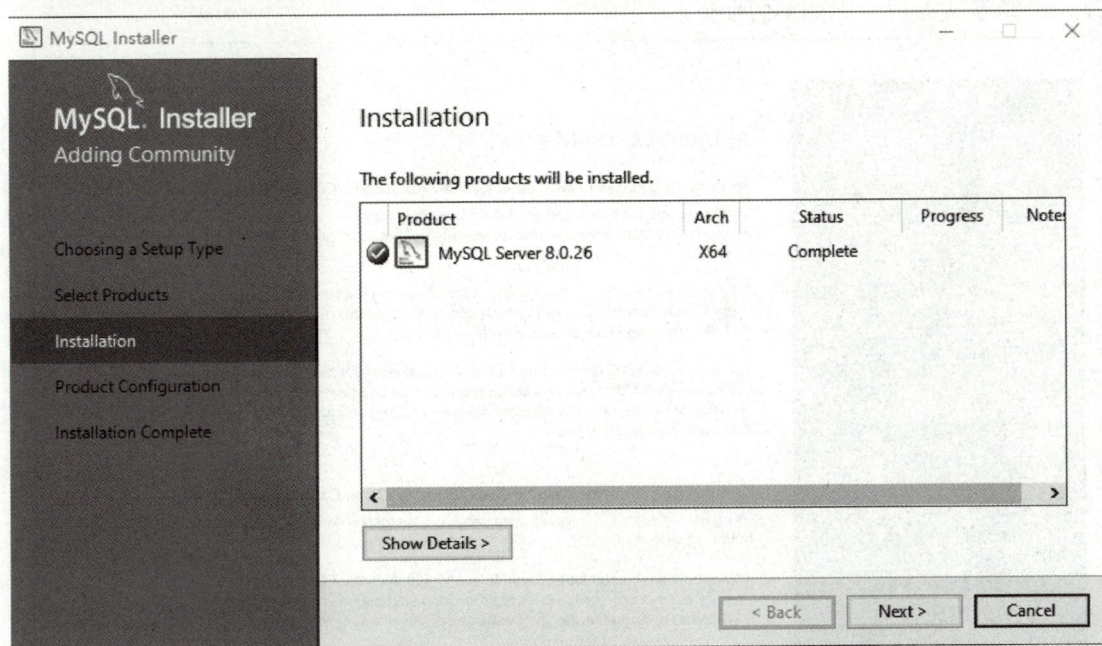

图1-7 安装成功界面

（5）单击"Next"按钮来到"Type and Networking"配置界面，通常不进行修改，选择默认即可，如图1-8所示。

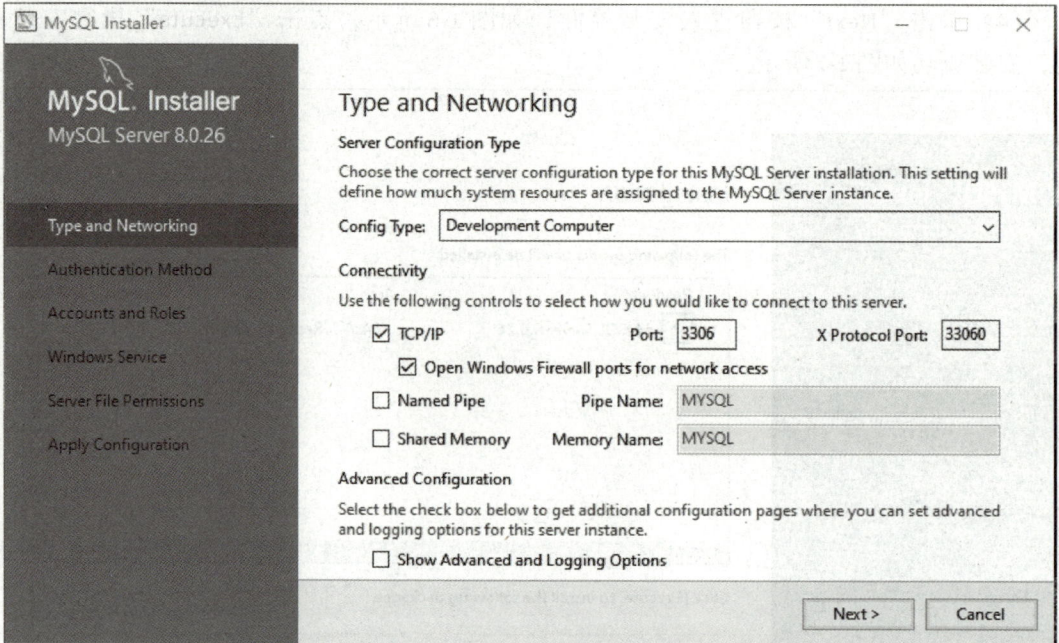

图 1-8　"Type and Networking" 配置界面

（6）单击 "Next" 按钮来到 "Authentication Method" 认证方法界面，通常不进行修改，选择默认即可，如图 1-9 所示。

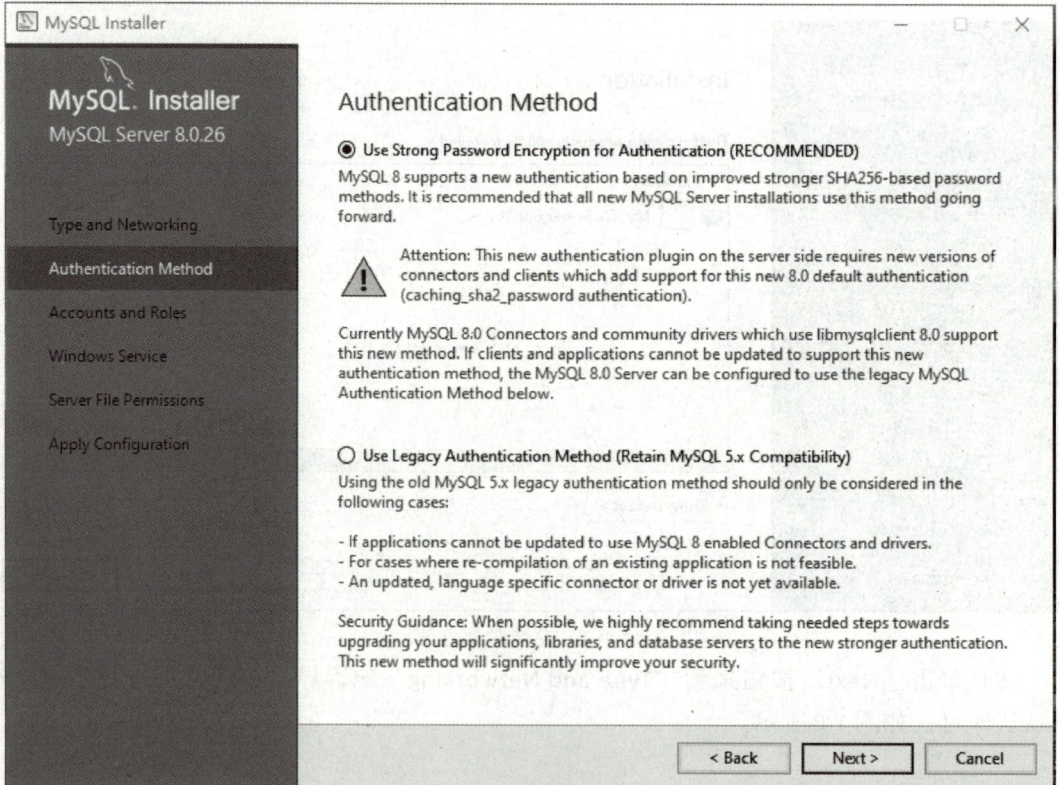

图 1-9　认证方法界面

（7）单击"Next"按钮来到"Accounts and Roles"账户角色设置界面，设置数据库操作用户名和密码，如图1-10所示。

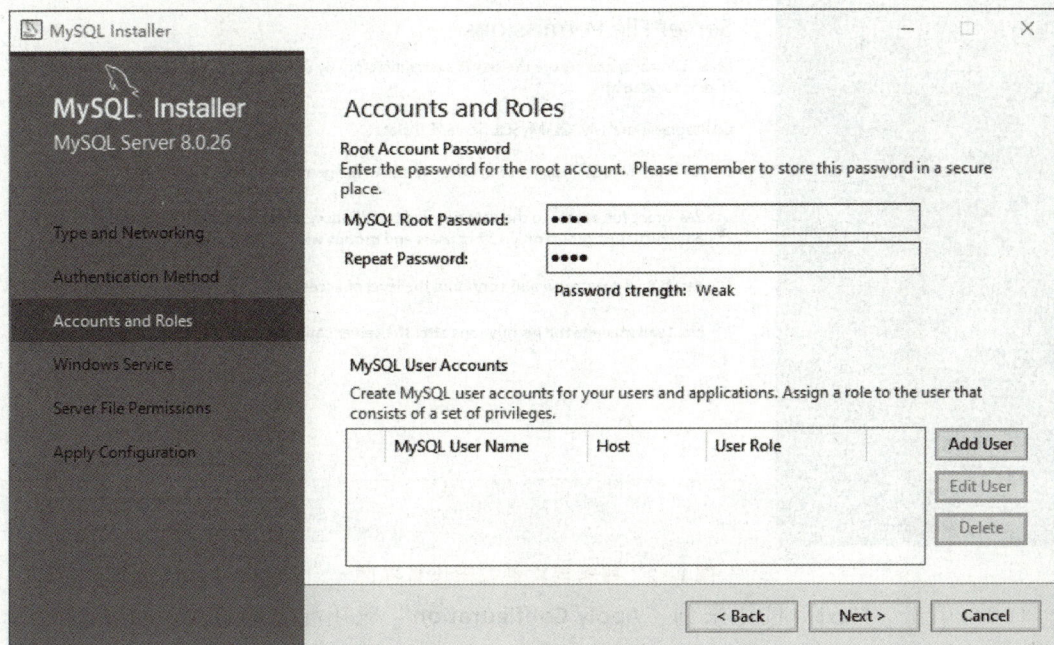

图1-10 账户角色设置界面

（8）单击"Next"按钮来到"Windows Service"Windows服务界面，通常不进行修改，选择默认即可，如图1-11所示。

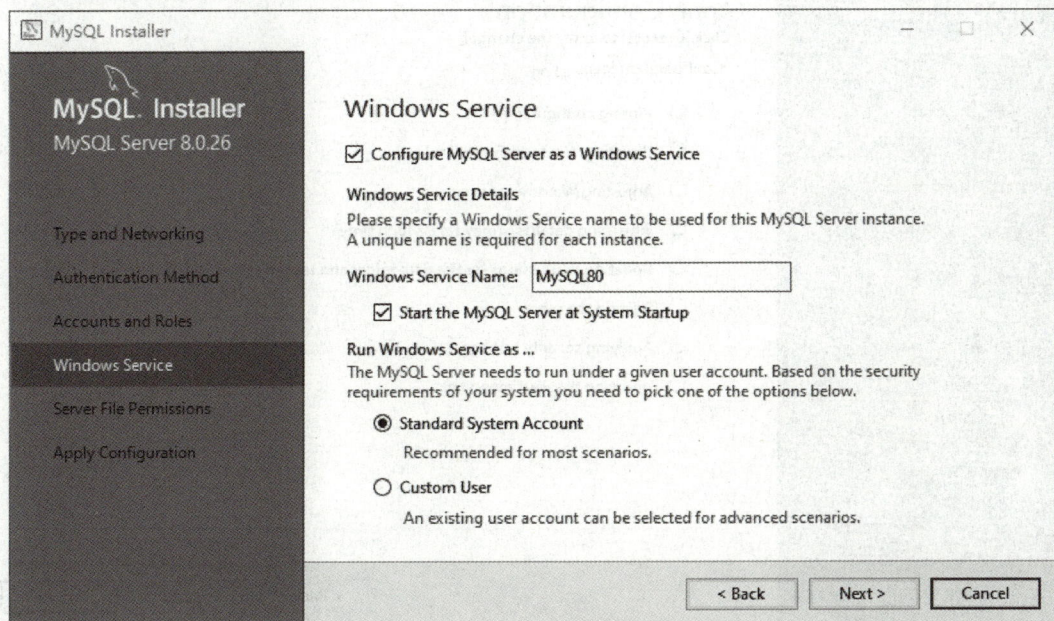

图1-11 Windows服务界面

（9）单击"Next"按钮来到"Server File Permissions"服务器文件权限设置界面，通常不进行修改，选择默认即可，如图1-12所示。

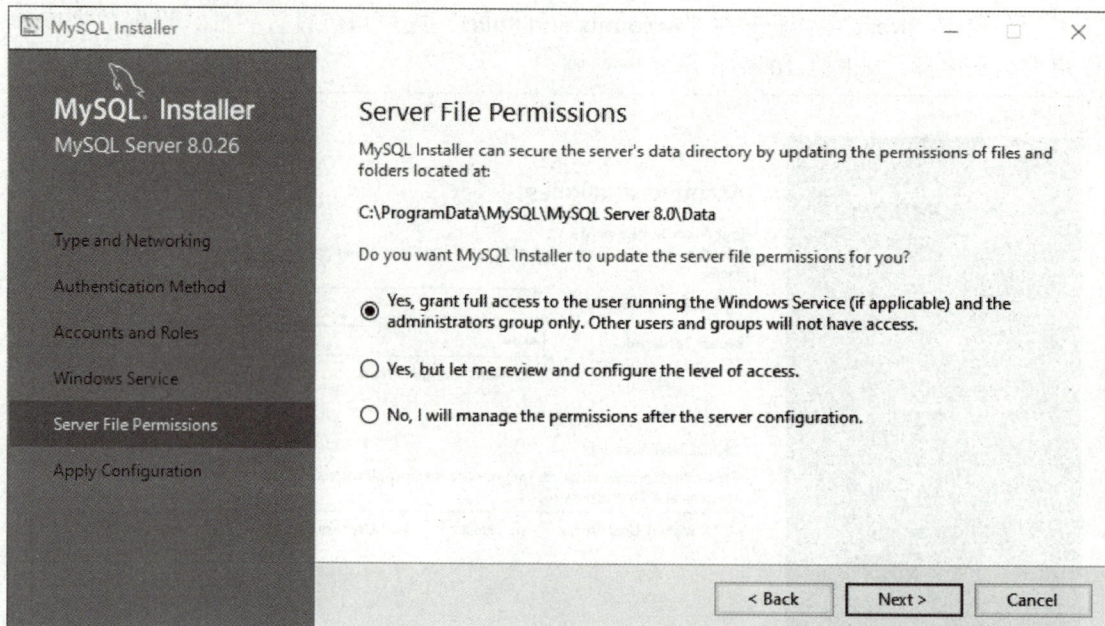

图 1-12　服务器文件权限设置界面

（10）单击"Next"按钮来到"Apply Configuration"应用配置界面，如图 1-13 所示。点击"Execute"按钮，配置完成如图 1-14 所示。

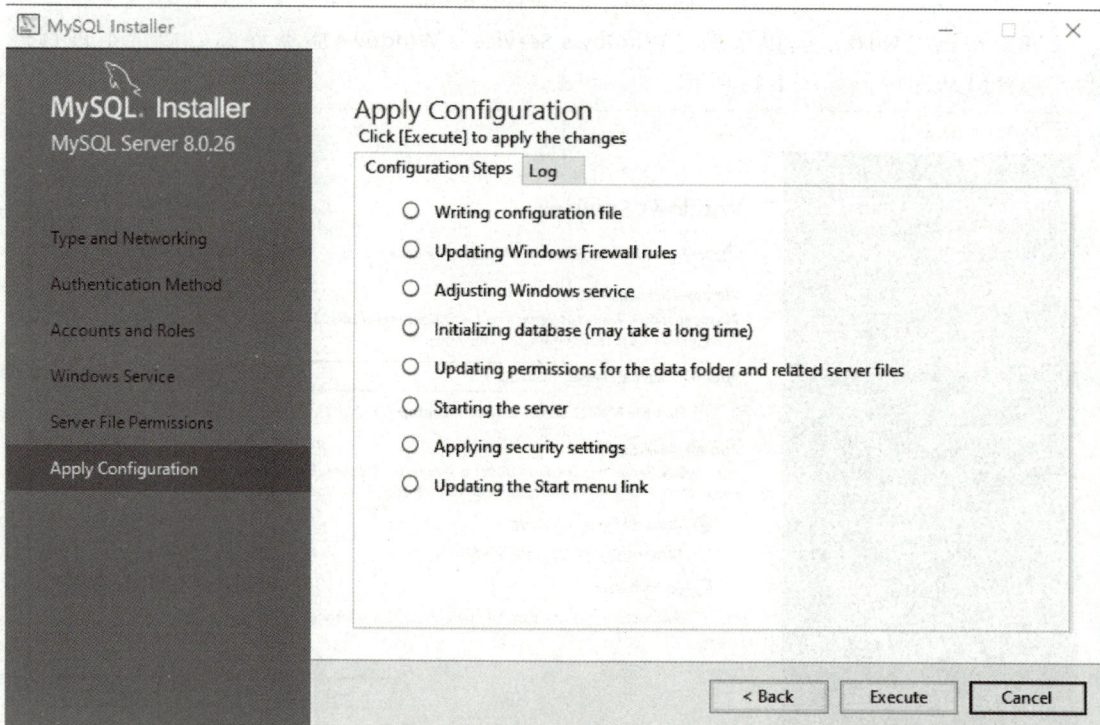

图 1-13　应用配置界面

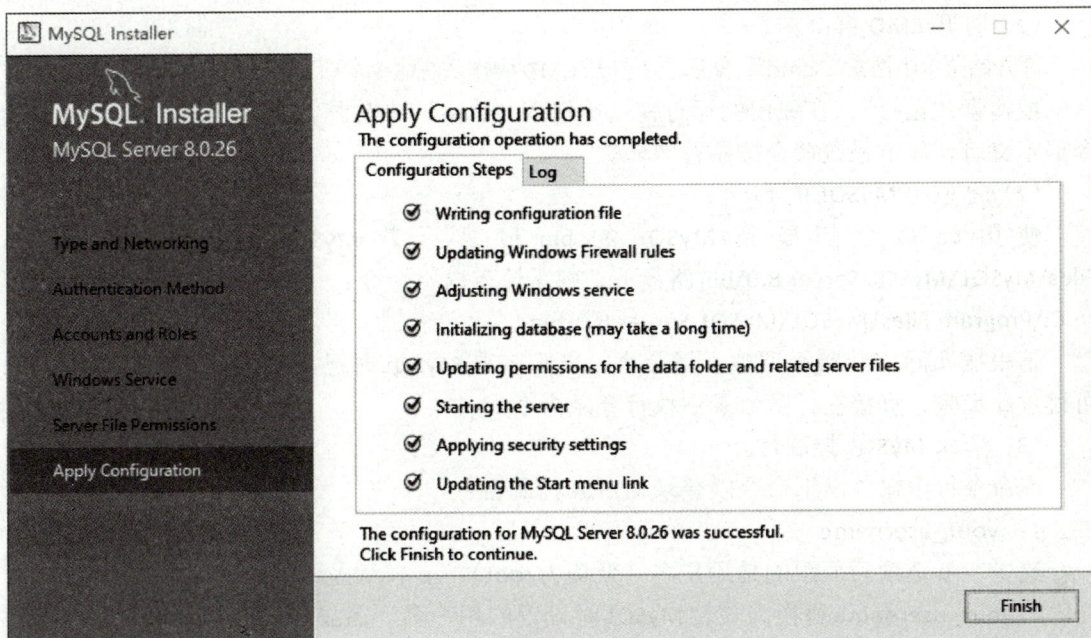

图 1-14　配置完成界面

温馨提示

MySQL8.0 版在安装与配置过程中需要注意以下几个问题：

（1）服务器类型的选择：作为初学者，选择"Development Computer（开发者电脑模式）"作为 MySQL 服务器的类型。这种模式适用于学习和测试目的，提供了基本的 MySQL 功能。

（2）安装包的选择：MySQL 8.0 版的安装包只有 32 位的，但实际安装时可以选择x64。下载安装时可以根据需要来选择合适位数的安装包。

（3）安全设置：在安装完成后，为了安全起见，建议修改 MySQL 的 root 用户密码，并删除匿名用户和远程访问权限。这些措施可以保护数据库的安全性。

（4）配置文件：MySQL 服务器安装和配置过程正常结束之后，在 MySQL 主目录（如 "C:\Program Files\MySQL\MySQL Server 8.0"）下会生成一个 my.ini 文件。这是 MySQL 的选项文件，在 MySQL 启动时会自动加载该文件中的一些选项。使用者可以通过修改 my.ini 文件来修改 MySQL 的一些默认设置。

（5）数据文件存放位置：MySQL 有一个用于存放数据库文件的 data 目录，默认路径为"C:\Documents and Settings\All Users\Application Data\MySQL\MySQL Server 8.0\data"。在这个目录下，会为每个数据库创建一个同名的文件夹，所有表文件存放在相应的数据库文件夹中。

1.2.3　启动 MySQL 控制台

MySQL 安装完成后，可以连接服务器并启动 MySQL 控制台，以测试 MySQL 数据库管理系统是否成功安装。

在 Windows 系统的 CMD 窗口中登录 MySQL 控制台（命令行界面）的步骤如下：

（1）打开 CMD 窗口。

在开始菜单中搜索 "cmd"，然后点击打开 CMD 操作系统命令窗口，出现系统命令提示符 ">"。

或搜索 "运行"，在弹出的运行窗口中输入 "cmd" 并点击 "确定"，从而打开系统命令提示窗口，显示系统命令提示符 ">"。

（2）定位到 MySQL 的 bin 目录。

使用 cd 命令切换到 MySQL 的 bin 目录。若 MySQL 安装在 C:\Program Files\MySQL\MySQL Server 8.0\bin 路径下，则需输入以下命令：

cd C:\Program Files\MySQL\MySQL Server 8.0\bin

请根据实际安装路径调整上述命令。若在安装 MySQL 时已将其添加至环境变量，则可跳过此步骤，直接在任意目录下执行登录命令。

（3）登录 MySQL 控制台。

在命令行中输入以下命令以登录 MySQL 控制台：

mysql -u your_username -p

这里，-u 选项后面跟的是用户名（默认为 root），-p 表示提示输入密码。

将 your_username 替换为安装 MySQL 时设置的用户名。系统随后会提示输入密码，即输入安装 MySQL 时设置的密码。

（4）执行 MySQL 命令。

登录成功后，将显示 MySQL 控制台窗口，包括 MySQL 的版本信息和命令提示符 "mysql>"。

此时，你可以在命令提示符后输入并执行各种 MySQL 命令，如创建用户数据库、在用户数据库里创建数据表、在表中插入数据、执行查询等。

（5）退出 MySQL 控制台。

要退出 MySQL 控制台，可在命令提示符 "mysql>" 后输入 exit; 命令，或使用快捷键 Ctrl+D。

完成上述步骤即表示 MySQL 数据库管理系统已成功安装并可正常使用。

注意，一定要确保使用正确的 MySQL 用户名和密码进行登录。同时，确保在进行这些操作前，MySQL 服务器已启动；如果 MySQL 服务未运行，可通过服务管理器来启动。

温馨提示

在苹果操作系统（macOS）和 Windows 操作系统上下载和安装 MySQL 的过程中，存在一些差异。以下是在这两个平台上安装 MySQL 的主要异同点：

（1）相似之处：

官方网站下载：不论是 macOS 还是 Windows，MySQL 的安装包都可以从 MySQL 的官方网站下载。

安装包选项：MySQL 为两个操作系统都提供了多种安装包选项，包括完整的安装包、只包含服务器的精简包，以及其他工具和驱动程序。

图形安装向导：MySQL 为 Windows 提供了图形用户界面（GUI）安装程序，macOS 通常通过 DMG 文件提供安装，这也包含了图形安装向导，让安装过程更加直观易懂。

配置过程：在安装过程中，两个平台都会让用户进行一些基本的配置，如设置 root 用户密码、选择安装组件等。

（2）不同之处：

①环境变量配置：

Windows：安装程序通常会自动将MySQL添加到系统的环境变量中，这让用户能够在命令提示符中直接运行MySQL命令。

macOS：用户可能需要手动配置环境变量，尤其是使用非DMG安装包（如TAR或ZIP）时。

②服务管理：

Windows：MySQL安装后通常作为服务运行，可以通过Windows服务管理器启动、停止和配置MySQL服务。

macOS：MySQL可以通过系统偏好设置中的MySQL面板管理，或者使用命令行工具（如launchctl）来控制MySQL服务的启动和停止。

③默认数据存储位置：

Windows：MySQL的数据文件和配置文件（如my.ini）通常存储在安装目录下，例如C：\Program Files\MySQL\MySQL Server X.X。

macOS：数据文件通常存放在/usr/local/mysql/data目录下，配置文件（如my.cnf）可能位于/etc/、/usr/local/mysql/etc/或用户的主目录中。

④安装方法：

Windows：提供MSI安装程序以及ZIP压缩包。MSI安装程序提供图形界面，更适合初学者。

macOS：除了DMG包含的图形安装程序外，还可以使用Homebrew（一种包管理器）安装MySQL，这对于喜欢使用命令行的用户更为便捷。

⑤权限和安全性：

Windows：权限管理通常通过Windows账户控制和安装程序中的选项进行。

macOS：由于macOS的Unix基础，安装和运行MySQL服务可能需要更多的权限配置，如使用sudo命令。

尽管安装过程存在一些平台特定的差异，但MySQL的核心功能在所有支持的操作系统上都是一致的，一旦安装和配置完成，使用MySQL的体验应该是相似的。

1.2.4 Navicat的下载与安装

对MySQL数据库的管理和操作不仅可以通过命令行界面（CLI）完成，也可以使用图形化用户界面（GUI）工具，如MySQL Workbench、Navicat、SQLyog等。MySQL Workbench是MySQL官方提供的免费GUI工具。Navicat和SQLyog则是支持MySQL的第三方商业软件。

Navicat支持多种数据库，如MySQL、MariaDB、PostgreSQL等，且兼容多个云数据库平台。它提供了包括数据库设计、数据迁移等多项功能，并支持多重连接，方便跨数据库和云服务操作。访问Navicat官网便可获取更多信息和下载选项。

下面以Navicat Premium 16版本为例，介绍Navicat在Windows操作系统平台的下载与安装步骤：

Navicat下载与安装

（1）打开浏览器，访问 https://www.navicat.com.cn/products。

（2）下载 Windows（x86,32 位）版的 Navicat Premium 16 到本地计算机。

（3）双击已下载好的安装文件，进入 Navicat Premium 16 安装程序界面，如图 1-15 所示。

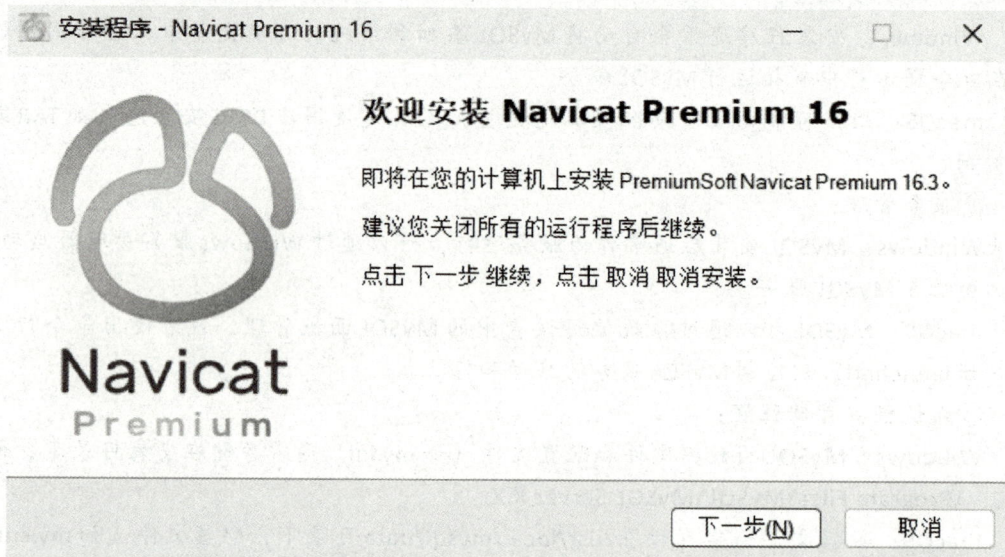

图 1-15　Navicat Premium 16 安装程序界面

（4）点击 "下一步" 按钮进入 Navicat Premium 16 使用条款授权界面，如图 1-16 所示。

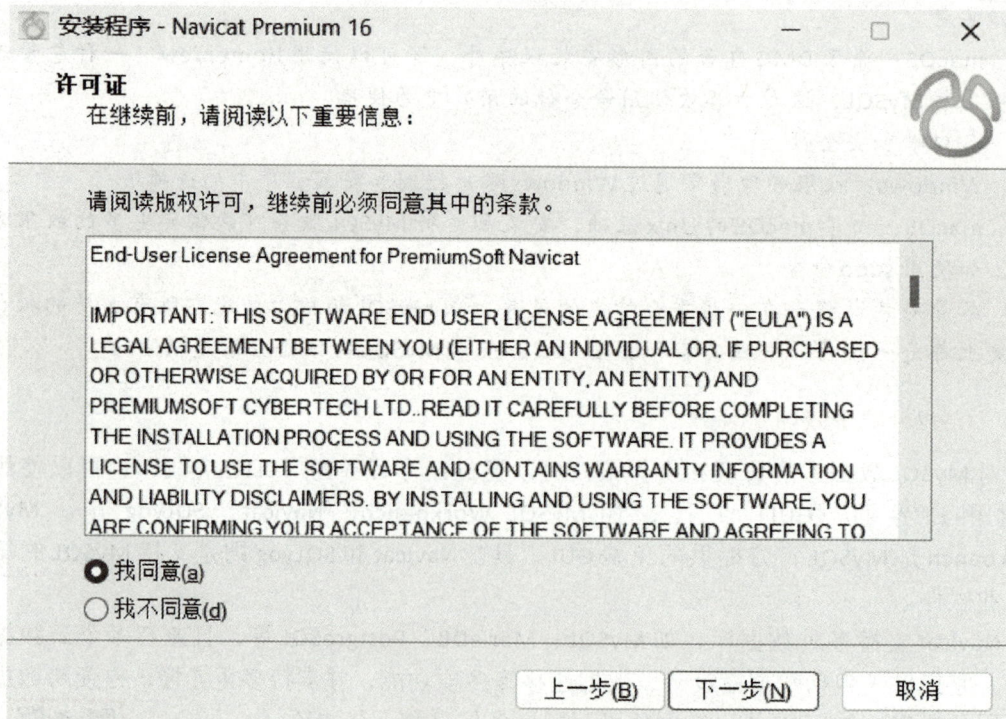

图 1-16　Navicat Premium 16 使用条款授权界面

（5）阅读使用条款后点击 "我同意" 按钮，单击 "下一步" 按钮进入自定义 Navicat Premium 16 安装路径界面，如图 1-17 所示，点击 "浏览" 可进行路径修改。

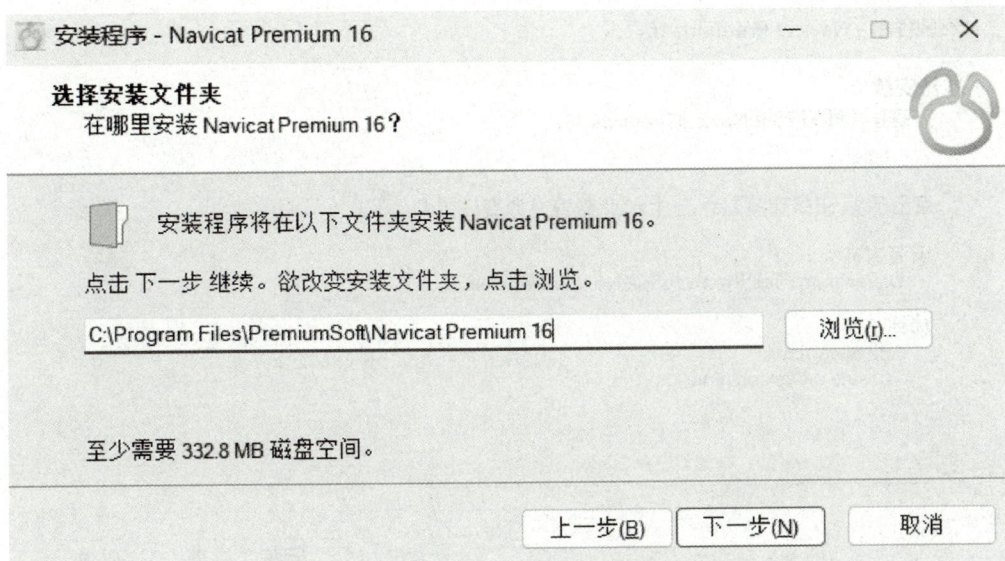

图 1-17　Navicat Premium 16 安装路径界面

（6）默认或修改安装路径后，可单击"下一步"按钮，进入选择额外任务界面，"Create a desktop icon"是创建桌面图标，通常不进行修改，选择默认即可，如图 1-18 所示。

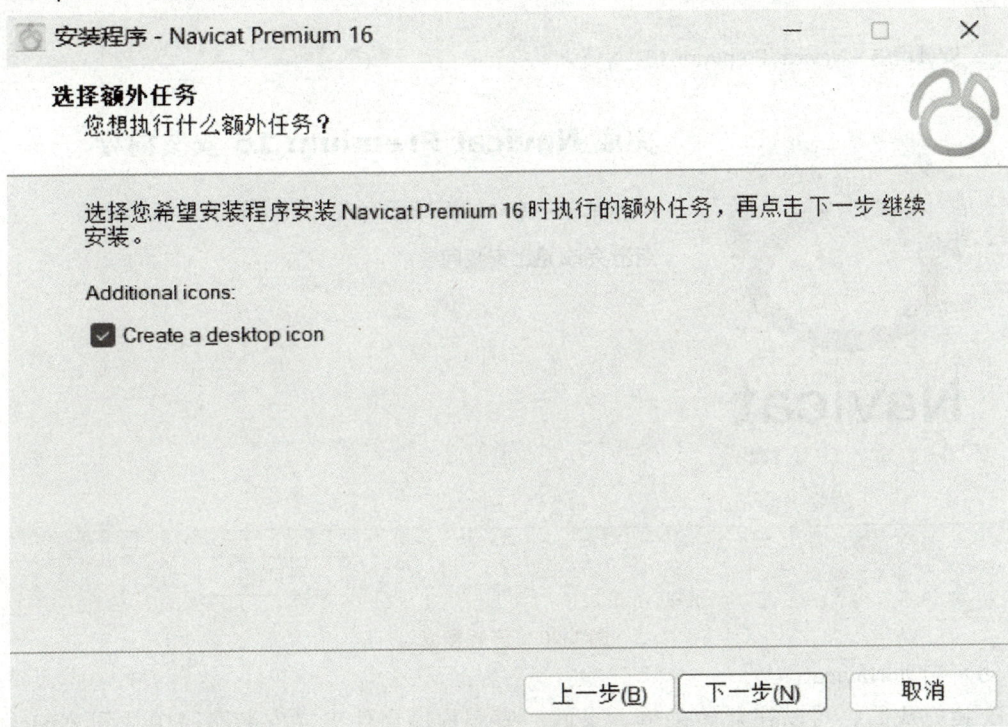

图 1-18　选择额外任务界面

（7）单击"下一步"按钮，即可进入准备安装界面，如图 1-19 所示。若无异常则点击"安装"按钮运行安装程序。若点击"上一步"则可检查并改变先前设置。

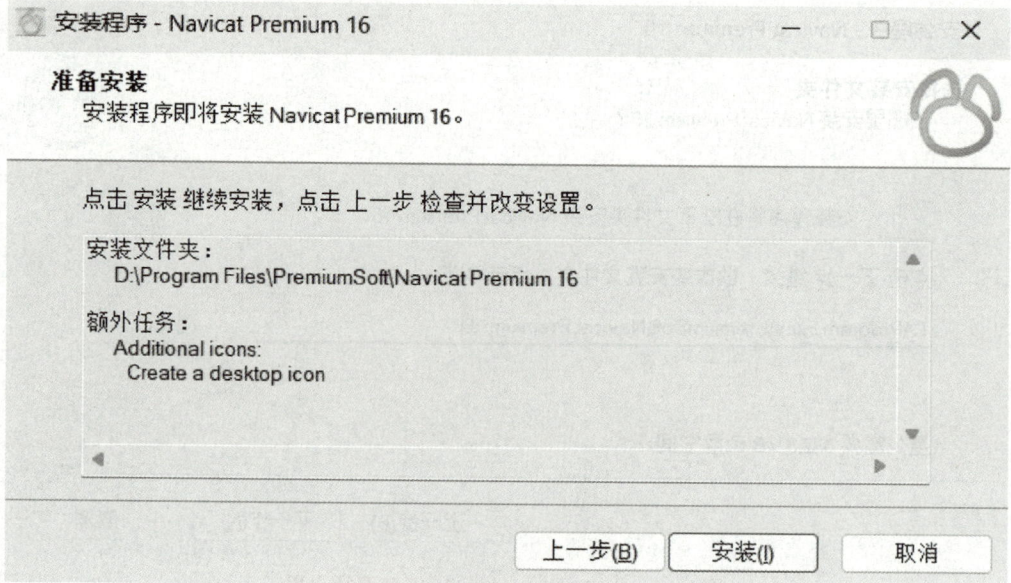

图 1-19　准备安装界面

（8）安装完成后，出现完成提示，如图 1-20 所示。此时可点击"完成"按钮退出安装程序。

图 1-20　安装完成

（9）启动 Navicat。

安装完成后，可以在开始菜单、桌面、应用程序文件夹或安装路径中找到 Navicat 的快捷方式，双击快捷方式即可启动 Navicat。

（10）激活 Navicat。

如果下载的是 Navicat 的试用版，首次启动时会进入试用模式，通常无须激活即可使用所有功能，但有使用次数限制。如果购买了 Navicat 的正式版，需要根据购买时提供的激活码或序列号进行激活以解锁全部功能。

请注意，具体的下载和安装步骤可能会随着 Navicat 版本的更新而有所变化，建议参照官方提供的最新指南进行操作。此外，确保计算机满足 Navicat 的系统要求。

1.2.5 Navicat 连接 MySQL

假如是第一次使用 Navicat Promium 16，并且还没有创建任何用户数据库，要将 Navicat 连接到 MySQL 数据库，并运用 SQL 命令，可以遵循以下步骤：

（1）启动 Navicat Promium 16。

即打开 Navicat Promium 16，进入 Navicat Promium 16 主页，如图 1-21 所示。

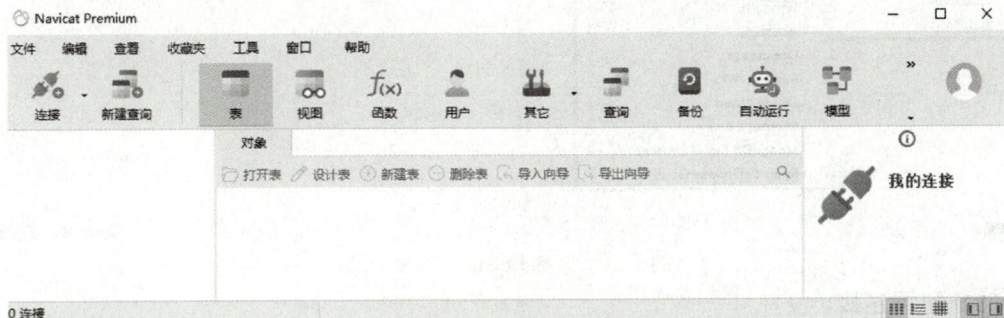

图 1-21 Navicat 主页

（2）新建连接。

在 Navicat Promium 16 主界面的主工具栏，点击"连接"按钮，出现选项卡，选择 "MySQL"，如图 1-22 所示；或者点击工具栏上方的"文件"按钮，在弹出的菜单中使用鼠标触摸"新建连接"，出现选项卡，选择"MySQL"，如图 1-23 所示。

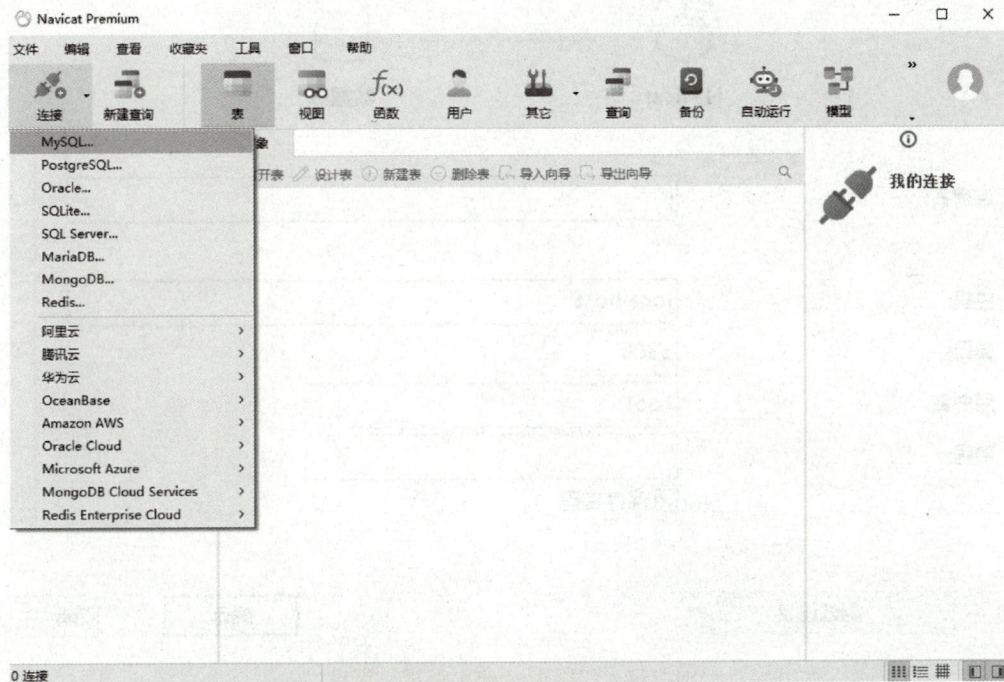

图 1-22 选择 MySQL（方式一）

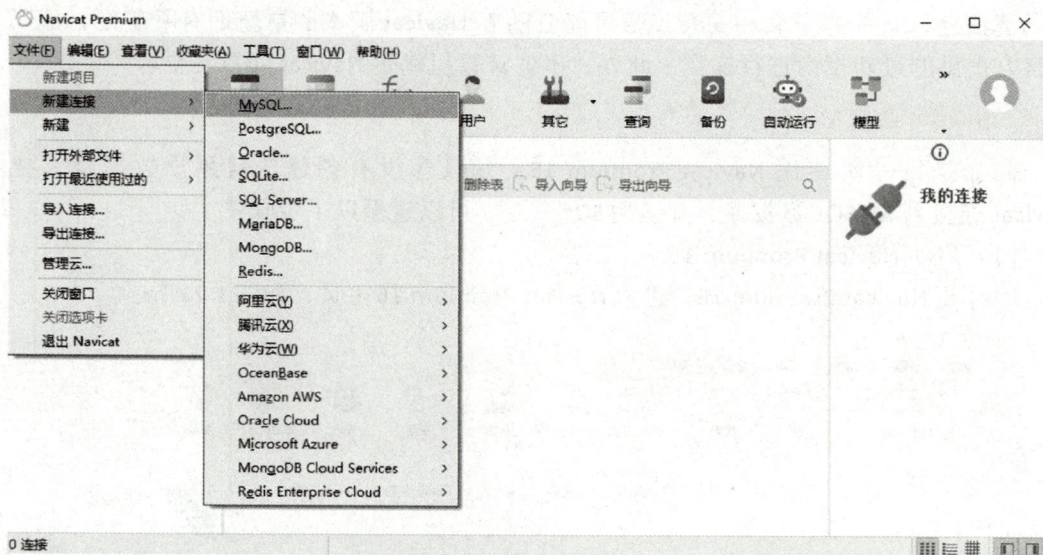

图 1-23　选择 MySQL（方式二）

（3）配置连接。

在"新建连接（**MySQL**）"窗口中，填写相关信息，如图**1-24**所示。

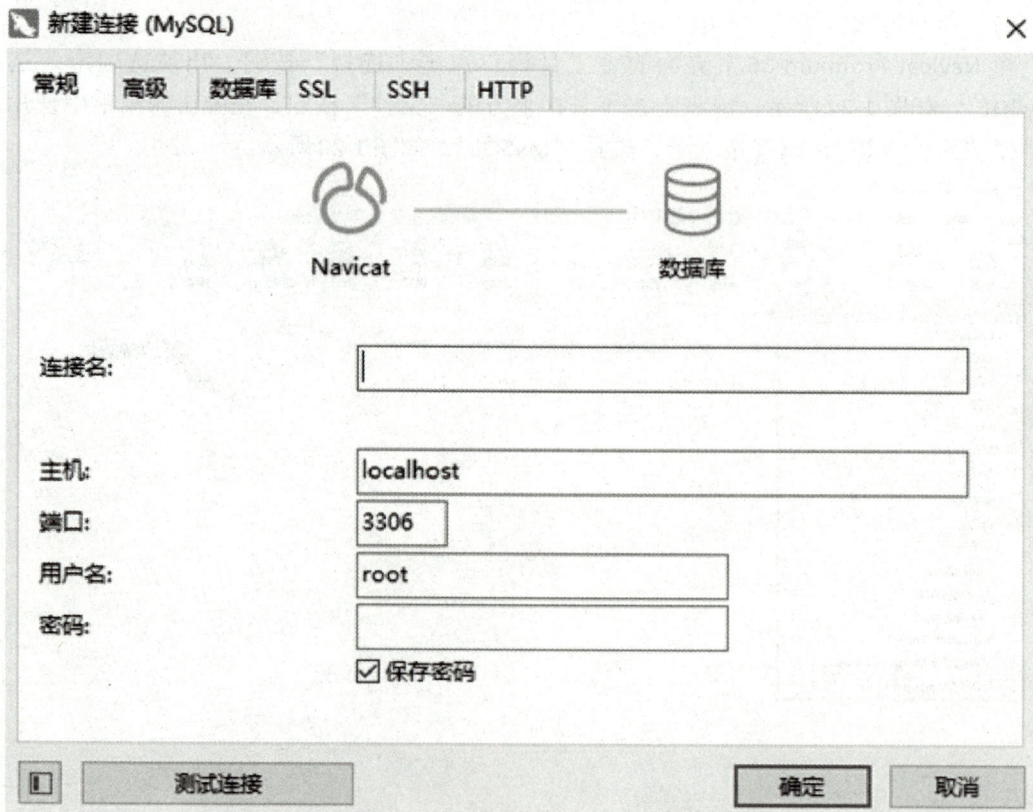

图 1-24　"新建 MySQL 连接"窗口

其中：

连接名：为你的连接起一个容易识别的名字，比如"本地 **MySQL**"。

主机：输入 MySQL 服务器的地址。如果 MySQL 服务器安装在本地机器上，可以输入"localhost"或"127.0.0.1"。

端口：MySQL 默认端口是 3306，除非你的 MySQL 服务使用了其他端口，否则一般保持默认值即可。

用户名：输入你的 MySQL 用户名。对于本地安装，通常是"root"。

密码：输入你安装 MySQL 时设置的密码。如图 1-25 所示。

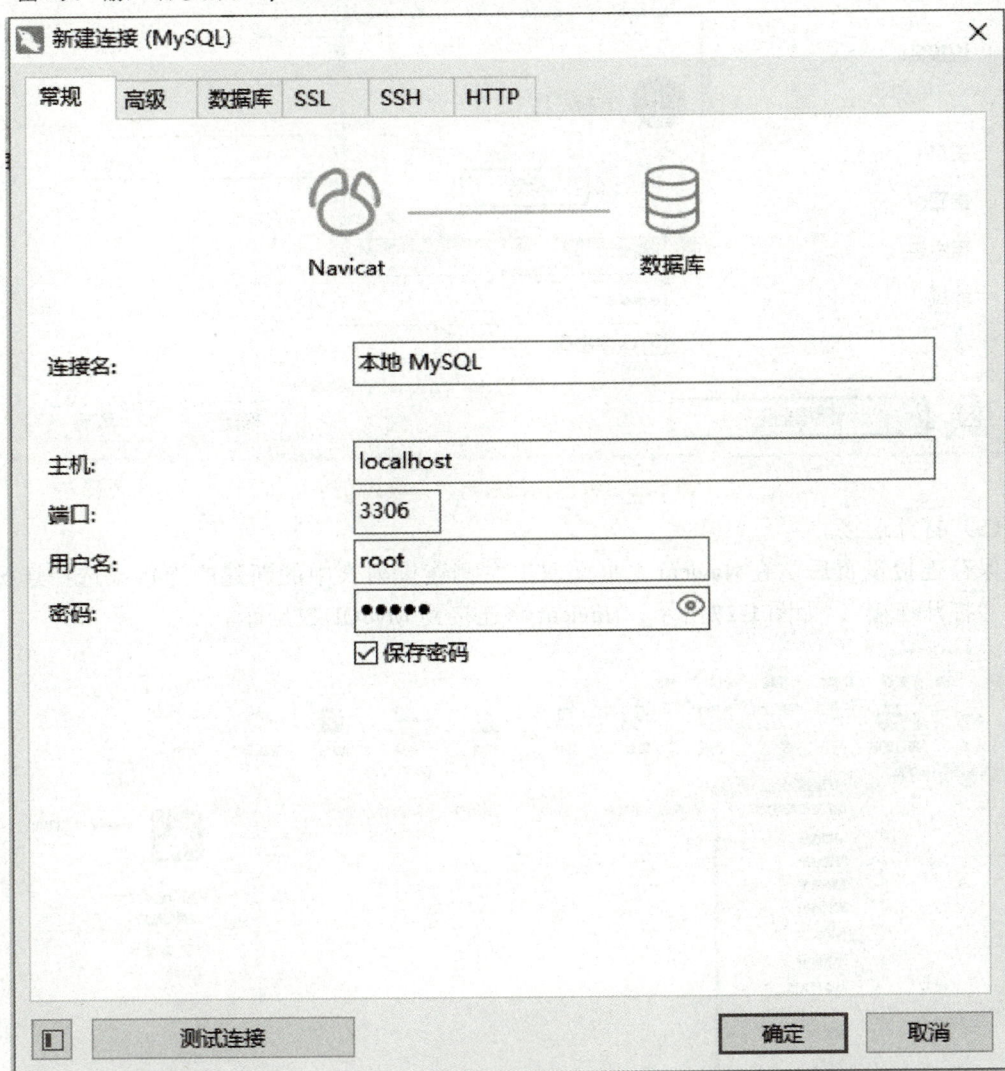

图 1-25　"新建 MySQL 连接"窗口

（4）测试连接并保存连接。

在配置好连接信息后，点击"测试连接"按钮以确保所有设置正确，且 Navicat 能够成功连接到 MySQL 服务器。如果出现任何错误，请检查你的设置是否正确，特别是主机、端口、用户名和密码。如果测试成功，你会看到一个提示窗口显示"连接成功"，如图 1-26 所示，点击"确定"，退出提示窗口，在"新建连接（MySQL）"窗口中，点击在页面下方"确定"按钮，保存连接设置。

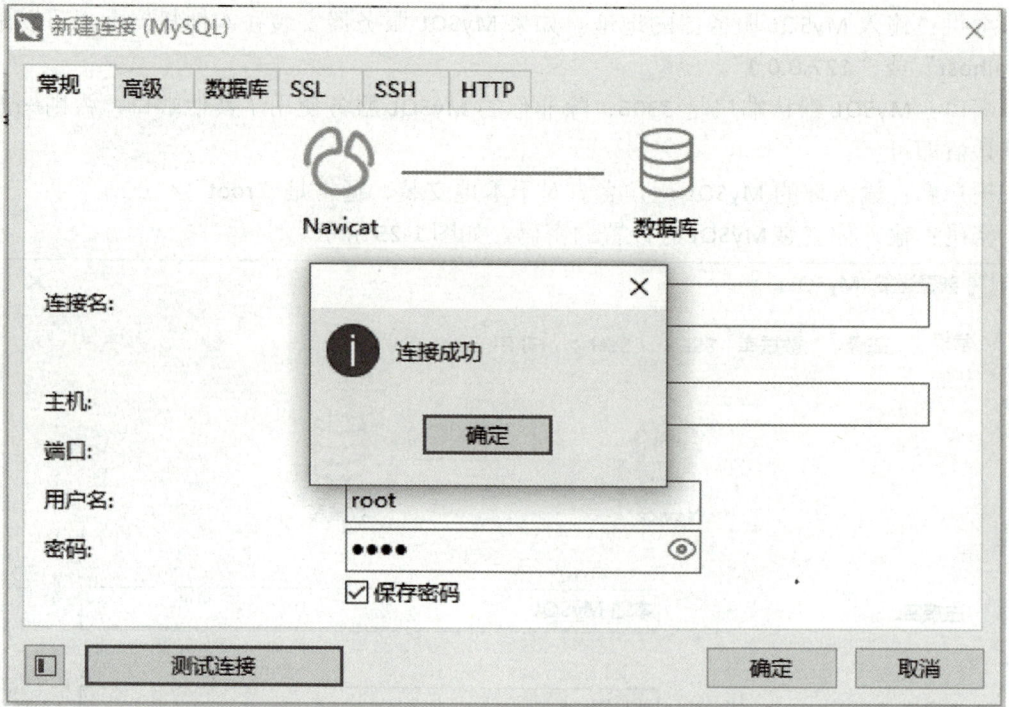

图 1-26　提示窗口显示"连接成功"

（5）打开连接。

保存连接设置后。在 Navicat 主页面双击左侧连接列表中的新建的连接或选择连接后点击"打开连接"，如图 1-27 所示，Navicat 将连接到 MySQL 数据库。

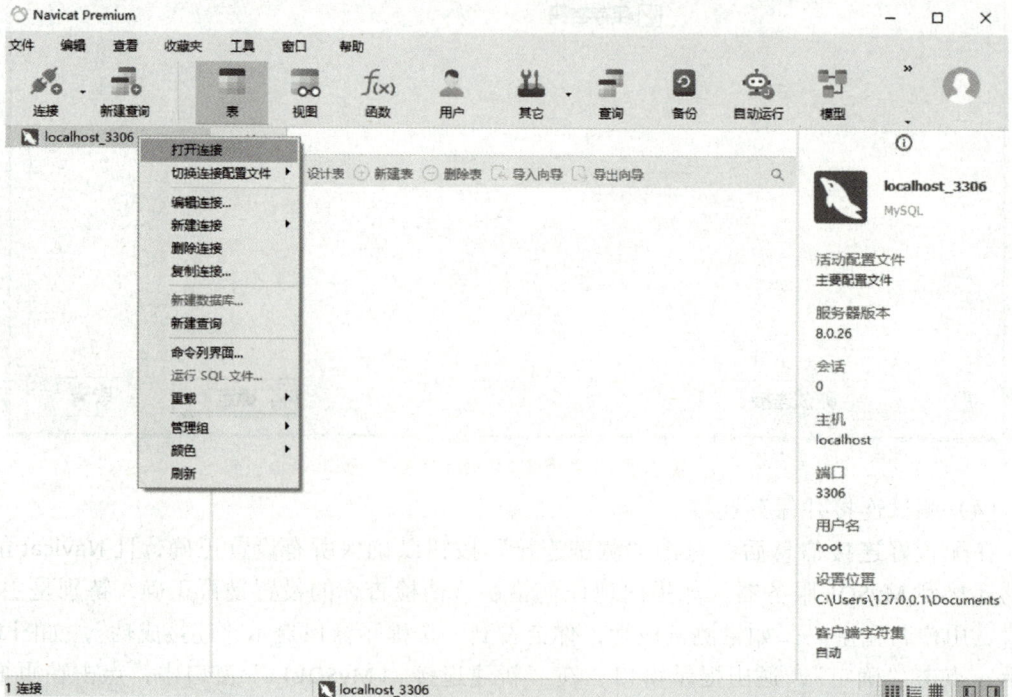

图 1-27　连接对应连接

（6）新建查询。

在连接成功后，界面左侧会显示你的 MySQL 服务器。由于你是第一次使用，可能还没有任何数据库。要新建查询，才可以操作 MySQL。新建查询方法如下：

右击连接名（如"localhost_3306"），选择"新建查询"，如图 1-28 所示；或直接在主工具栏点击"新建查询"，如图 1-29 所示，将打开一个新的查询编辑器窗口。

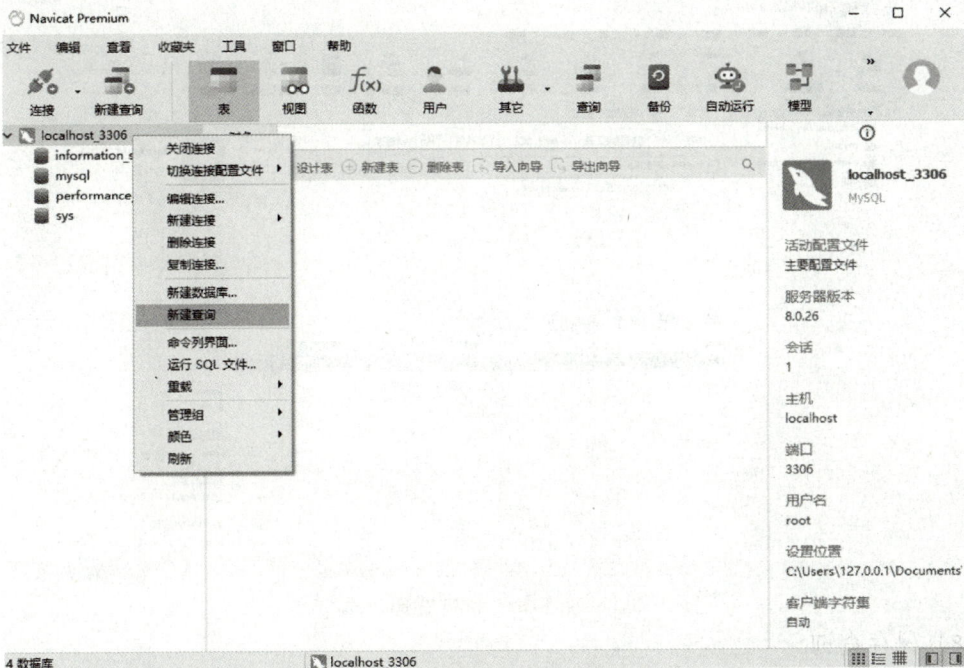

图 1-28　"新建查询"（方式一）

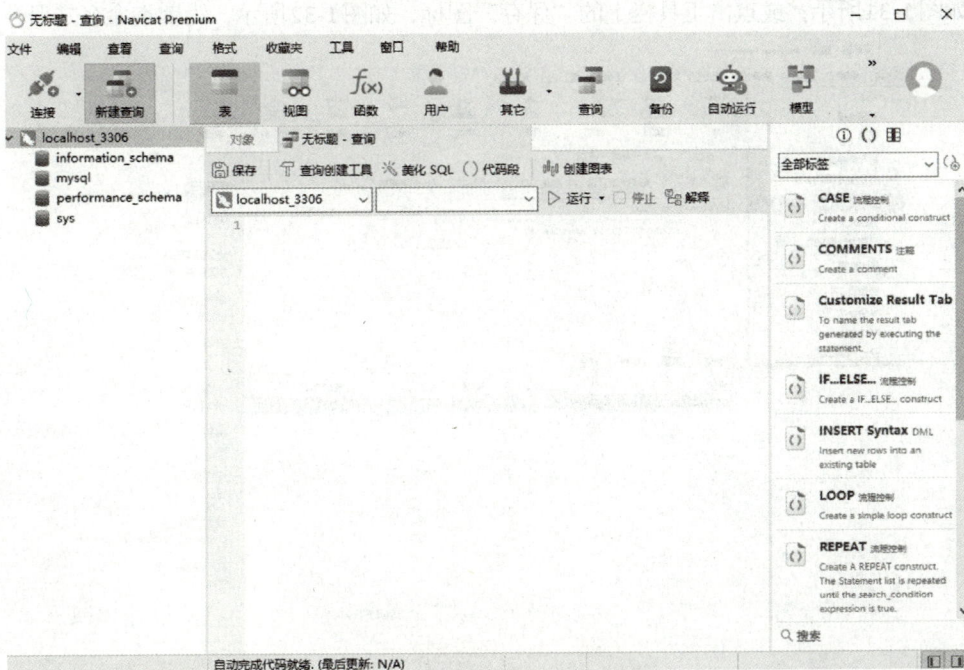

图 1-29　"新建查询"（方式二）

（7）输入 MySQL 命令后运行该查询以创建数据库。

在查询编辑器中输入创建数据库的 SQL 命令，例如：

CREATE DATABASE example_db;

这里的 example_db 是将要创建的数据库名，确保它与后面的案例使用相同的数据库名。

点击工具栏中的"运行"按钮（通常是一个播放图标），运行你的查询，结果如图 1-30 所示。

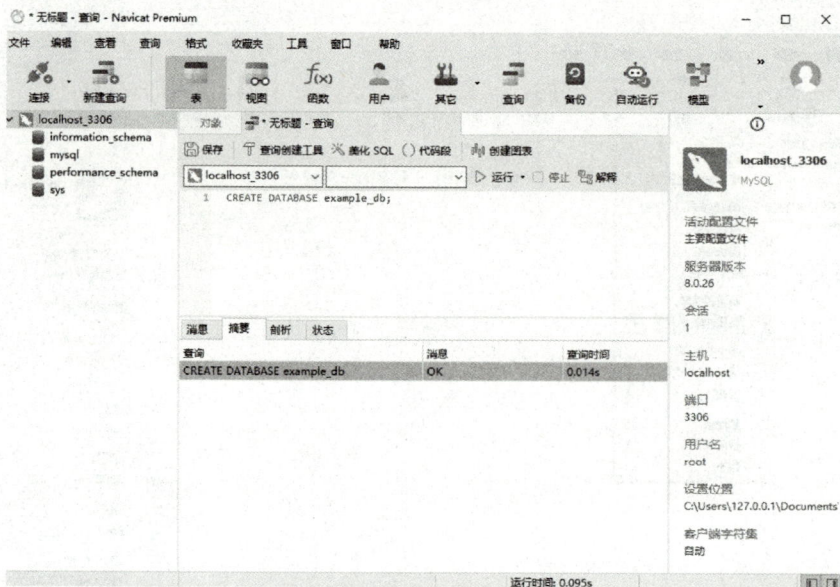

图 1-30　执行查询

（8）保存查询。

在查询执行成功后，可以选择保存这个查询以供将来参考或复用。点击文件菜单中的"保存"，如图 1-31 所示；或点击工具栏上的"保存"图标，如图 1-32 所示，为查询命名并保存。

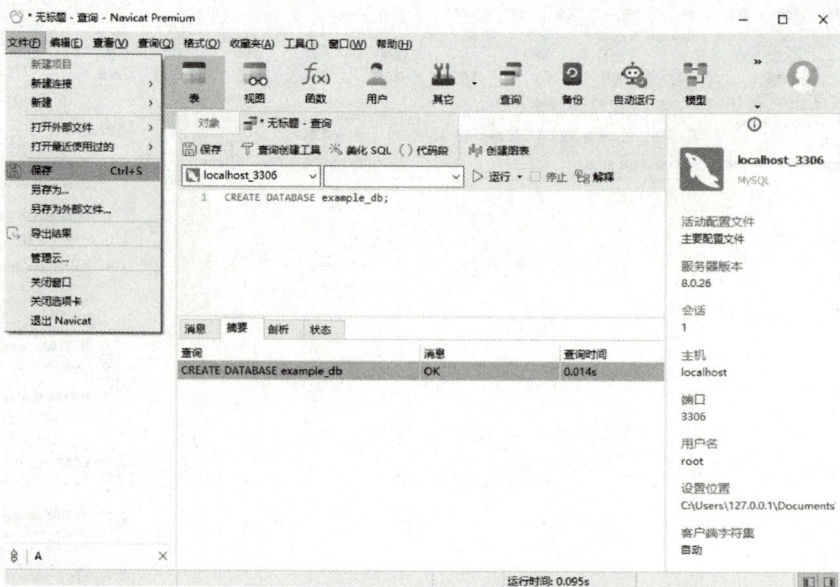

图 1-31　保存方式一

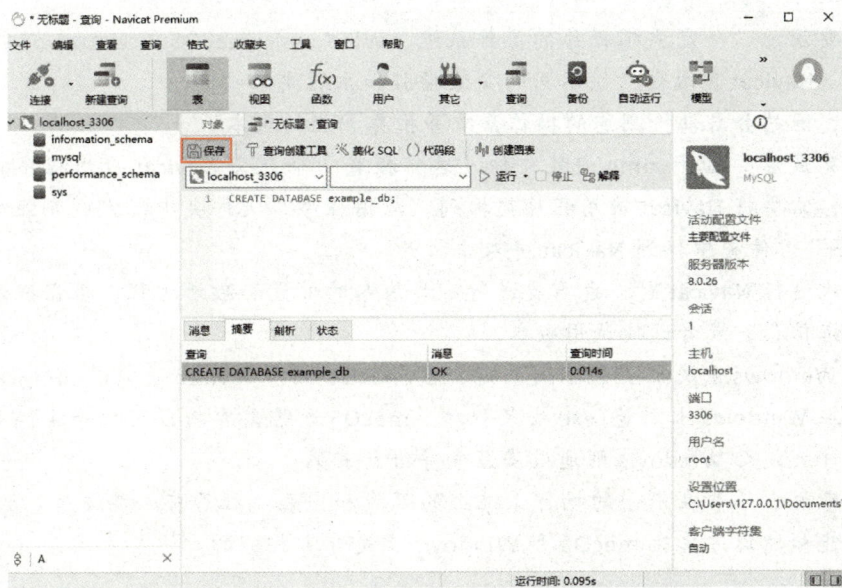

图 1-32 保存方式二

通过上述步骤，你不仅成功连接到 MySQL 数据库，还学会了如何在 Navicat 中创建新的数据库和保存查询。刷新主页后，打开连接就可以看到你新建的数据库，点击该数据库就可以看到目录啦。这些基本操作为日后使用 Navicat 进行更复杂的数据库管理奠定了基础。

温馨提示

Navicat 提供的不同的版本，包括试用版和付费版。可以选择下载试用版进行试用，试用版通常有 14 天的试用期限。

Navicat 也提供了教育版，并且可以免费使用。要获取教育版的 Navicat，通常需要符合特定的资格要求并通过申请流程。以下是获取 Navicat 教育版的一般步骤：

（1）访问 Navicat 官方网站：访问 Navicat 的官方网站。

（2）导航到教育版页面：在网站的顶部导航栏中，查找并点击"教育"或类似的链接，或以"Navicat for Education"为关键词，在主页搜索栏搜索并进入教育版的详细介绍页面。

（3）填写申请表格：通常，网站会提供一个在线申请表格，需要填写相关信息，如学校名称、课程信息，以及其他个人信息（例如学生证或教师证件）。

（4）提供证明文件：申请过程中，可能需要上传证明你教育身份的文件，如学生证、教师证或其他相关证明文件。

（5）提交申请并等待审核：填写并提交申请表格后，需要等待 Navicat 团队审核你的申请。审核通过后，你将收到一封包含下载链接和激活码的邮件。

（6）下载和激活：收到激活码后，按照邮件中的指示下载并安装 Navicat 教育版，并使用激活码进行激活。

具体的步骤和要求可能会有所不同，因此建议仔细阅读 Navicat 官网的说明。如果你在申请过程中遇到问题，可以联系 Navicat 的客户支持团队获取帮助。

另外要注意，一定要根据你的操作系统（Windows、macOS 或 Linux）选择相应的下载链接。Navicat 官网会提供不同的安装指引和系统要求信息。

通常，网站会自动检测您的操作系统并推荐相应的版本。

下载完成后，打开 .dmg 安装文件。这将挂载一个包含 Navicat 应用程序的虚拟磁盘。通常，需要将 Navicat 应用程序拖拽到"应用程序"文件夹中，完成安装过程。在"应用程序"文件夹中找到 Navicat 并双击打开。

在首次运行 Navicat 时，也需要进行一些基本的配置和激活过程。根据提示输入购买的许可证信息，或者选择试用版本。

与在 Windows 系统上安装不同的是，在 macOS 上，Navicat 通常以 .dmg 文件形式提供，而在 Windows 上则是 .exe 安装程序。macOS 通常需要将应用程序拖拽到"应用程序"文件夹，而 Windows 则通过安装向导进行安装。

总的来说，尽管在不同的操作系统上的下载和安装流程存在一些差异，但 Navicat 本身的功能和使用方法在 macOS 和 Windows 上是非常相似的。

本章小结

本章介绍了数据库的核心概念，强调了结构化与非结构化数据的区别及其重要性，介绍了关系型数据库的特点和 SQL 语言的基本知识，并引导学生下载、安装 MySQL 和 Navicat 软件。虽然 MySQL 的配置对初学者来说可能有挑战，但通过本章的学习和实践，为学生进一步学习 SQL 语言和数据库技术搭建了一个可靠的学习和开发平台。

练习与思考

一、选择题

1.数据的结构化和非结构化分类的主要依据是（   ）。

A.数据的来源   B.数据的大小

C.数据的组织方式   D.数据的使用频率

2.在关系型数据库中，表格的行通常代表（   ）。

A.属性   B.数据类型   C.记录   D.约束条件

3.（   ）语言被广泛用于操作关系型数据库。

A. Python   B. Java   C. SQL   D. C++

4.MySQL 属于（   ）的数据库管理系统。

A.文档存储   B.关系型   C.键值存储   D.图数据库

5.用于创建新数据库的 SQL 命令是（   ）。

A. CREATE DATABASE   B. NEW DATABASE

C. CREATE NEW DB   D. MAKE DATABASE

二、填空题

1.描述客观事物的符号记录统称为_____。

2._____数据以二维表的形式存在，具有清晰定义的数据模型和固定字段。

3.关系型数据库管理系统的简称是_____。

4._____是一种专门用于在关系型数据库管理系统中存储、操作和检索数据的编程语言。

5.在 MySQL 中，_____命令用于从数据库中检索数据。

三、判断题

1.所有的数据都可以清晰地分类为结构化或非结构化数据。 （ ）

2.结构化数据不能存储在关系型数据库中。 （ ）

3.SQL 无法用于创建数据库和表。 （ ）

4.MySQL 可以在多种操作系统上运行，包括 Windows 和 Linux。 （ ）

5.Navicat 是 MySQL 官方提供的唯一图形化管理工具。 （ ）

四、实操题

1.使用 MySQL 命令创建一个名为 school 的数据库。

2.在 school 数据库中，创建一个名为 students 的表，包含 id（主键，整型），name（字符串类型）和 age（整型）字段。

3.向 students 表中插入 3 条学生记录。

4.使用 SQL 命令查询 students 表中所有记录的 name 和 age 字段。

5.删除 school 数据库。

五、思考题

1.讨论结构化数据在数据分析中的作用和重要性。

2.思考关系型数据库和非关系型数据库的主要区别及各自的适用场景。

第2章
创建数据库和数据表

本章重点

　　数据库和数据表的基本概念：掌握数据库作为集中存储数据空间的角色，以及数据表作为承载数据的二维表格的结构和功能。

　　常用数据类型和约束类型：了解不同的数据类型（如数值型、字符型、日期时间型等）及其用途，以及约束类型（如非空约束、唯一约束、主键约束等）对维护数据完整性的作用。

　　使用 SQL 命令创建数据库的方法：学习 CREATE DATABASE 语句的结构和选项，包括如何指定字符集和校对规则。

　　数据表结构的查看、修改和删除的基本操作：掌握使用 SHOW TABLES、SHOW COLUMNS、ALTER TABLE 和 DROP TABLE 等 SQL 命令来管理数据表结构和内容。

本章难点

　　数据类型和约束的选择与应用：理解各种数据类型的特点及其适用场景，以及根据实际需求选择合适的约束来保证数据的准确性和完整性。

　　SQL 命令的正确使用：掌握不同 SQL 命令的语法结构和选项，以及如何根据需要正确使用这些命令来执行数据库和数据表的创建、修改和删除等操作。

　　表结构调整的影响：理解对表结构进行调整（如添加、删除或修改列）对现有数据及数据库应用的潜在影响，以及如何安全有效地进行这些调整。

　　数据安全和备份：理解和实施数据安全措施以及定期备份和恢复策略对于保护数据库免受损害至关重要。

思政要点

　　理解数据组织的重要性：通过数据库和数据表的概念，让学生理解数据组织和管理的重要性，培养其高效管理信息的能力。

　　培养精确性和细节关注：强调在数据表的创建和维护过程中对精确性和细节的重视，培养学生的细心和责任感。

2.1　创建并使用数据库

MySQL 安装完成后，我们可以连接服务器，启动 MySQL 控制台，并进行数据库的创建等操作。

在介绍 SQL 命令格式时，我们常常使用到以下三种括号：

1.< >：尖括号是在介绍命令格式时用于界定命令行中的必选项。必选项是命令行中可合法替换但不可省略的内容。在实际编写命令时并不需要添加这一对尖括号。

2.[ ]：方括号用于界定命令行中的可选项。可选项是命令行中可合法替换同时也可以合理省略的内容。如果命令行中选择了可选项中的内容，那么该选项就会生效并对整体命令产生影响。在实际编写命令时，并不需要添加这一对方括号。

3.( )：当圆括号出现在命令格式介绍中时，它表示圆括号内的内容是可选的。在实际编写命令时，需要添加这对圆括号，它是命令行选项的组成部分。

4.{ | }：用于表示分隔命令行中的选择项，任选其一，相当于"或者"的意思。在实际编写命令时，只需要选择"|"之前或之后的内容，不需要添加"{ | }"。

温馨提示

> 需要特别说明一点，在 SQL 命令行操作中，通常建议使用英文而非中文以避免潜在的编码问题和兼容性障碍。然而，为了降低学习门槛，本书中在示例数据库、表名称以及字段名的命名中采用了中文。这一做法旨在使内容更为直观易懂，帮助初学者更好地理解和掌握 SQL 的基本概念和操作。我们希望读者能理解这一选择，并意识到在实际的工作环境中，为了确保代码的通用性和减少潜在的技术问题，应优先考虑使用英文进行数据库对象的命名。

2.1.1　创建数据库

数据库在数据管理中扮演着至关重要的角色，类似于我们日常用于存储文件的柜子，为数据提供一个集中的存储空间。在接下来，我们将以存货管理数据库为例，详细介绍如何使用 SQL 命令创建并使用数据库。

创建数据库的命令格式如下：

CREATE {DATABASE|SCHEMA} [IF NOT EXISTS] **<数据库名>**
[[DEFAULT] CHARACTER SET [=] **字符集名称**]
[[DEFAULT] COLLATE [=] **校对规则名称**];

这条 SQL 命令用于创建一个新的数据库或架构。命令的结构和选项的含义如下：

CREATE {DATABASE|SCHEMA}：这部分指明了要执行的操作是创建一个新的数据库或架构。在 SQL 中，DATABASE 和 SCHEMA 通常可以互换使用，尽管在某些数据库系统中它们可能有细微的区别。

[IF NOT EXISTS]：这是一个可选项，意味着只有当指定的数据库名不存在时，系统才会创建新的数据库。这可以防止因尝试创建一个已经存在的数据库而导致的错误。

数据库名：这里需要指定你想要创建的数据库的名称。

[DEFAULT] CHARACTER SET [=] 字符集名称：这是另一个可选项，用于指定数据库使用

的默认字符集。常见的字符集包括 GBK、GB2312 和 UTF-8。字符集决定了数据库可以存储哪些字符，例如，UTF-8 可以存储几乎所有语言的字符。

[DEFAULT] COLLATE [=] 校对规则名称：这也是一个可选项，用于指定数据库的默认校对规则。校对规则决定了如何比较字符，这影响到排序和字符串比较的行为。若默认字符集是 UTF-8，则校对规则可以选择 utf8_general_ci，但在处理需要高准确性的中文字符排序时，utf8_unicode_ci 可能是更好的选择。

英文分号";"是 SQL 命令的结尾标记，它表示命令结束。每一条 SQL 命令末尾必须有这个分号；如果没有，该条命令将无法运行，系统会提示语法错误。

整个命令的意思是，如果指定数据库名的数据库不存在，则创建这个新的用户数据库，并可以选择性地指定字符集和校对规则。如果没有明确指定字符集和校对规则，数据库将使用系统默认的设置。

【示例 2.1】在 MySQL 中建立一个名叫 test 的数据库。

输入命令：

```
CREATE DATABASE IF NOT EXISTS test ;
```

命令的详细解释如下：

CREATE DATABASE：该部分指示你想要创建一个新数据库。

IF NOT EXISTS：该子句用于检查是否已经存在具有指定名称的数据库。如果存在，则忽略该命令；如果不存在，则创建一个新的数据库。

test：这是你要创建的数据库的名称。

因此，该命令确保只在数据库不存在时才创建名为 "test" 的数据库。

①在这个例子中，如果数据库 "test" 不存在，那么 MySQL 将创建它。

系统提示：

```
Query OK, 1 row affected (0.01 sec)
```

系统显示 Query OK，1 row affected （0.01 sec），这是一条关于数据库操作的返回信息，意思是查询成功，影响了 1 行记录，并且查询花费的时间为 0.01 秒。表示数据库已经成功创建。

②如果数据库 "test" 已经存在：

系统提示：

```
Query OK, 0 rows affected (0.00 sec)
```

这表示尽管执行了命令，但由于数据库 "test" 已经存在，没有实际影响任何行。

执行以上命令后，我们可以通过查看数据库的方法来验证我们要创建的数据库是否已经存在。查看数据库的命令如下：

输入命令：

```
SHOW DATABASES;
```

执行结果：

```
+--------------------------------+
| Database                       |
+--------------------------------+
| information_schema             |
```

演示视频

创建数据库

```
| mysql              |
| performance _schema |
| test               |        <-- 新创建的数据库
+------------------ --+
4 rows in set (0.00 sec)
```

在这个例子中，可以看到"test"数据库已经出现在数据库列表中。这是因为我们创建了一个名为"test"的数据库并且执行了 SHOW DATABASES；以显示所有数据库列表。

2.1.2 选定数据库

创建好用户数据库并选定它后，就可以在该数据库中进一步创建各种各样的用来存储结构化数据的数据表了，如会计科目表、科目汇总表、试算平衡表、资产负债表……，所以，在建表之前，首先需要明确在哪个数据库中建表，必须指定要使用的某个特定的用户数据库，即选定数据库。

选定数据库命令格式：

USE <数据库名>;

现在我们来选定我们要使用的 test 数据库。

【示例 2.2】选定名为"test"的数据库。

输入命令：

USE test;

系统提示：

Database changed

这里"Database changed"表示成功切换到数据库"test"。接下来，你可以在"test"数据库中执行建表等其他 SQL 操作。

2.1.3 删除数据库

在数据库管理中，删除数据库是一个重要但风险较高的操作。执行此操作时，需要谨慎对待，因为一旦数据库被删除，其内的所有数据都将永久消失，无法恢复。

命令格式：

DROP {DATABASE|SCHEMA} [IF EXISTS] <数据库名>;

其中，IF EXISTS 子句是可选的，当数据库不存在时也不会抛出错误提示。

温馨提示

在执行此命令之前，有几个注意事项需要牢记：

① 确保有足够的权限来删除数据库。只有具有足够权限的用户才能执行此操作。

② 确认不会误删数据库。误删数据库可能导致数据丢失，影响应用程序的正常运行。

③ 在删除数据库之前，请确保已备份所有重要数据。一旦数据库被删除，备份将是恢复数据的唯一途径。

④ 确保不会删除系统自带的数据库。某些数据库（如 information_schema、MySQL、performance_schema 等）是系统自带的，用于存储 SQL 系统的相关信息。误删这些数据库可能导致 SQL 系统无法正常运行。

【示例2.3】删除名为 test 的数据库。

输入命令：

```
DROP DATABASE IF EXISTS test ;
```

系统提示：

```
Query OK, 0 rows affected (0.01 sec)
```

演示视频

删除数据库

2.2　定义数据表

2.2.1　创建数据表

数据表就是数据库柜子里的表文件，是承载数据的二维表格。SQL中的二维表跟我们日常生活中的表格非常相似，例如，数据表里面的字段值就是普通二维表里的列，每一字段是一列；数据表里面的记录值就是普通二维表里的行，每条记录为一行。

数据表是数据库中最基本的数据对象。创建数据表的命令如下：

命令格式：

CREATE TABLE [数据库名称 .]<表名称>

　　(

　　字段名1数据类型 [列级完整性约束条件] [默认值]

　　[,字段名2数据类型 [列级完整性约束条件] [默认值]]

　　[,......]

　　[,表级完整性约束条件]

　　)

[ENGINE=引擎类型]；

该命令语法说明如下：

（1）使用 CREATE TABLE 命令创建表需要指定表名称。

MySQL 对于数据表命名有两个基本要求：

①命名的唯一性要求：每个表的名称在同一数据库中必须是唯一的，以避免数据表命名冲突，即每个数据表必须有一个唯一标识。

②命名需避开关键字：数据表要避免使用 MySQL 的关键字来命名，以防止与 SQL 命令发生冲突。表命名时可以通过查阅 MySQL 文档查看 MySQL 关键字列表来确认是否避开关键字。

（2）数据类型。

数据表在存储数据之前，需要先定义其结构，包括设置表字段以及这些字段的特性，如字段名称、数据类型、约束类型、长度、精度、小数位数等。常用数据类型有数值型、字符型、日期时间型等，见表2-1。

表2-1　　　　　　　　　　　　　　　　常用数据类型

数据类别	数据类型	说明
数值型	INT	允许从-2 147 483 648~2 147 483 647 范围内的普通整数
	FLOAT	单精度小数-3.402823466E+38~-1.175494351E-38，0，1.175494351E-38~3.402823466E+38
	DOUBLE	双精度小数-1.7376931348623157E+308~-2.2250738585072014E-308，0，222507385 85072014E-308~1.7976931348623157E+308
	DECIMAL	精确计算时使用的数据类型

续表

数据类别	数据类型	说明
字符型	CHAR()	固定长度字符串
	VARCHAR()	可变长度字符串
日期时间型	DATE	日期型'1000-01-01'到'9999-12-31',MySQL格式为'YYYY-MM-DD'
	TIME	时间型-828:59:59'到'839:59:59'，MySQL格式为'HH:MM:SS'
	DATETIME	日期型'1000-01-01 00:00:00'到'9999-12-31 23:59:59'，MySQL格式为' YYYY-MM-DD HH:MM:SS'
	YEAR	2位或4位的年'1901'到'2155'

在MySQL中规定数据类型的作用有以下几点：

①存储空间的优化：MySQL存储数据时需要预先分配存储空间。如果定义字段时按实际需求指定了数据类型，MySQL就能根据指定的数据类型，自动分配必要的存储空间，这样就能有效地节省系统资源，提高系统的性能。

②数据存储的完整性：MySQL支持多种数据类型，如整型、浮点型、字符型、日期型等。如果定义字段时指定了数据类型，MySQL就能确保存储在该字段中的数据符合该数据类型的规则，从而有效地保证数据存储的完整性。

③数据存储的可读性和可维护性：通过指定正确的数据类型，可以提高数据的可读性和可维护性。例如，如果使用日期类型来存储日期数据，就可以使用MySQL内置的日期函数来处理日期数据，从而提高代码的可读性和可维护性。

④便于数据的排序和计算：例如在MySQL中，若定义的字段是数值型的，就可以使用聚合函数（如SUM、AVG、MAX、MIN等）进行计算，从而提高数据的分析效率。再如，使用日期类型可以方便地进行时间排序、偏移和特定的计算等操作。

（3）约束类型。

建表时可以通过约束（constraint）来定义列的一些限制条件和默认值，保证列数据的正确性和完整性。常用的约束类型见表2-2。

表2-2　　　　　　约束类型

约束类型	约束关键字	约束说明
非空约束	NOT NULL	NULL允许插入记录时不给出该列的值，即该列可以为空；NOT NULL指定该列不能为NULL，即插入记录时必须给该列赋值
唯一约束	UNIQUE	指定该列的值必须唯一，但可以为空
主键约束	PRIMARY KEY	指定该列为主键。主键是用来标识一张表中每一条记录的唯一标识符，对应于另外一张表中的外键关系。主键必须是唯一的、非空的字段
外键约束	FOREING KEY	指定该列作为外键，引用另一张表的主键。这一方式可以用来实现表之间的关联，从而帮助我们更好地管理数据
检查约束	CHECK	指定该列所允许的值必须满足某个条件，可以用逻辑运算符AND、OR、NOT组合多个条件，以实现更严格的约束，如记账方向的值限制为［借，贷］
默认约束	DEFAULT	可以指定该列在不输入值的情况下默认为何值，例如默认值为0（DEFAULT '0'）

（4）AUTO_INCREMENT。

AUTO_INCREMENT是MySQL数据库中的一个数据类型属性，用于设置自动递增功能。当该属性被设置在某个整数类型的列上时，这个列会自动递增并分配下一个可用的唯一值。

（5）存储引擎类型。

存储引擎（storage engine）是一种用于处理数据库表的底层软件组件，它负责实现表的创建、插入、查询、更新、删除和索引等操作，直接影响着数据库的性能、容错性和安全性。不同的存储引擎对应不同的数据操作支持、事务安全级别、锁机制、数据恢复特性等方面的优缺点，因此在实际应用中需要根据具体需求进行选择。常用的存储引擎有：InnoDB、MyISAM等。

【示例2.4】新建存货管理数据库，并在该数据库中建立存货目录表、存货期初余额表、存货入库表、存货出库表，其表结构分别见表2-3至表2-6。

表2-3   存货目录表

字段名	数据类型	约束类型
序号	INT	AUTO_INCREMENT、PRIMARY KEY
存货编号	VARCHAR(8)	NOT NULL
存货名称	VARCHAR(10)	NOT NULL
规格型号	VARCHAR(12)	
所属类别	VARCHAR(8)	

表2-4   存货期初余额表

字段名	数据类型	约束类型
序号	INT	AUTO_INCREMENT、PRIMARY KEY
日期	DATE	
存货编号	VARCHAR(8)	NOT NULL
存货名称	VARCHAR(10)	NOT NULL
规格型号	VARCHAR(12)	
计量单位	VARCHAR(4)	
所属类别	VARCHAR(8)	
库存单价	DOUBLE (12, 2)	
结存数量	INT	
库存金额	DOUBLE (12, 2)	

表2-5   存货入库表

字段名	数据类型	约束类型
序号	INT	AUTO_INCREMENT、PRIMARY KEY
日期	DATE	
存货编号	VARCHAR(8)	NOT NULL
存货名称	VARCHAR(10)	NOT NULL
规格型号	VARCHAR(12)	
计量单位	VARCHAR(4)	
所属类别	VARCHAR(8)	
入库单价	DOUBLE (12, 2)	
入库数量	INT	
入库金额	DECIMAL (12, 2)	

表2-6   存货出库表

字段名	数据类型	约束类型
序号	INT	AUTO_INCREMENT、PRIMARY KEY
日期	DATE	
存货编号	VARCHAR(8)	NOT NULL
存货名称	VARCHAR(10)	NOT NULL
规格型号	VARCHAR(12)	
计量单位	VARCHAR(4)	
所属类别	VARCHAR(8)	
出库数量	INT	

演示视频

创建数据表

操作命令如下：

第一步，建立以"存货管理"命名的数据库。

输入命令：

CREATE DATABASE IF NOT EXISTS 存货管理;

系统提示：

Query OK, 1 row affected (0.01 sec)

第二步，选择操作存货管理数据库。

输入命令：

USE 存货管理;

系统提示：

Database changed

第三步，建立存货目录表。

输入命令：

CREATE TABLE IF NOT EXISTS 存货目录表
    (序号 INT AUTO_INCREMENT PRIMARY KEY,
    存货编号 VARCHAR(8) NOT NULL,
    存货名称 VARCHAR(10) NOT NULL,
    规格型号 VARCHAR(12),
    所属类别 VARCHAR(8));

系统提示：

Query OK, 0 rows affected (0.05 sec)

第四步，建立存货期初余额表。

输入命令：

CREATE TABLE IF NOT EXISTS 存货期初余额表
    (序号 INT AUTO_INCREMENT PRIMARY KEY,
    日期 DATE,
    存货编号 VARCHAR(8) NOT NULL,
    存货名称 VARCHAR(10) NOT NULL,
    规格型号 VARCHAR(12),
    计量单位 VARCHAR(4),
    所属类别 VARCHAR(8),
    库存单价 DOUBLE (12, 2),
    结存数量 INT,
    库存金额 DOUBLE (12, 2));

系统提示：

Query OK, 0 rows affected (0.03 sec)

第五步，建立存货入库表。

输入命令：

```
CREATE TABLE IF NOT EXISTS 存货入库表
    (序号 INT AUTO_INCREMENT PRIMARY KEY,
    日期 DATE,
    存货编号 VARCHAR(8) NOT NULL,
    存货名称 VARCHAR(10) NOT NULL,
    规格型号 VARCHAR(12),
    计量单位 VARCHAR(4),
    所属类别 VARCHAR(8),
    入库单价 DOUBLE (12, 2),
    入库数量 INT,
    入库金额 DECIMAL(12,2));
```

系统提示：

```
Query OK, 0 rows affected (0.04 sec)
```

第六步，建立存货出库表。

输入命令：

```
CREATE TABLE IF NOT EXISTS 存货出库表
    (序号 INT AUTO_INCREMENT PRIMARY KEY,
    日期 DATE,
    存货编号 VARCHAR(8) NOT NULL,
    存货名称 VARCHAR(10) NOT NULL,
    规格型号 VARCHAR(12),
    计量单位 VARCHAR(4),
    所属类别 VARCHAR(8),
    出库数量 INT);
```

系统提示：

```
Query OK, 0 rows affected (0.04 sec)
```

在数据库中，通常会创建多个表格来存储和管理数据，如【示例2.4】，在存货管理数据库中已经建立了存货目录表、存货期初余额表、存货入库表、存货出库表等。我们在日常经营管理过程中经常需要用SQL命令来查询各表的表名称、表结构或表中行记录等数据。

2.2.2 查看数据表

（1）查看表名称。

在 MySQL 中，查看表名称用 SHOW。

命令格式：

```
SHOW TABLES [{FROM | IN} <数据库名>];
```

当想要查看当前数据库中的所有表名称时，可以使用 SHOW TABLES 命令。然而，如果需要查看其他数据库中的表名称，需要使用 FROM 或 IN 关键字并指定相应的数据库名称。

演示视频

查看数据库中的数据表

【示例 2.5】查看存货管理数据库中的全部表。

输入命令：

```
USE 存货管理;
SHOW TABLES;
```

执行结果：

```
mysql>        SHOW TABLES;

| Tables_in_存货管理 |

| 存货入库表        |
| 存货出库表        |
| 存货期初余额表     |
| 存货目录表        |

4 rows in set (0.00 sec)
```

（2）查看表结构。

在 SQL 的日常应用中，我们除了需要知道每个数据库中有哪些表格外，有时还需要知道每个表格的数据类型、约束条件、默认值等信息。

命令格式：

SHOW COLUMNS {FROM|IN} <表名称> [{FROM|IN} <数据库名称>];

【示例 2.6】查看存货管理数据库中存货期初余额表的表结构。

输入命令：

```
USE 存货管理;
SHOW COLUMNS FROM 存货期初余额表;
```

执行结果：

演示视频

查看表结构

```
mysql>       SHOW COLUMNS FROM 存货期初余额表;
+----------+-------------+------+-----+---------+----------------+
| Field    | Type        | Null | Key | Default | Extra          |
+----------+-------------+------+-----+---------+----------------+
| 序号      | int         | NO   | PRI | NULL    | auto_increment |
| 日期      | date        | YES  |     | NULL    |                |
| 存货编号   | varchar(8)  | NO   |     | NULL    |                |
| 存货名称   | varchar(10) | NO   |     | NULL    |                |
| 规格型号   | varchar(12) | YES  |     | NULL    |                |
| 计量单位   | varchar(4)  | YES  |     | NULL    |                |
| 所属类别   | varchar(8)  | YES  |     | NULL    |                |
| 库存单价   | double(12,2)| YES  |     | NULL    |                |
| 结存数量   | int         | YES  |     | NULL    |                |
| 库存金额   | double(12,2)| YES  |     | NULL    |                |
+----------+-------------+------+-----+---------+----------------+
10 rows in set (0.00 sec)
```

2.2.3　修改表结构

在会计工作中，经常需要对各种表格进行结构调整。随着业务需求的变化，可能需要增加、删除或修改列。在 SQL 中，这些操作通过 ALTER TABLE 命令实现。此命令使我们能够灵活地调整表格结构，以适应业务需求的变化。

（1）添加字段。

当我们需要在表中添加新字段时，可以使用 ALTER TABLE 命令结合 ADD 子句。通过指定字段名称、数据类型和其他约束条件，可以在表中添加新的列。

命令格式：

ALTER TABLE <表名称> ADD [COLUMN]

<新字段名> <数据类型> [约束条件] [FIRST|AFTER <已有字段名>];

FIRST|AFTER <已有字段名>：是用来指定新字段的位置的，指定FIRST就是把新字段名放在最前面，就是第一列；AFTER是将新字段放在所指定的某列后面。

【示例2.7】利用SQL命令在"存货出库表"中添加一个名为"数量_copy"的整数字段，其位置位于"出库数量"字段之后。

输入命令：

ALTER TABLE 存货出库表 ADD 数量_copy INT AFTER 出库数量;

系统提示：

Query OK, 0 rows affected (0.05 sec)

Records: 0 Duplicates: 0 Warnings: 0

添加后通过查看表结构的命令可以检查是否添加成功。

输入命令：

SHOW COLUMNS FROM 存货出库表;

执行结果：

```
mysql>    SHOW COLUMNS FROM 存货出库表;
+-------------+-------------+------+------+---------+----------------+
| Field       | Type        | Null | Key  | Default | Extra          |
+-------------+-------------+------+------+---------+----------------+
| 序号        | int         | NO   | PRI  | NULL    | auto_increment |
| 日期        | date        | YES  |      | NULL    |                |
| 存货编号    | varchar(8)  | NO   |      | NULL    |                |
| 存货名称    | varchar(10) | NO   |      | NULL    |                |
| 规格型号    | varchar(12) | YES  |      | NULL    |                |
| 计量单位    | varchar(4)  | YES  |      | NULL    |                |
| 所属类别    | varchar(8)  | YES  |      | NULL    |                |
| 出库数量    | int         | YES  |      | NULL    |                |
| 数量_copy   | int         | YES  |      | NULL    |                |
+-------------+-------------+------+------+---------+----------------+
9 rows in set (0.00 sec)
```

（2）删除字段。

要删除表中的现有字段，可以使用ALTER TABLE命令结合DROP子句。

命令格式：

ALTER TABLE <表名称> DROP [COLUMN] <字段名>;

【示例2.8】利用SQL命令删除"存货出库表"中的"数量_copy"字段。

输入命令：

ALTER TABLE 存货出库表 DROP 数量_copy;

系统提示：

Query OK, 0 rows affected (0.06 sec)

Records: 0 Duplicates: 0 Warnings: 0

同样使用查看表结构的方式来检验是否正确。

输入命令：

SHOW COLUMNS FROM 存货出库表;

演示视频

添加和删除字段

执行结果：

```
mysql>    SHOW COLUMNS FROM 存货出库表;
+------------+-------------+------+-----+---------+----------------+
| Field      | Type        | Null | Key | Default | Extra          |
+------------+-------------+------+-----+---------+----------------+
| 序号       | int         | NO   | PRI | NULL    | auto_increment |
| 日期       | date        | YES  |     | NULL    |                |
| 存货编号   | varchar(8)  | NO   |     | NULL    |                |
| 存货名称   | varchar(10) | NO   |     | NULL    |                |
| 规格型号   | varchar(12) | YES  |     | NULL    |                |
| 计量单位   | varchar(4)  | YES  |     | NULL    |                |
| 所属类别   | varchar(8)  | YES  |     | NULL    |                |
| 出库数量   | int         | YES  |     | NULL    |                |
+------------+-------------+------+-----+---------+----------------+
8 rows in set (0.00 sec)
```

（3）修改表字段。

除了添加和删除字段，我们还可以修改现有字段的属性，如更改数据类型或添加新的约束条件。ALTER TABLE 提供了三个修改字段的子句分别是：

①CHANGE [COLUMN]子句可以修改表中指定字段的名称、数据类型。其语法格式如下：

ALTER TABLE <表名称> CHANGE [COLUMN] <原字段名> <新字段名> <数据类型> [约束条件];

②ALTER [COLUMN]子句可以修改或删除表的指定字段的默认值。其语法格式如下：

ALTER TABLE <表名称> ALTER [COLUMN] <字段名> {SET|DROP} DEFAULT;

③MODIFY [COLUMN]子句可以修改表中指定字段的数据类型。其语法格式如下：

ALTER TABLE <表名称> MODIFY [COLUMN] <字段名> <数据类型> [约束条件] [FIRST|AFTER 已有字段名];

约束条件如果有，便可以写；如果没有，也可以不写。

【示例 2.9】利用 SQL 命令修改存货入库表入库金额字段(新字段名:入库金额,数据类型:DOUBLE (15, 2),约束条件:NULL)。

演示视频

修改字段

输入命令：

ALTER TABLE 存货入库表 CHANGE 入库金额 入库金额 DOUBLE (15, 2) NULL;

系统提示：

Query OK, 0 rows affected, 1 warning (0.13 sec)
Records: 0 Duplicates: 0 Warnings: 1

使用查看表结构的方式来检验是否正确。

输入命令：

SHOW COLUMNS FROM 存货入库表;

执行结果：

```
mysql>    SHOW COLUMNS FROM 存货入库表;
+------------+-------------+------+-----+---------+----------------+
| Field      | Type        | Null | Key | Default | Extra          |
+------------+-------------+------+-----+---------+----------------+
| 序号       | int         | NO   | PRI | NULL    | auto_increment |
| 日期       | date        | YES  |     | NULL    |                |
| 存货编号   | varchar(8)  | NO   |     | NULL    |                |
| 存货名称   | varchar(10) | NO   |     | NULL    |                |
| 规格型号   | varchar(12) | YES  |     | NULL    |                |
| 计量单位   | varchar(4)  | YES  |     | NULL    |                |
| 所属类别   | varchar(8)  | YES  |     | NULL    |                |
| 入库单价   | double(12,2)| YES  |     | NULL    |                |
| 入库数量   | int         | YES  |     | NULL    |                |
| 入库金额   | double(15,2)| YES  |     | NULL    |                |
+------------+-------------+------+-----+---------+----------------+
10 rows in set (0.00 sec)
```

2.2.4　表重命名

MySQL 可以使用 RENAME TABLE 命令来修改表名。命令格式可以使用以下两种：

格式一：

RENAME TABLE <原表名称> TO <新表名称> [,<原表名称 2> TO <新表名称 2>];

格式二：

ALTER TABLE <原表名> RENAME [TO] <新表名>;

温馨提示

> RENAME TABLE 命令可以同时可以为多个表格修改名称，各个表之间需要用逗号隔开。

【示例 2.10】重命名存货入库表为本期存货入库表、存货出库表为本期存货出库表。

演示视频

输入命令：

RENAME TABLE 存货入库表 TO 本期存货入库表,存货出库表 TO 本期存货出库表;

数据表重命名

系统提示：

Query OK, 0 rows affected (0.04 sec)

查看表名称修改是否正确。

输入命令：

SHOW TABLES;

执行结果：

```
mysql>        SHOW TABLES;
+------------------------+
| Tables_in_存货管理      |
+------------------------+
| 存货期初余额表          |
| 存货目录表             |
| 本期存货入库表          |
| 本期存货出库表          |
+------------------------+
4 rows in set (0.00 sec)
```

2.2.5　删除表

当我们需要删除某个表的时候最常用的命令是 DROP TABLE，这与重命名表相似，要删除多个表时也可以使用逗号。

命令格式：

DROP TABLE [IF EXISTS] <表名称>;

当我们需要从数据库中彻底删除一个表时，可以使用 DROP TABLE 命令。与重命名表类似，如果要删除多个表，可以使用逗号将它们隔开。

命令格式：

DROP TABLE [IF EXISTS] 表 1 [,表 2]……;

温馨提示

> IF EXISTS 子句是可选的，用于在表不存在时避免产生错误。
>
> 如果要删除多个表，只需在 DROP TABLE 后面列出它们的名称，并用逗号分隔。

【示例 2.11】利用 SQL 命令新建"练习表 1"和"练习表 2",然后删除这两个表。

创建"练习表 1"

```
CREATE TABLE 练习表 1 (
    id INT PRIMARY KEY,
    name VARCHAR(50),
    age INT);
```

创建"练习表 2":

```
CREATE TABLE 练习表 2 (
    id INT PRIMARY KEY,
    address VARCHAR(100));
```

删除"练习表 1"和"练习表 2":

```
DROP TABLE IF EXISTS 练习表 1, 练习表 2;
```

2.3　数据库备份与恢复

数据备份与恢复是数据库管理中至关重要的环节,旨在保障数据的安全性和可靠性。通过备份,可以将数据库的全部内容,包括但不限于数据、表结构、约束、索引、存储过程、触发器及视图等,复制到安全位置,确保在发生数据丢失或损坏时能够快速恢复。

2.3.1　数据库备份

MySQL 提供了 mysqldump 工具,用于将数据库备份为 SQL 脚本,方便灵活地进行数据备份。

备份在操作系统的命令行界面(CLI)上使用特定的命令和参数来进行数据库备份。这个命令行界面可以是 Windows 的命令提示符(cmd)、PowerShell,也可以是类 Unix 系统(如 Linux 和 macOS)的终端(Terminal)。

以 Windows 的命令提示符(cmd)或 PowerShel 为例,备份操作的主要步骤如下:

(1)确认 MySQL 服务已启动,以保证备份操作能正常进行。

(2)预先在备份目标盘上创建备份文件夹(如:在 C 盘创建名为"mysqlbackup"的文件夹)。

(3)打开命令提示符,使用 cd 命令进入 MySQL 的 bin 目录(如:cd C:\Program Files\MySQL\MySQL Server 8.0\bin),以保证该目录包含 mysqldump 工具。

(4)执行备份命令,格式如下:

```
mysqldump -u [用户名] -p [数据库名] > [备份文件路径]
```

【示例 2.12】新建 test 数据库并将存货管理数据库中的表复制到 test 数据库中,然后将"test"的数据库备份到 C 盘的"mysqlbackup"文件夹中。

输入命令:

```
mysqldump -u root -p test > C:\mysqlbackup\test_backup.sql
```

温馨提示

执行命令时,系统将提示输入密码。另外,需预先在 C 盘创建名为"mysqlbackup"的文件夹用于存储备份文件。

2.3.2　数据库恢复

在数据丢失或损坏的情况下，可以利用之前创建的备份文件恢复数据库到特定状态。数据库恢复的操作步骤如下：

（1）打开命令提示符，导航至MySQL的bin目录。

（2）执行数据库恢复命令，格式如下：

mysql -u [用户名] -p [数据库名] < [备份文件路径]

【示例2.13】将备份文件"test_backup.sql"恢复到"test"数据库。

输入命令：

```
mysql -u root -p test < C:\mysqlbackup\test_backup.sql
```

此命令将导入备份文件中的所有数据和结构到指定数据库，完成数据库恢复。

通过以上步骤，可以有效地备份和恢复MySQL数据库，确保数据的安全性和完整性。

演示视频

数据库恢复

本章小结

本章讲述如何使用SQL命令来创建和管理数据库和数据表，包括创建数据库、查看和修改数据表结构以及删除数据表等操作。这些技能为学生提供了必要的工具，使其能够有效地处理和组织数据，理解数据组织在信息技术中的关键作用。这不仅能提高学生的技术能力，还能够培养他们在数据表的创建和维护过程中对精确性和细节的关注，增强其社会责任感。

本章命令文本

序号	名称	命令文本二维码
1	示例2.1　创建数据库	
2	示例2.3　删除数据库	
3	示例2.4　创建数据表	
4	示例2.5　查看数据库中的数据表	
5	示例2.6　查看表结构	

续表

序号	名称	命令文本二维码
6	示例 2.7—示例 2.8　添加和删除字段	
7	示例 2.9　修改字段	
8	示例 2.10　数据表重命名	
9	示例 2.11　删除数据表	
10	示例 2.12　数据库备份	
11	示例 2.13　数据库恢复	

练习与思考

一、选择题

1. 在 SQL 中，用于删除一个已存在的数据库的命令是（　　）。

A. DROP DATABASE　　　　　　　　B. REMOVE DATABASE

C. DELETE DATABASE　　　　　　　 D. CLEAR DATABASE

2. 数据库中存储字符数据的数据类型是（　　）。

A. INT　　　　　　B. DECIMAL　　　　 C. VARCHAR　　　　D. BOOLEAN

3. （　　）命令用于查看数据库中的所有表。

A. LIST TABLES　　　　　　　　　　B. DISPLAY TABLES

C. SHOW TABLES　　　　　　　　　 D. GET TABLES

4. （　　）子句用于在创建表时如果该表已存在则不创建。

A. IF NOT EXISTS　　　　　　　　　B. IF EXISTS

C. UNLESS EXISTS　　　　　　　　　D. WHILE NOT EXISTS

5. 在 SQL 中，用于指定字段为自动递增的属性是（　　）。

A. AUTO_INCREMENT　　　　　　　　B. AUTO_ADD

C. INCREMENT　　　　　　　　　　　　D. AUTO_RAISE

二、填空题

1.在 SQL 中，_____命令用于创建一个新的数据库。

2._____数据类型用于存储固定长度的字符串。

3.在创建表时，_____约束用于保证列的唯一性。

4.使用_____命令可以将数据从一个表复制到另一个表。

5._____命令用于从数据库中删除表。

三、判断题

1.CREATE SCHEMA 和 CREATE DATABASE 在 MySQL 中是等价的。（　　）

2.PRIMARY KEY 约束用于确保表中的每条记录在该列上都是唯一的。（　　）

3.DATE 类型用于存储时间信息，格式为 YYYY-MM-DD HH:MM:SS。（　　）

4.DROP TABLE 命令用于删除数据库中的表，如果表不存在，则 SQL 操作会失败。

（　　）

5.ALTER TABLE 命令用于更改现有表的结构，如添加或删除列。（　　）

四、实操题

练习 1：创建数据库

创建一个名为 AccountingDB 的数据库，要求设置字符集为 UTF8，校对规则为 UTF8_general_ci。

练习 2：创建数据表

在 AccountingDB 数据库中创建一个名为 Employees 的数据表，包含以下字段：

EmployeeID：整数类型，自动递增，主键。

FirstName：字符型，最大长度 20。

LastName：字符型，最大长度 20。

BirthDate：日期型。

Position：字符型，最大长度 30。

Salary：双精度浮点型。

练习 3：查看数据表结构

使用 SQL 命令查看 Employees 表的结构，并注明每个字段的数据类型及约束。

练习 4：添加数据记录

向 Employees 表中插入至少 3 条员工记录，确保数据符合之前定义的字段类型和约束。

练习 5：修改表结构

添加一个名为 Email 的字段，字符型，最大长度 50，且不允许为空。

修改 Salary 字段，增加非空约束。

练习 6：查询数据

编写 SQL 命令查询 Employees 表，要求如下：

查询所有员工的 LastName 和 Salary 字段。

查询 Salary 高于平均工资的员工信息。

练习 7：更新数据

编写 SQL 命令更新任一员工的 Position 和 Salary 字段。

练习 8：删除数据

编写 SQL 命令删除 BirthDate 在 1990 年 1 月 1 日之前的员工记录。

练习 9：删除数据表

在确认数据表 Employees 不再需要后，删除该表。

练习 10：删除数据库

如果 AccountingDB 数据库不再需要，删除该数据库。

五、思考题

针对数据完整性和性能，讨论在设计数据库和数据表时应考虑的因素。

本章重点

INSERT INTO 语句：学习如何使用 INSERT INTO 命令向数据表中插入完整数据记录或为指定字段插入数据。

查询建表：了解如何利用查询结果创建新表，掌握使用 CREATE TABLE ... SELECT ... 语句进行查询建表。

UPDATE 命令：学习使用 UPDATE 命令修改表中现有记录的方法，包括指定要更新的字段和新值的设置。

WHERE 子句的应用：了解如何结合 WHERE 子句精确指定需要修改或删除的数据行。

DELETE FROM 命令：学习使用 DELETE FROM 命令删除表中指定的数据或全部数据的方法，以及如何配合 WHERE 子句定位并删除特定记录。

本章难点

针对特定字段的数据插入：理解如何在不与所有字段一一对应的情况下，只为表中的特定字段插入数据，特别是在处理包含多个字段的复杂表结构时。

查询建表的应用场景与限制：掌握查询建表的具体应用场景，并了解其中的限制和注意事项，如何根据原表中的数据和结构快速创建一个新表。

复杂条件下的数据更新和删除：在使用 UPDATE 和 DELETE 命令时，如何正确使用 WHERE 子句来精确定位并修改或删除数据，以避免不必要的错误或数据丢失。

操作效率与数据完整性：在执行数据表操作时，需要平衡操作效率和数据完整性之间的关系，尤其是在处理大型数据表时，如何在优化性能的同时确保数据的准确性。

思政要点

强调技术应用的伦理责任：在学习数据表操作的同时，让学生认识到技术应用中应遵守的伦理原则，如数据安全和个人隐私保护。

培养解决问题的能力：通过数据表的各种操作实践，锻炼学生面对问题时的应对和解决能力。

3.1　数据插入操作

在 MySQL 中，我们可以使用 INSERT 和 REPLACE 命令向数据表中插入（追加）数据记录。本节将重点介绍 INSERT 命令。

3.1.1　插入完整数据

向数据表中插入（追加）数据记录，是数据处理中的常见操作。当我们要插入（追加）的该条数据记录值正好涵盖了表中所有字段时，这种操作被称为插入"完整数据"。以一个具有 ID、NAME、CLASS 和 GROUP 四个字段的表为例，如果我们打算插入一条新记录（1, "王刚", "三班", "二年级"），意味着每个字段都将被赋予一个明确的值，从而构成一条完整的数据记录。

插入完整数据记录的命令格式如下：

格式一：

INSERT INTO <表名称> <(字段名列表)> VALUES <(字段值列表)>;

格式二：

INSERT INTO <表名称> VALUES <(字段值列表)>;

为了防止出错，我们推荐使用第一种格式，这种格式的优点是，只要字段名列表元素与字段值列表元素是一一对应的，即使数据的顺序与表中的实际顺序不一致，也不会出现错误。

命令格式二不要求指定字段，但要求插入的字段值的顺序与默认全部字段名的顺序完全一致。

> **温馨提示**
>
> 使用 INSERT 命令时，必须确保插入的字段值的数量和数据类型与表中的对应字段完全匹配。对于可能没有值的字段，建议填入适当的默认值，如空字符串""或数字 0，以确保数据的一致性和完整性。

【示例 3.1】 接第 2 章示例，在存货管理数据库中，将数据（见表 3-1 至表 3-4）分别插入（追加）到存货目录表、存货期初余额表、本期存货入库表、本期存货出库表中。

演示视频

数据表中插入完整数据

表 3-1　　　　　　　　　　　　　存货目录表

序号	存货编号	存货名称	规格型号	所属类别
1	140301	酷炫外壳	H-200	原材料
2	140302	锂电池	JS-2399	原材料
3	140303	飞行支架	WHH	原材料
4	140304	螺旋桨	Q-803	原材料
5	140305	动力模块		原材料
6	140306	控制模块		原材料
7	140501	无人伞翼机	RW-1	库存商品
8	140502	无人直升机	RW-2	库存商品
9	141101	劳保服		周转材料
10	141102	劳保鞋		周转材料
11	141103	润滑油	希望牌	周转材料
12	141104	螺丝刀	T3	周转材料

表 3-2   存货期初余额表

序号	日期	存货编号	存货名称	规格型号	计量单位	所属类别	库存单价	结存数量	库存金额
1	2023-01-31	140301	酷炫外壳	H-200	套	原材料	150	200	30 000
2	2023-01-31	140302	锂电池	JS-2399	块	原材料	300	180	54 000
3	2023-01-31	140303	飞行支架	WHH	件	原材料	280	350	98 000
4	2023-01-31	140304	螺旋桨	Q-803	件	原材料	250	148	37 000
5	2023-01-31	140305	动力模块		套	原材料	500	850	425 000
6	2023-01-31	140306	控制模块		套	原材料	500	900	450 000
7	2023-01-31	140501	无人伞翼机	RW-1	架	库存商品	1 300	190	247 000
8	2023-01-31	140502	无人直升机	RW-2	架	库存商品	3 780	100	378 000
9	2023-01-31	141101	劳保服		套	周转材料	15	100	1 500
10	2023-01-31	141102	劳保鞋		双	周转材料	10	100	1 000
11	2023-01-31	141103	润滑油	希望牌	瓶	周转材料	35	320	11 200
12	2023-01-31	141104	螺丝刀	T3	把	周转材料	20	100	2 000

表 3-3   本期存货入库表

序号	日期	存货编号	存货名称	规格型号	计量单位	所属类别	入库单价	入库数量	入库金额
1	2023-02-01	140301	酷炫外壳	H-200	套	原材料	150	100	15 000
2	2023-02-02	140302	锂电池	JS-2399	块	原材料	300	100	30 000
3	2023-02-04	140304	螺旋桨	Q-803	件	原材料	200	70	14 000
4	2023-02-05	140303	飞行支架	WHH	件	原材料	280	100	28 000
5	2023-02-10	140304	螺旋桨	Q-803	件	原材料	250	100	25 000
6	2023-02-10	141103	润滑油	希望牌	瓶	周转材料	38	20	760
7	2023-02-11	140501	无人伞翼机	RW-1	架	库存商品	1 300	100	130 000
8	2023-02-12	140502	无人直升机	RW-2	架	库存商品	3 780	100	378 000
9	2023-02-16	140303	飞行支架	WHH	件	原材料	300	80	24 000
10	2023-02-19	141101	劳保服	NULL	套	周转材料	15	100	1 500
11	2023-02-22	141102	劳保鞋	NULL	双	周转材料	10	100	1 000
12	2023-02-28	141103	润滑油	希望牌	瓶	周转材料	35	100	3 500

表 3-4   本期存货出库表

序号	日期	存货编号	存货名称	规格型号	计量单位	所属类别	出库数量
1	2023-02-02	140301	酷炫外壳	H-200	套	原材料	150
2	2023-02-02	140302	锂电池	JS-2399	块	原材料	130
3	2023-02-07	140303	飞行支架	WHH	件	原材料	60
4	2023-02-10	140304	螺旋桨	Q-803	件	原材料	70
5	2023-02-12	140501	无人伞翼机	RW-1	架	库存商品	70
6	2023-02-18	140502	无人直升机	RW-2	架	库存商品	40
7	2023-02-24	141101	劳保服		套	周转材料	5
8	2023-02-28	141104	螺丝刀	T3	把	周转材料	10

输入命令如下：

```
INSERT INTO 存货目录表(存货编号,存货名称,规格型号,所属类别)
    VALUES ('140301', '酷炫外壳', 'H-200','原材料'),
    ('140302', '锂电池', 'JS-2399','原材料'),
    ('140303', '飞行支架', 'WHH','原材料'),
    ('140304', '螺旋桨', 'Q-803','原材料'),
    ('140305', '动力模块', '','原材料'),
    ('140306', '控制模块', '','原材料'),
    ('140501', '无人伞翼机', 'RW-1','库存商品'),
    ('140502', '无人直升机', 'RW-2','库存商品'),
    ('141101', '劳保服', '','周转材料'),
    ('141102', '劳保鞋', '','周转材料'),
    ('141103', '润滑油', '希望牌','周转材料'),
    ('141104', '螺丝刀', 'T3','周转材料');
INSERT INTO 存货期初余额表
    (日期,存货编号,存货名称,规格型号,计量单位,所属类别,库存单价,结存数量,库存金额)
    VALUES ('2023-01-31','140301', '酷炫外壳', 'H-200', '套', '原材料', '150', '200', '30000'),
    ('2023-01-31','140302', '锂电池', 'JS-2399', '块', '原材料', '300', '180', '54000'),
    ('2023-01-31','140303', '飞行支架', 'WHH', '件', '原材料', '280', '350', '98000'),
    ('2023-01-31','140304', '螺旋桨', 'Q-803', '件', '原材料', '250', '148', '37000'),
    ('2023-01-31','140305', '动力模块', '', '套', '原材料', '500', '850', '425000'),
    ('2023-01-31','140306', '控制模块', '', '套', '原材料', '500', '900', '450000'),
    ('2023-01-31','140501', '无人伞翼机', 'RW-1', '架', '库存商品', '1300', '190', '247000'),
    ('2023-01-31','140502', '无人直升机', 'RW-2', '架', '库存商品', '3780', '100', '378000'),
    ('2023-01-31','141101', '劳保服', '', '套', '周转材料', '15', '100', '1500'),
    ('2023-01-31','141102', '劳保鞋', '', '双', '周转材料', '10', '100', '1000'),
    ('2023-01-31','141103', '润滑油', '希望牌', '瓶', '周转材料', '35', '320', '11200'),
    ('2023-01-31','141104', '螺丝刀', 'T3', '把', '周转材料', '20', '100', '2000');
INSERT INTO 本期存货入库表
    (日期,存货编号,存货名称,规格型号,计量单位,所属类别,入库单价,入库数量,入库金额)
    VALUES('2023-02-01','140301', '酷炫外壳', 'H-200', '套', '原材料', '150', '100', '15000'),
    ('2023-02-02','140302', '锂电池', 'JS-2399', '块', '原材料', '300', '100', '30000'),
    ('2023-02-04','140304', '螺旋桨', 'Q-803', '件', '原材料', '200', '70', '14000'),
    ('2023-02-05','140303', '飞行支架', 'WHH', '件', '原材料', '280', '100', '28000'),
    ('2023-02-10','140304', '螺旋桨', 'Q-803', '件', '原材料', '250', '100', '25000'),
    ('2023-02-10','141103', '润滑油', '希望牌', '瓶', '周转材料', '38', '20', '760'),
    ('2023-02-11','140501', '无人伞翼机', 'RW-1', '架', '库存商品', '1300', '100', '130000'),
    ('2023-02-12','140502', '无人直升机', 'RW-2', '架', '库存商品', '3780', '100', '378000'),
    ('2023-02-16','140303', '飞行支架', 'WHH', '件', '原材料', '300', '80', '24000'),
```

```
('2023-02-19','141101', '劳保服', 'NULL', '套', '周转材料', '15', '100', '1500'),
('2023-02-22','141102', '劳保鞋', 'NULL', '双', '周转材料', '10', '100', '1000'),
('2023-02-28','141103', '润滑油', '希望牌', '瓶', '周转材料', '35', '100', '3500');
```

INSERT INTO 本期存货出库表
(日期,存货编号,存货名称,规格型号,计量单位,所属类别,出库数量)
VALUES('2023-02-02','140301', 酷炫外壳', 'H-200', '套', '原材料', '150'),
('2023-02-02','140302', '锂电池', 'JS-2399', '块', '原材料', '130'),
('2023-02-07','140303', '飞行支架', 'WHH', '件', '原材料', '60'),
('2023-02-10','140304', '螺旋桨', 'Q-803', '件', '原材料', '70'),
('2023-02-12','140501', '无人伞翼机', 'RW-1', '架', '库存商品', '70'),
('2023-02-18','140502', '无人直升机', 'RW-2', '架', '库存商品', '40'),
('2023-02-24','141101', '劳保服', '', '套', '周转材料', '5'),
('2023-02-28','141104', '螺丝刀', 'T3', '把', '周转材料', '10');

接下来使用 SELECT 命令，可以查看我们是否成功在已建表中插入数据。

输入命令：

SELECT * FROM 存货目录表;

执行结果：

序号	存货编号	存货名称	规格型号	所属类别
1	140301	酷炫外壳	H-200	原材料
2	140302	锂电池	JS-2399	原材料
3	140303	飞行支架	WHH	原材料
4	140304	螺旋桨	Q-803	原材料
5	140305	动力模块		原材料
6	140306	控制模块		原材料
7	140501	无人伞翼机	RW-1	库存商品
8	140502	无人直升机	RW-2	库存商品
9	141101	劳保服		周转材料
10	141102	劳保鞋		周转材料
11	141103	润滑油	希望牌	周转材料
12	141104	螺丝刀	T3	周转材料

查询其他数据表的操作与此类似。

3.1.2 为表中指定字段插入数据

在数据库操作中，当我们需要向表的特定字段插入数据，而非所有字段时，可以通过明确指定要插入数据的字段名来实现。这种方法允许我们精确地向选定字段追加数据。

命令格式：

INSERT INTO <表名称> (字段 1, 字段 2, ...,字段 n) VALUES (值 1, 值 2, ...,值 n);

在此命令中，我们首先列出了目标表名称，随后在括号中列出了需要插入数据的字段名称，接着是 VALUES 关键字，最后在第二组括号中按照字段顺序提供了每个字段对应的数据值。

温馨提示

当向指定字段插入数据时，必须确保提供的数据值的数量与指定的字段数量一致，并且每个数据值的类型也需要与其对应字段的数据类型匹配。如果数据值的数量或类型与指定的字段不匹配，将会导致错误。

【示例3.2】2023年2月28日，车间日常维护领用劳保鞋5双，使用SQL命令在本期存货出库表中进行登记，无规格型号。

输入命令：

```
INSERT INTO 本期存货出库表 (日期,存货编号,存货名称,计量单位,所属类别,出库数量)
    VALUES('2023-02-28' , '141102' , '劳保鞋' , '双' , '周转材料' , '5');
SELECT * FROM 本期存货出库表;
```

执行结果：

序号	日期	存货编号	存货名称	规格型号	计量单位	所属类别	出库数量
1	2023-02-02	140301	酷炫外壳	H-200	套	原材料	150
2	2023-02-02	140302	锂电池	JS-2399	块	原材料	130
3	2023-02-07	140303	飞行支架	WHH	件	原材料	60
4	2023-02-10	140304	螺旋桨	Q-803	件	原材料	70
5	2023-02-12	140501	无人企翼机	RW-1	架	库存商品	70
6	2023-02-18	140502	无人直升机	RW-2	架	库存商品	40
7	2023-02-24	141101	劳保服		套	周转材料	5
8	2023-02-28	141104	螺丝刀	T3	把	周转材料	10
9	2023-02-28	141102	劳保鞋	(Null)	双	周转材料	5

演示视频

数据表中指定字段
插入数据

查询本期存货出库表，可以看到已经成功在该表中登记了劳保鞋的领用情况。

3.1.3　查询建表

查询建表是种高效的建表方法，它允许用户基于现有表的结构和选定的数据快速创建新表。这种方法不仅克隆了原表的结构，还允许用户根据需求选择性地复制数据，避免了手动重建表结构和输入数据的麻烦。

命令格式：

```
CREATE TABLE <新表名称> AS
    SELECT {(字段1, 字段2, ..., 字段n)| *}
    FROM <原表名称>
    [WHERE <条件>];
```

温馨提示

当使用CREATE TABLE AS SELECT语句时，新表将自动继承原表中被选字段的数据类型和字段名。但是，它不会复制索引、默认值、外键等约束。

新表中的字段顺序、数据类型应与所选择的原表中的字段一致。如果使用*，则表示复制原表的所有字段。

WHERE子句是可选的，用于指定筛选条件，仅选择满足条件的记录进行复制。

这种方法适用于数据迁移、创建备份或表的副本等场景，但请注意，对于具有复杂约束和关系的表结构，可能需要额外的步骤来完整复制。

【示例3.3】利用查询建表功能建立存货期初余额表_copy。

输入命令：

```
CREATE TABLE 存货期初余额表_copy
    SELECT * FROM 存货期初余额表;
SHOW TABLES;
```

执行结果：

Tables_in_存货管理
存货期初余额表
存货期初余额表_copy
存货目录表
本期存货入库表
本期存货出库表

演示视频

查询建表

从执行结果可以看到，存货期初余额表_copy已经创建成功。

温馨提示

在MySQL中，以下两条命令都可用于通过查询创建新表，但写法略有不同：

（1）使用AS的语句：

```
CREATE TABLE 存货期初余额表_copy AS
SELECT * FROM 存货期初余额表;
```

这条语句使用了AS关键字，明确表明新表是基于查询结果创建的。这种写法符合SQL标准，语法清晰，并在多种SQL数据库（如PostgreSQL、SQLite）中广泛支持。

（2）省略AS的语句：

```
CREATE TABLE 存货期初余额表_copy
SELECT * FROM 存货期初余额表;
```

这条语句省略了AS，但在MySQL中依然有效。它直接基于查询结果创建新表，功能上等同于前者。虽然这种写法在MySQL中可行，但可能在其他数据库系统中不被支持。

两者在MySQL中产生的效果完全一致，均可复制表结构和数据。但二者也有区别：使用AS语句符合SQL标准，语义清晰，适用于多种数据库。省略AS语句是MySQL的简化写法，仅限MySQL。

尽管两种写法都能实现相同结果，但使用AS更符合SQL标准，推荐使用这种语法以增强可读性和跨数据库的兼容性。

3.2　数据修改操作

在SQL中，UPDATE命令被用于更新数据表中的现有记录。这一命令允许我们指定要更新的表名、字段及其应更新为的新值，并通过条件来精确地选择需要更新的记录行。

3.2.1　修改表中指定数据

要修改更新表中特定的数据，我们利用 WHERE 子句来精确定位需要修改的数据行。这一过程类似于在 Excel 中使用 IF 函数来筛选满足特定条件的行。通过明确指定条件，可以确保仅对符合这些条件的记录行进行修改更新。

命令格式：

UPDATE <表名称>
　SET 字段 1 = 值 1, 字段 2 = 值 2, ..., 字段 n = 值 n
　WHERE 条件;

请注意，在执行 UPDATE 命令时，使用 WHERE 子句必须格外小心，以确保只有符合条件的记录行会被修改更新。如果不正确使用 WHERE 子句，可能会导致意外更改大量的数据或产生数据错误。因此，在执行数据更新操作前，强烈建议备份相关数据，并且仔细审核命令中的条件表达式。

【示例 3.4】 假设前例中将劳保鞋的出库数量登记错误，现予以修改更新，本期劳保鞋的正确出库数量应为 20，请用 SQL 命令进行更正。

演示视频

修改数据表中指定数据

输入命令：

```
UPDATE 本期存货出库表 SET 出库数量=20 WHERE 存货编号='141102';
SELECT * FROM 本期存货出库表;
```

执行结果：

序号	日期	存货编号	存货名称	规格型号	计量单位	所属类别	出库数量
1	2023-02-02	140301	酷炫外壳	H-200	套	原材料	150
2	2023-02-02	140302	锂电池	JS-2399	块	原材料	130
3	2023-02-07	140303	飞行支架	WHH	件	原材料	60
4	2023-02-10	140304	螺旋桨	Q-803	件	原材料	70
5	2023-02-12	140501	无人伞翼机	RW-1	架	库存商品	70
6	2023-02-18	140502	无人直升机	RW-2	架	库存商品	40
7	2023-02-24	141101	劳保服		套	周转材料	5
8	2023-02-28	141104	螺丝刀	T3	把	周转材料	10
9	2023-02-28	141102	劳保鞋	(Null)	双	周转材料	20

从执行结果可以看到，劳保鞋的出库数量已经改为"20"。

3.2.2　修改表中特定字段全部数据

要在数据表中更新所有记录的特定字段值，我们使用 UPDATE 命令并省略 WHERE 子句。这样，表中的每一条记录都将按照指定的设置进行更新。

命令格式：

UPDATE <表名称>
　SET 字段 1 = 值 1, 字段 2 = 值 2, ..., 字段 n = 值 n;

温馨提示

在没有 WHERE 子句限制条件的情况下使用 UPDATE 命令，意味着表中所有记录的指定字段值都将被更新。这是一个具有广泛影响的操作，因此在执行之前请确保这是您预期的操作，并考虑执行数据备份。

【示例3.5】利用SQL命令请将存货期初余额表_copy中的单价上调15%，同时重算库存金额。

输入命令：

```
UPDATE 存货期初余额表_copy
    SET 库存单价=库存单价+库存单价*0.15，库存金额=库存单价*结存数量；
SELECT * FROM 存货期初余额表_copy；
```

执行结果：

序号	日期	存货编号	存货名称	规格型号	计量单位	所属类别	库存单价	结存数量	库存金额
1	2023-01-31	140301	酷炫外壳	H-200	套	原材料	172.5	200	34500
2	2023-01-31	140302	锂电池	JS-2399	块	原材料	345	180	62100
3	2023-01-31	140303	飞行支架	WHH	件	原材料	322	350	112700
4	2023-01-31	140304	螺旋桨	Q-803	件	原材料	287.5	148	42550
5	2023-01-31	140305	动力模块		套	原材料	575	850	488750
6	2023-01-31	140306	控制模块		套	原材料	575	900	517500
7	2023-01-31	140501	无人伞翼机	RW-1	架	库存商品	1495	190	284050
8	2023-01-31	140502	无人直升机	RW-2	架	库存商品	4347	100	434700
9	2023-01-31	141101	劳保服		套	周转材料	17.25	100	1725
10	2023-01-31	141102	劳保鞋		双	周转材料	11.5	100	1150
11	2023-01-31	141103	润滑油	希望牌	瓶	周转材料	40.25	320	12880
12	2023-01-31	141104	螺丝刀	T3	把	周转材料	23	100	2300

演示视频

修改数据表中
特定字段全部数据

通过查询存货期初余额表_copy，可以看到库存单价整体提高了15%，并且，库存金额也已经更新了。

3.3　数据删除操作

数据删除操作使用DELETE命令，与修改数据的UPDATE命令不同。DELETE命令用于从表中移除记录。

3.3.1　删除表中指定数据

若需删除表中的特定记录，同样使用WHERE子句来定义这些记录的条件。这样可以确保只有满足条件的记录被删除。

演示视频

删除数据表中指定数据

命令格式：

```
DELETE FROM <表名称> WHERE <条件>；
```

【示例3.6】删除特定记录，用SQL命令删除存货期初余额表_copy中所有"周转材料"相关记录。

输入命令：

```
DELETE FROM 存货期初余额表_copy WHERE 所属类别='周转材料'；
SELECT * FROM 存货期初余额表_copy；
```

执行结果：

序号	日期	存货编号	存货名称	规格型号	计量单位	所属类别	库存单价	结存数量	库存金额
1	2023-01-31	140301	酷炫外壳	H-200	套	原材料	172.5	200	34500
2	2023-01-31	140302	锂电池	JS-2399	块	原材料	345	180	62100
3	2023-01-31	140303	飞行支架	WHH	件	原材料	322	350	112700
4	2023-01-31	140304	螺旋桨	Q-803	件	原材料	287.5	148	42550
5	2023-01-31	140305	动力模块		套	原材料	575	850	488750
6	2023-01-31	140306	控制模块		套	原材料	575	900	517500
7	2023-01-31	140501	无人伞翼机	RW-1	架	库存商品	1495	190	284050
8	2023-01-31	140502	无人直升机	RW-2	架	库存商品	4347	100	434700

从执行结果看出，所属类别为"周转材料"的记录已被删除。

3.3.2　删除表中全部数据

要删除表中的所有数据，使用DELETE命令并省略WHERE子句。这会移除表中的所有记录，但表结构和定义仍然保留。

命令格式：

DELETE FROM　<表名称>；

【示例3.7】使用SQL命令删除存货期初余额表_copy中的所有记录。

输入命令：

DELETE FROM 存货期初余额表_copy；
SELECT * FROM 存货期初余额表_copy ；

执行结果：

序号	日期	存货编号	存货名称	规格型号	计量单位	所属类别	库存单价	结存数量	库存金额
(Null)	(Null)	(Null)	(Null)	(Null)	(Null)	(Null)	(Null)	(Null)	(Null)

执行此命令后，存货期初余额表_copy将变为空表，但表结构仍然存在。

请注意，在没有WHERE子句的情况下使用DELETE命令将会删除表中的所有记录，这是一个不可逆操作。因此，在执行此操作前，请确保这符合您的意图，并考虑进行数据备份。

本章小结

本章主要围绕数据表的基本操作，包括数据的插入、更新、删除以及查询建表的方法进行了系统的学习和实践；学习如何使用INSERT INTO语句向数据表中插入完整的数据记录，并了解如何仅针对特定字段插入数据，从而提高对数据库数据添加操作的理解和应用能力；学习通过查询结果直接创建新表的高效方法，即利用CREATE TABLE ... SELECT ...语句，不仅能扩展对SQL语句应用的认识，也为处理复杂数据提供了便利。此外，还介绍了使用UPDATE命令对表中现有记录进行修改的技巧，以及如何利用DELETE FROM命令结合WHERE子句精确删除特定的数据记录，从而增强数据管理的灵活性和精确性。

演示视频

删除数据表中全部数据

本章命令文本

序号	名称	命令文本二维码
1	示例 3.1　数据表中插入完整数据	
2	示例 3.2　数据表中指定字段插入数据	
3	示例 3.3　查询建表	
4	示例 3.4　修改数据表中指定数据	
5	示例 3.5　修改数据表中特定字段全部数据	
6	示例 3.6　删除数据表中指定数据	
7	示例 3.7　删除数据表中全部数据	

练习与思考

一、选择题

1.使用以下（　　　）SQL命令可以向表中添加新数据。

A. SELECT　　　　　　B. UPDATE　　　　　C. INSERT INTO　　　　D. DELETE

2.若要为指定字段插入数据，必须在 INSERT INTO命令中明确指出（　　　）。

A.所有字段名　　　　　　　　　　　B.要插入数据的字段名

C.不需要指定字段名　　　　　　　　D.数据类型

3.更新表中数据时，若未指定 WHERE子句，则会（　　　）。

A.更新失败　　　　　　　　　　　　B.只更新第一条记录

C.更新表中所有记录　　　　　　　　D.SQL命令无效

4.删除表中的所有数据，但保留表结构应使用（　　）命令。

A. DROP TABLE

B. TRUNCATE TABLE

C. DELETE FROM table_name

D. REMOVE * FROM table_name

5.查询建表是指（　　）。

A.使用 SELECT 命令创建一个新表

B.使用 CREATE TABLE ... SELECT ... 创建基于现有表的新表

C.删除旧表并创建新表

D.直接复制现有表的结构

二、填空题

1.使用 _____ 命令向表中添加新记录。

2.若要更新特定记录的数据，应使用 _____ 命令并搭配 _____ 子句以指定要更新的记录。

3.使用 _____ 命令可以删除表中的特定数据，而使用 _____ 命令可以删除所有数据。

4.创建一个新表并从另一个表中复制数据，可以使用 _____ 命令。

5.在不提供字段列表的情况下使用 INSERT INTO 命令插入数据时，必须按照表中字段的 _____ 顺序提供值。

三、判断题

1.使用 INSERT INTO 命令插入数据时，可以选择性地只为部分字段提供值。　　（　　）

2.如果在使用 UPDATE 命令时忘记加 WHERE 子句，SQL 将只更新第一条找到的记录。

（　　）

3.DELETE 命令可以用来删除表中的特定记录或所有记录。　　（　　）

4.查询建表可以复制原表的数据类型、字段名，但不包括索引和约束。　　（　　）

5.TRUNCATE TABLE 命令用于删除表中所有记录并释放存储空间，但不删除表本身。

（　　）

四、实操题

练习 1：使用 INSERT INTO 命令向表中插入以下数据：(1, 'John Doe', '1990-01-01', 'Manager', 50000)。

练习 2：使用 UPDATE 命令将表中所有"Manager"职位的员工薪水提高10%。

练习 3：使用 DELETE 命令删除所有职位为"Assistant"的员工记录。

练习 4：使用 CREATE TABLE ... SELECT ... 命令基于现有表创建一个包含所有"Manager"职位员工的新表。

五、思考题

1.讨论使用 INSERT INTO 命令时指定字段名与不指定字段名的利弊。

2.分析在何种情况下使用查询建表会更高效，举例说明。

第4章
数据查询

本章重点

SELECT命令的基本语法：了解SELECT命令的构成，包括选择列、指定查询的表格以及为列或表格使用别名的方法。

基础数据检索：掌握基本的数据查询操作，包括全表数据查询和针对特定字段的数据查询。

构建复杂查询：学习如何构建包含条件筛选、排序和数据限制的复杂SQL查询，以满足更具体的数据检索需求。

WHERE子句和运算符的使用：熟悉使用WHERE子句结合比较和逻辑运算符来筛选符合特定条件的数据。

ORDER BY子句的应用：掌握使用ORDER BY子句对查询结果排序，实现数据的有序展示。

LIMIT子句的使用：理解使用LIMIT子句限制查询结果的数量，特别是在处理大量数据时，以提高查询效率。

GROUP BY子句和聚合函数：学习使用GROUP BY子句对查询结果进行分组，并掌握在分组数据上应用聚合函数（如COUNT、SUM、AVG、MIN、MAX）。

DISTINCT关键字的使用：掌握使用DISTINCT关键字消除查询结果中的重复行，获取唯一数据集。

本章难点

复杂条件的构建：理解如何构建包含多个条件和逻辑运算符的复杂查询条件，需要具备扎实的逻辑思维能力。

子查询的应用：掌握子查询的概念及其在主查询中的嵌套使用方法，特别是区分相关子查询和非相关子查询的场景和用法。

聚合数据的筛选：学习如何使用HAVING子句对经过GROUP BY处理的数据集进行进一步筛选，要求对聚合函数的结果进行条件判断。

查询性能的优化：面对大型数据集，掌握如何通过优化查询语句、合理使用索引等方式提升查询效率，避免全表扫描和不必要的数据处理。

思政要点

激发求知欲和终身学习精神：通过介绍SQL查询技能，激发探索新知识的热情，并培养终身学习的态度。

提高信息筛选和判断能力：通过数据查询实践，提高对信息的筛选、判断和批判性思考能力。

4.1　简单查询

在数据库管理中，查询操作是最基础且频繁的操作之一。通过查询，用户可以从数据库中检索需要的数据。在前面的学习中，我们已经涉及了查询命令 SELECT，接下来我们将更深入地探讨其用法。

4.1.1　查询表的全部内容

当需要从数据库表中查询所有内容时，有两种常用的方法：一是指定字段名；二是使用通配符。每种方法都有其适用场景和优势。

方法一：明确指定所需的字段名

通过具体列出所需查询的每个字段名，可以精确控制查询结果中包含哪些字段。这种方法的优点是可以避免检索不需要的数据，从而可能提高查询效率，尤其是当表中包含大量字段，而我们只对其中几个字段感兴趣时。

演示视频

数据简单查询

命令格式：

SELECT 字段 1, 字段 2, …, 字段 n FROM <表名称>;

【示例 4.1】查询存货期初余额表指定字段所有记录。

输入命令：

SELECT 序号, 日期, 存货编号, 存货名称, 规格型号, 计量单位,
所属类别, 库存单价, 结存数量, 库存金额 FROM 存货期初余额表;

执行结果：

序号	日期	存货编号	存货名称	规格型号	计量单位	所属类别	库存单价	结存数量	库存金额
1	2023-01-31	140301	酷炫外壳	H-200	套	原材料	150	200	30000
2	2023-01-31	140302	锂电池	JS-2399	块	原材料	300	180	54000
3	2023-01-31	140303	飞行支架	WHH	件	原材料	280	350	98000
4	2023-01-31	140304	螺旋桨	Q-803	件	原材料	250	148	37000
5	2023-01-31	140305	动力模块		套	原材料	500	850	425000
6	2023-01-31	140306	控制模块		套	原材料	500	900	450000
7	2023-01-31	140501	无人伞翼机	RW-1	架	库存商品	1300	190	247000
8	2023-01-31	140502	无人直升机	RW-2	架	库存商品	3780	100	378000
9	2023-01-31	141101	劳保服		套	周转材料	15	100	1500
10	2023-01-31	141102	劳保鞋		双	周转材料	10	100	1000
11	2023-01-31	141103	润滑油	希望牌	瓶	周转材料	35	320	11200
12	2023-01-31	141104	螺丝刀	T3	把	周转材料	20	100	2000

方法二：使用通配符 "*"

使用通配符 "*" 可以查询表中的所有列，这是一种快速简便的查询方式，适用于当我们需要查看表中所有数据或者不清楚表结构时。

命令格式：

SELECT * FROM <表名称>;

【示例 4.2】查询存货期初余额表所有字段全部记录。

SELECT * FROM 存货期初余额表;

执行结果：

序号	日期	存货编号	存货名称	规格型号	计量单位	所属类别	库存单价	结存数量	库存金额
1	2023-01-31	140301	酷炫外壳	H-200	套	原材料	150	200	30000
2	2023-01-31	140302	锂电池	JS-2399	块	原材料	300	180	54000
3	2023-01-31	140303	飞行支架	WHH	件	原材料	280	350	98000
4	2023-01-31	140304	螺旋桨	Q-803	件	原材料	250	148	37000
5	2023-01-31	140305	动力模块		套	原材料	500	850	425000
6	2023-01-31	140306	控制模块		套	原材料	500	900	450000
7	2023-01-31	140501	无人伞翼机	RW-1	架	库存商品	1300	190	247000
8	2023-01-31	140502	无人直升机	RW-2	架	库存商品	3780	100	378000
9	2023-01-31	141101	劳保服		套	周转材料	15	100	1500
10	2023-01-31	141102	劳保鞋		双	周转材料	10	100	1000
11	2023-01-31	141103	润滑油	希望牌	瓶	周转材料	35	320	11200
12	2023-01-31	141104	螺丝刀	T3	把	周转材料	20	100	2000

以上两种方法看似结果一样，那么应该如何选择呢？

在实际应用中，建议根据具体需求和查询的目的来选择合适的方法。如果对结果的精确性和查询效率有较高要求，建议明确指定所需的字段名；如果是进行初步探索或者需要查看所有数据，使用通配符"*"会更方便快捷。不过，需要注意的是，频繁地使用通配符"*"进行大表的全字段查询可能会对数据库性能产生影响，特别是在生产环境中，应尽量避免这种做法。

4.1.2　查询表中特定列的数据

当你只需要从表中检索特定列的数据时，可以使用以下SQL命令：

命令格式：

SELECT 字段 1, 字段 2, ..., 字段 n FROM <表名称>;

这种查询方式能够精确地选择并检索表中特定的列，而不是获取表中的所有列。这样做可以提高查询的效率，尤其是当表中包含许多不相关或不需要的列时。

【示例 4.3】查询本月入库存货的存货名称、入库单价、入库数量和入库金额。

输入命令：

SELECT 存货名称, 入库单价, 入库数量, 入库金额 FROM 本期存货入库表;

执行结果：

存货名称	入库单价	入库数量	入库金额
酷炫外壳	150	100	15000
锂电池	300	100	30000
螺旋桨	200	70	14000
飞行支架	280	100	28000
螺旋桨	250	100	25000
润滑油	38	20	760
无人伞翼机	1300	100	130000
无人直升机	3780	100	378000
飞行支架	300	80	24000
劳保服	15	100	1500
劳保鞋	10	100	1000
润滑油	35	100	3500

通过这条查询语句，我们能够获得关于本月采购材料的具体信息，而无须检索本期存货入库表中的所有数据，这样不仅可以节约数据库资源，还可以使得数据呈现更为清晰和直观。

4.1.3　避免重复结果的查询

在数据库查询中，重复的结果集可能会影响数据分析的准确性。为了获取唯一的查询结果，可以利用 DISTINCT 关键字来排除结果中的重复项。

命令格式：

SELECT DISTINCT **字段 1, 字段 2, …** FROM **<表名称>;**

其中：

DISTINCT：这个关键字用于排除查询结果中的重复记录行，确保每一行都是唯一的。当查询涉及多个字段时，DISTINCT 会考虑这些字段的组合，只有当所有指定字段的值组合唯一时，才会包含在结果集中。

温馨提示

唯一性保证：使用 DISTINCT 时，需要考虑所有指定的字段。查询结果的唯一性是基于这些字段值的组合来判断的。

多表查询：当需要从多个表或视图中检索数据时，应在 FROM 子句中明确列出这些表或视图。如果涉及多表连接查询，确保明确指定连接条件以避免歧义或不准确的结果。

【示例 4.4】**查询本月企业购进的所有不同种类的材料。**

输入命令：

SELECT DISTINCT **存货名称** FROM **本期存货入库表;**

执行结果：

演示视频

存货名称
酷炫外壳
锂电池
螺旋桨
飞行支架
润滑油
无人伞翼机
无人直升机
劳保服
劳保鞋

避免重复结果的查询

通过使用 DISTINCT 关键字，这条查询语句将返回本期存货入库表中所有且唯一的存货名称，排除了任何重复的材料名称，从而提供了准确的材料种类列表。

4.2　条件查询

4.2.1　WHERE 子句的运用

在处理大型数据库时，通常只关注满足特定条件的数据。条件查询是通过 WHERE 子句实现的，它允许在 SQL 查询中设置筛选条件来返回符合条件的数据行。WHERE 子句可以与 SELECT、UPDATE 或 DELETE 命令结合使用，以提供灵活和定制化的数据检索。

命令格式：

SELECT 字段 1, 字段 2, ..., 字段 n FROM <表名称> [WHERE 筛选条件];

常见的条件表达式包括：

（1）比较查询：使用比较运算符（=, >, <, >=, <=, <>）来筛选数据。

【示例 4.5】 查询存货期初结存数量大于 100 的记录。

输入命令：

SELECT * FROM 存货期初余额表 WHERE 结存数量 > 100;

执行结果：

序号	日期	存货编号	存货名称	规格型号	计量单位	所属类别	库存单价	结存数量	库存金额
1	2023-01-31	140301	酷炫外壳	H-200	套	原材料	150	200	30000
2	2023-01-31	140302	锂电池	JS-2399	块	原材料	300	180	54000
3	2023-01-31	140303	飞行支架	WHH	件	原材料	280	350	98000
4	2023-01-31	140304	螺旋桨	Q-803	件	原材料	250	148	37000
5	2023-01-31	140305	动力模块		套	原材料	500	850	425000
6	2023-01-31	140306	控制模块		套	原材料	500	900	450000
7	2023-01-31	140501	无人伞翼机	RW-1	架	库存商品	1300	190	247000
11	2023-01-31	141103	润滑油	希望牌	瓶	周转材料	35	320	11200

（2）范围查询：使用 BETWEEN ... AND ... 指定值的范围，NOT BETWEEN ... AND ... 用于排除指定范围内的值。

【示例 4.6】 查询本月入库单价在 250 至 300 之间的存货。

输入命令：

SELECT * FROM 本期存货入库表 WHERE 入库单价 BETWEEN 250 AND 300;

执行结果：

序号	日期	存货编号	存货名称	规格型号	计量单位	所属类别	入库单价	入库数量	入库金额
2	2023-02-02	140302	锂电池	JS-2399	块	原材料	300	100	30000
4	2023-02-05	140303	飞行支架	WHH	件	原材料	280	100	28000
5	2023-02-10	140304	螺旋桨	Q-803	件	原材料	250	100	25000
9	2023-02-16	140303	飞行支架	WHH	件	原材料	300	80	24000

（3）集合查询：使用 IN 来匹配集合中的值，NOT IN 用于排除集合中的值。

【示例 4.7】 查询本月出库的"无人伞翼机"和"无人直升机"。

输入命令：

SELECT * FROM 本期存货出库表 WHERE 存货名称 IN ('无人伞翼机', '无人直升机');

执行结果：

序号	日期	存货编号	存货名称	规格型号	计量单位	所属类别	出库数量
5	2023-02-12	140501	无人伞翼机	RW-1	架	库存商品	70
6	2023-02-18	140502	无人直升机	RW-2	架	库存商品	40

（4）模糊查询：使用 LIKE 进行基于模式的字符串匹配，% 表示任意字符序列，_ 表示单个字符。

【示例 4.8】 查询编号以"1411"开头的存货期初结存记录。

输入命令：

```
SELECT * FROM 存货期初余额表 WHERE 存货编号 LIKE '1411%';
```

执行结果：

序号	日期	存货编号	存货名称	规格型号	计量单位	所属类别	库存单价	结存数量	库存金额
9	2023-01-31	141101	劳保服		套	周转材料	15	100	1500
10	2023-01-31	141102	劳保鞋		双	周转材料	10	100	1000
11	2023-01-31	141103	润滑油	希望牌	瓶	周转材料	35	320	11200
12	2023-01-31	141104	螺丝刀	T3	把	周转材料	20	100	2000

（5）空值查询：使用 IS NULL 检查空值，使用 IS NOT NULL 查找非空字段。

【示例 4.9】查询规格型号为空（NULL）的存货出库信息。

输入命令：

```
SELECT * FROM 本期存货出库表 WHERE 规格型号 IS NULL;
```

执行结果：

演示视频

序号	日期	存货编号	存货名称	规格型号	计量单位	所属类别	出库数量
9	2023-02-28	141102	劳保鞋	(Null)	双	周转材料	20

空值查询

（6）多重条件查询：使用 AND 和 OR 组合多个条件。

【示例 4.10】查询本月入库单价超过 250 元的原材料。

输入命令：

```
SELECT * FROM 本期存货入库表 WHERE 入库单价 > 250 AND 所属类别 = '原材料';
```

执行结果：

演示视频

序号	日期	存货编号	存货名称	规格型号	计量单位	所属类别	入库单价	入库数量	入库金额
2	2023-02-02	140302	锂电池	JS-2399	块	原材料	300	100	30000
4	2023-02-05	140303	飞行支架	WHH	件	原材料	280	100	28000
9	2023-02-16	140303	飞行支架	WHH	件	原材料	300	80	24000

多重条件查询

温馨提示

　　当使用 LIKE 进行模糊查询时，%表示任意长度的字符序列，而_代表单个字符。

　　在查询空值时，应使用 IS NULL 而不是 = NULL，因为 NULL 在 SQL 中表示"未知"或"不存在"的值，不能用等号比较。

　　通过运用这些条件表达式，可以构建灵活且强大的查询，以满足各种数据检索需求。

4.2.2　查询结果排序

　　在 SQL 查询中使用 ORDER BY 子句可以根据一个或多个列的值对查询结果进行排序，使结果按照特定的顺序展示。

命令格式：

```
SELECT 字段1, 字段2, …, 字段n FROM <表名称>
[ORDER BY 字段名1 ASC|DESC[, 字段名2 ASC|DESC, …]];
```

其中：

ASC：表示按照升序排列。这是默认的排序方式，可以省略。

DESC：表示按照降序排列。

【示例4.11】将存货期初余额表按照存货编号倒序排列。

输入命令：

SELECT * FROM 存货期初余额表 ORDER BY 存货编号 DESC;

演示视频

查询结果倒序排序

执行结果：

序号	日期	存货编号	存货名称	规格型号	计量单位	所属类别	库存单价	结存数量	库存金额
12	2023-01-31	141104	螺丝刀	T3	把	周转材料	20	100	2000
11	2023-01-31	141103	润滑油	希望牌	瓶	周转材料	35	320	11200
10	2023-01-31	141102	劳保鞋		双	周转材料	10	100	1000
9	2023-01-31	141101	劳保服		套	周转材料	15	100	1500
8	2023-01-31	140502	无人直升机	RW-2	架	库存商品	3780	100	378000
7	2023-01-31	140501	无人伞翼机	RW-1	架	库存商品	1300	190	247000
6	2023-01-31	140306	控制模块		套	原材料	500	900	450000
5	2023-01-31	140305	动力模块		套	原材料	500	850	425000
4	2023-01-31	140304	螺旋桨	Q-803	件	原材料	250	148	37000
3	2023-01-31	140303	飞行支架	WHH	件	原材料	280	350	98000
2	2023-01-31	140302	锂电池	JS-2399	块	原材料	300	180	54000
1	2023-01-31	140301	酷炫外壳	H-200	套	原材料	150	200	30000

【示例4.12】将存货期初余额表中特定存货编号（140303、140501、141104）的记录按存货编号正序排列。

输入命令：

SELECT * FROM 存货期初余额表 WHERE 存货编号 IN ('140303', '140501', '141104')

ORDER BY 存货编号 ASC;

执行结果：

演示视频

查询结果
正序排序

序号	日期	存货编号	存货名称	规格型号	计量单位	所属类别	库存单价	结存数量	库存金额
3	2023-01-31	140303	飞行支架	WHH	件	原材料	280	350	98000
7	2023-01-31	140501	无人伞翼机	RW-1	架	库存商品	1300	190	247000
12	2023-01-31	141104	螺丝刀	T3	把	周转材料	20	100	2000

4.2.3 查询结果行数限制

使用 LIMIT 子句可以限制 SELECT 查询返回的记录数，这在处理大量数据时特别有用，可以提高查询的响应时间并减少数据加载。

命令格式：

SELECT 字段1, 字段2, ..., 字段n FROM <表名称>

[ORDER BY 字段名 [DESC|ASC] [LIMIT [偏移量,] <行数>]];

其中：

偏移量：可选参数，指定从哪一行开始返回结果。索引值从0开始，即第一条记录的偏移量是0。

行数：必需参数，指定返回的记录条数。

【示例4.13】对查询出的本期存货入库表限制显示记录，每次只显示前2条记录。

演示视频

限制查询显示记录

输入命令：

SELECT * FROM 本期存货入库表 ORDER BY 存货编号 LIMIT 0,2;

执行结果：

序号	日期	存货编号	存货名称	规格型号	计量单位	所属类别	入库单价	入库数量	入库金额
1	2023-02-01	140301	酷炫外壳	H-200	套	原材料	150	100	15000
2	2023-02-02	140302	锂电池	JS-2399	块	原材料	300	100	30000

【示例 4.14】依前例，若需跳过前 3 条记录，然后显示接下来的 2 条记录。

输入命令：

SELECT * FROM 本期存货入库表 LIMIT 3, 2;

执行结果：

序号	日期	存货编号	存货名称	规格型号	计量单位	所属类别	入库单价	入库数量	入库金额
4	2023-02-05	140303	飞行支架	WHH	件	原材料	280	100	28000
5	2023-02-10	140304	螺旋桨	Q-803	件	原材料	250	100	25000

通过选用 ORDER BY 和 LIMIT 子句，可以有效地管理查询结果的顺序和数量，使数据呈现更加符合用户的需求和预期。

演示视频

跳查并限查记录

4.3 分组聚合查询

分组聚合查询是 SQL 中一种强大的数据分析工具，通过聚合函数对数据集合进行计算，并可结合 GROUP BY 子句按照某个或某些列的值进行分组。

4.3.1 聚合函数

聚合函数对一组值进行计算，返回单一结果值，常用于数据分析和报告。

SUM()：对指定列的所有非空值求和，仅适用于数字类型的列。

AVG()：计算指定列的平均值，仅非空数值参与计算。

MAX()：返回一组值中的最大值。

MIN()：返回一组值中的最小值。

COUNT()：统计一组值中的非空记录数。

演示视频

SUM 函数查询

【示例 4.15】查询存货期初余额表的总库存金额。

输入命令：

SELECT SUM(库存金额) AS 存货期初合计
FROM 存货期初余额表;

执行结果：

存货期初合计
1734700.00

温馨提示

在以上示例中，我们使用 SUM 函数计算存货期初余额表中所有记录的库存金额总和，并通过 AS 关键字为这个计算结果指定一个别名（存货期初合计）。这样做的目的是使查询结果显示更加清晰易懂。

使用别名（存货期初合计），直接告诉查看查询结果的人这个数据是什么意思，无须额外解释。这在数据分析报告中非常有用，因为它提供了即时的、清晰的信息解释，无须查看表结构就能理解数据的含义。

例如，有一个名为SalesRecord的销售记录表，其中包含销售日期（SaleDate）、销售额（SaleAmount）和员工ID（EmployeeID）等字段。我们希望查询每个销售记录的日期和销售额，同时将销售额乘以 1.13 来模拟增加13%的税费，想将这个计算后的结果显示为含税销售额。使用列别名可以直接在 SELECT 语句中进行计算并赋予新的列名称：

SELECT SaleDate AS 销售日期，
　　　 SaleAmount * 1.13 AS 含税销售额
FROM SalesRecord;

在这个例子中，列别名含税销售额直接应用于 SaleAmount * 1.13 的计算结果上，使得执行结果直接包含了增加税费后的销售额，并且列名称显示为中文，提高了结果的可读性。

以下示例中，MAX（结存数量）没有使用别名，所以它在查询结果中就会原样显示。

【示例 4.16】查询存货期初余额表中最大的结存数量。

输入命令：

SELECT MAX(结存数量) FROM 存货期初余额表;

执行结果：

MAX(结存数量)
900

演示视频

MAX 函数查询

4.3.2　分组聚合

使用 GROUP BY 子句可以按一个或多个列的值将查询结果分组，并对每个分组应用聚合函数，实现对分组数据的汇总分析。

命令格式：

SELECT <分组关键字段>,聚合函数(字段1)[,聚合函数(字段2)[,……,聚合函数(字段n)]]
　　 FROM <表名称>
　　 GROUP BY 分组关键字段
　　 [HAVING 筛选条件];

其中：

GROUP BY 后面是作为分组依据的关键字段列名。

HAVING 子句用于筛选满足特定条件的分组，类似于 WHERE 子句，但用于聚合后的结果。

演示视频

分组聚合查询

【示例 4.17】按存货编号分组统计本期存货入库表的入库数量和入库金额，并将查询内容新建存货入库汇总表。

输入命令：

CREATE TABLE IF NOT EXISTS 存货入库汇总表
　　 SELECT 存货编号,存货名称,
　　　　 SUM(入库数量) AS 入库数量,
　　　　 SUM(入库金额) AS 入库金额

FROM **本期存货入库表**
GROUP BY **存货编号**
ORDER BY **存货编号;**
SELECT * FROM **存货入库汇总表;**

执行结果:

存货编号	存货名称	入库数量	入库金额
140301	酷炫外壳	100	15000.00
140302	锂电池	100	30000.00
140303	飞行支架	180	52000.00
140304	螺旋桨	170	39000.00
140501	无人伞翼机	100	130000.00
140502	无人直升机	100	378000.00
141101	劳保服	100	1500.00
141102	劳保鞋	100	1000.00
141103	润滑油	120	4260.00

温馨提示

　　使用 GROUP BY 进行分组时,选择字段列表中一般只包含聚合函数和 GROUP BY 指定的字段(与分组关键字段值一一对应的字段除外)。

　　HAVING 子句用于筛选聚合结果,不能在其中直接使用原始表的字段名,除非这些字段包含在 GROUP BY 子句中。

　　通过合理应用聚合函数和分组,可以对数据集进行深入的分析和总结,为数据驱动的决策提供支持。

4.4　索引及其影响

　　在了解了 SQL 的基本查询语法、数据筛选与排序,以及聚合函数之后,本节将探讨数据库索引及其对查询性能的显著影响。索引是提高数据库查询效率的关键工具之一,通过合理使用索引,可以显著提升数据检索速度。

4.4.1　索引的概念与创建

　　索引是数据库中用来加速查询操作的一种特殊数据结构,类似于书籍的目录,可以快速定位数据而无须逐行扫描整个表。在 SQL 中,可以通过以下命令来创建索引:

　　命令格式:
　　(1)创建单列索引:
CREATE INDEX **索引名** ON **表名** (字段名);
　　(2)创建复合索引:
CREATE INDEX **复合索引名** ON **表名** (字段1, 字段2);
　　(3)在创建表时定义索引:
CREATE TABLE **表名** (
　　字段1 数据类型,

字段2 数据类型,

...

INDEX 普通索引名 (字段名),

UNIQUE INDEX 唯一索引名 (字段名)

);

4.4.2　索引对查询性能的影响

（1）未使用索引的查询：

如果查询不利用索引，数据库可能执行全表扫描，这在大型数据库中会显著降低查询性能。

（2）使用索引的查询：

当字段上存在索引时，数据库可以利用索引快速定位数据，极大减少数据检索所需时间。这对于频繁作为查询条件的字段尤其重要。

4.4.3　索引的最佳实践

（1）选择合适的列创建索引：

经常出现在 WHERE 子句、JOIN 条件或 ORDER BY 子句中的字段是创建索引的良好候选。

（2）避免过度索引：

索引虽能提高查询速度，但也会给数据更新带来额外性能消耗并占用额外存储空间。因此，应避免对不常查询的字段或大型文本字段建立索引。

4.4.4　查询性能优化案例

假设有一个包含数百万条记录的客户数据表 customers，现需要查询姓氏为"Zhang"的所有客户信息。

（1）未建索引前的查询：

SELECT * FROM customers WHERE last_name = 'Zhang';

未建索引可能导致全表扫描。

（2）建立索引后的查询：

首先创建索引：

CREATE INDEX idx_last_name ON customers (last_name);

然后执行查询：

SELECT * FROM customers WHERE last_name = 'Zhang';

由于 last_name 列已索引，数据库可以快速找到所有姓氏为"Zhang"的客户。

由此可见，合理使用索引能够显著提高大型数据集的查询效率。

温馨提示

在查询表时，通常无须手动指明使用哪个索引。数据库系统如 MySQL 会自动选择最适合的索引来优化查询效率，这一过程对用户来说是不可见的。数据库的查询优化器会分析查询语句和可用索引，自动决定使用哪个索引。如果建立的索引能提高查询速度，比如在 WHERE 子句中用到的列上有索引，数据库就会利用这个索引加快查询。因此，用户无须在查询中指定索引，数据库会自动优化查询性能。

本章小结

本章讲述了 SQL 中的数据查询操作，重点介绍了 SELECT 命令的基础和进阶用法，涵盖了从基础数据检索到构建复杂查询的全过程。通过本章学习，不仅能够熟练掌握如何使用 WHERE 子句和各种运算符来筛选数据，还能利用 ORDER BY 和 LIMIT 子句对查询结果进行排序和数量限制。此外，通过 GROUP BY 子句和聚合函数，能够对数据进行有效的分组和汇总分析，从而深入理解数据背后的实际意义。

本章还介绍了构建复杂查询的技巧，应用子查询解决实际问题，以及使用 HAVING 子句对聚合数据进行筛选的方法。同时，为了优化查询性能，我们还介绍了一些常用的性能优化策略，帮助学生在实际应用中提升数据处理效率。

本章命令文本

序号	名称	命令文本二维码
1	示例4.1—示例4.2　数据简单查询	
2	示例4.3　查询表中指定字段值	
3	示例4.4　避免重复结果的查询	
4	示例4.5　比较查询	
5	示例4.6　范围查询	
6	示例4.7　集合查询	
7	示例4.8　模糊查询	

序号	名称	命令文本二维码
8	示例4.9 空值查询	
9	示例4.10 多重条件查询	
10	示例4.11 查询结果倒序排序	
11	示例4.12 查询结果正序排序	
12	示例4.13 限制查询显示记录	
13	示例4.14 跳查并限查记录	
14	示例4.15 SUM函数查询	
15	示例4.16 MAX函数查询	
16	示例4.17 分组聚合查询	

练习与思考

一、选择题

1.在SQL中，要查询表中特定列的数据，应使用的命令格式是（　　）。

A.SELECT * FROM 表名称

B.SELECT 列名称1,列名称2 FROM 表名称

C.SELECT DISTINCT 列名称 FROM 表名称

D.SELECT 列名称 FROM 表名称 WHERE 条件

2.DISTINCT 关键字在的 SQL 查询中的作用是（　　　　）。

A.排序　　　　　　　　B.连接表　　　　　　　C.去除重复记录　　　　D.筛选条件

3.要计算某列的平均值，应使用的 SQL 函数是（　　　　）。

A.SUM()　　　　　　　B.AVG()　　　　　　　C.MAX()　　　　　　　D.COUNT()

4.在 SQL 中，用于按某一列对查询结果进行排序的子句是（　　　　）。

A.GROUP BY　　　　　B.ORDER BY　　　　　C.HAVING　　　　　　D.WHERE

5.若要在查询结果中限制记录的数量，应使用（　　　　）子句。

A.LIMIT　　　　　　　B.TOP　　　　　　　　C.RANGE　　　　　　　D.ROWNUM

二、填空题

1.在 SQL 查询中，使用关键字 _____ 来去除查询结果中的重复记录。

2.要按照降序排列查询结果，需要在 ORDER BY 子句后加上关键字 _____。

3.使用 _____ 函数可以计算表中某列的总和。

4.要对查询结果进行分组，应使用 _____ 子句。

5.在使用聚合函数后对结果进行过滤，需要使用 _____ 子句。

三、判断题

1.使用 ORDER BY 子句时，默认情况下结果是按照升序排列的。（　　　）

2.COUNT() 函数可以用来计算表中某列的非空值总数，包括 NULL 值。（　　　）

3.在 SELECT 查询中，可以使用*来选择所有列。（　　　）

4.GROUP BY 子句用于将返回的记录分组，每个分组上都可以进行聚合计算。（　　　）

5.使用 LIMIT 子句可以指定查询结果的起始位置和数量。（　　　）

四、实操题

1.查询"存货期初余额表"中所有记录的"存货编号"和"存货名称"。

2.查询"本期存货入库表"中"入库单价"大于 200 的所有记录。

3.查询"本期存货出库表"中所有不重复的"存货名称"。

4.按照"入库数量"降序查询"本期存货入库表"的所有记录。

5.计算"存货期初余额表"中所有记录的"总库存金额"。

五、思考题

1.讨论在大型数据库中使用索引对查询性能的影响。

2.思考如何在查询中有效地使用子查询来简化复杂的查询逻辑。

3.探讨如何通过 SQL 查询分析数据，支持企业决策。

第5章
多表连接

本章重点

横向连接的理解与应用：掌握左连接（LEFT JOIN）、右连接（RIGHT JOIN）和内连接（INNER JOIN）的概念及其应用场景；重点理解各种连接方式的异同点，特别是在数据不匹配时如何处理。

左外连接（LEFT JOIN）：学习如何使用左外连接来包含左表（主表）的所有记录，即使右表（副表）中没有匹配项。

右外连接（RIGHT JOIN）：学习如何使用右外连接来包含右表的所有记录，即使左表中没有匹配项。

内连接（INNER JOIN）：掌握内连接的用法，只返回两个表中匹配项的记录。

纵向连接（UNION）：理解如何使用 UNION 和 UNION ALL 进行纵向连接，合并两个或多个查询结果集。

UNION 和 UNION ALL 的选择：理解 UNION 和 UNION ALL 的差异，并在合适的场景下选择使用，以满足查询需求并保持数据的准确性。

本章难点

多表连接的复杂查询：构建涉及多个表的复杂查询时，正确应用不同类型的连接以及理解它们对查询结果的影响是一大难点。

连接条件的设置：在进行表连接时，正确设置连接条件以确保数据的准确性和完整性，尤其是在处理大型数据库和复杂数据模型时。

性能优化：多表连接操作可能会对数据库性能产生重大影响，尤其是在处理大量数据时。使用优化查询语句和索引策略以提高查询效率是一个挑战。

通过克服这些难点，学生可以在数据库查询和数据分析中灵活运用多表连接，有效地解决实际问题。

思政要点

培养复杂问题解决能力：多表连接让学生面对更复杂的数据关系，培养解决复杂问题的能力。

增强团队合作意识：小组合作完成多表连接任务，培养学生的团队合作精神和沟通协调能力。

5.1　横向连接

5.1.1　左外连接

左外连接，也称为左连接，通过关键字 LEFT JOIN 实现。在左外连接中，左表被视为主表，而右表是从表，如图 5-1 所示。左连接的本质是获取左表的所有记录，并将右表的相关数据与之拼接。左外连接返回左表（表 1）的所有记录和右表（表 2）中匹配的记录，如果没有匹配，右表中的字段将返回 NULL。

LEFT JOIN

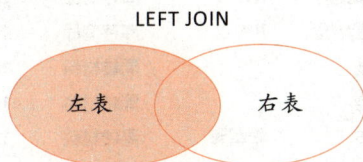

图 5-1　左连接示意图

命令格式：

SELECT 表 1.字段名列表,表 2.字段名列表
　　FROM 表 1 LEFT JOIN 表 2
　　ON 表 1.字段名 = 表 2.字段名；

【示例 5.1】连接存货目录表和存货入库汇总表，并以存货目录表为左表（主表），存货入库汇总表为右表，进行左连接，显示所有存货的入库情况。

输入命令：

```
SELECT 存货目录表.序号,
       存货目录表.存货编号,
       存货目录表.存货名称,
       存货目录表.规格型号,
       存货目录表.所属类别,
       存货入库汇总表.入库数量,
       存货入库汇总表.入库金额
FROM
    存货目录表 LEFT JOIN 存货入库汇总表
ON
    存货目录表.存货编号 = 存货入库汇总表.存货编号
ORDER BY
    存货目录表.存货编号；
```

演示视频
左外连接

执行结果：

序号	存货编号	存货名称	规格型号	所属类别	入库数量	入库金额
1	140301	酷炫外壳	H-200	原材料	100	15000.00
2	140302	锂电池	JS-2399	原材料	100	30000.00
3	140303	飞行支架	WHH	原材料	180	52000.00
4	140304	螺旋桨	Q-803	原材料	170	39000.00
5	140305	动力模块		原材料	(Null)	(Null)
6	140306	控制模块		原材料	(Null)	(Null)
7	140501	无人伞翼机	RW-1	库存商品	100	130000.00
8	140502	无人直升机	RW-2	库存商品	100	378000.00
9	141101	劳保服		周转材料	100	1500.00
10	141102	劳保鞋		周转材料	100	1000.00
11	141103	润滑油	希望牌	周转材料	120	4260.00
12	141104	螺丝刀	T3	周转材料	(Null)	(Null)

5.1.2　右外连接

右外连接，也称为右连接，通过关键字 RIGHT JOIN 实现。在右外连接中，右表被视为主表，而左表是从表，如图 5-2 所示。右连接的本质是获取右表的所有记录，并将左表的相关数据与之拼接。右外连接返回右表（表 2）的所有记录和左表（表 1）中匹配的记录。如果没有匹配，左表中的字段将返回 NULL。

RIGHT JOIN

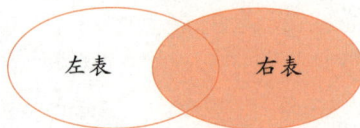

图 5-2　右连接示意图

命令格式：

SELECT 表 2.字段名列表, 表 1.字段名列表

　　FROM 表 1 RIGHT JOIN 表 2

　　ON 表 1.字段 = 表 2.字段;

【示例 5.2】连接存货目录表和本期存货出库表，并以存货目录表为左表，本期存货出库表为右表（主表），进行右连接，显示所有出库记录及对应存货信息。

演示视频

右外连接

输入命令：

SELECT 存货目录表.序号,

　　　　存货目录表.存货编号,

　　　　存货目录表.存货名称,

　　　　存货目录表.规格型号,

　　　　本期存货出库表.出库数量

　　FROM

　　　　存货目录表 RIGHT JOIN 本期存货出库表

　　ON

　　　　存货目录表.存货编号 = 本期存货出库表.存货编号;

执行结果：

序号	存货编号	存货名称	规格型号	出库数量
1	140301	酷炫外壳	H-200	150
2	140302	锂电池	JS-2399	130
3	140303	飞行支架	WHH	60
4	140304	螺旋桨	Q-803	70
7	140501	无人伞翼机	RW-1	70
8	140502	无人直升机	RW-2	40
9	141101	劳保服		5
12	141104	螺丝刀	T3	10
10	141102	劳保鞋		20

5.1.3　内连接

内连接（INNER JOIN），也称为 JION 或 INNER JION，是基于比较运算符设置连接条件的一种连接方式，如图 5-3 所示。内连接返回的是两个表中都存在且满足连接条件的记录，其他不满足条件的记录则不会被输出。

INNER JOIN

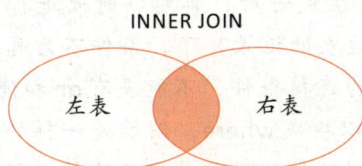

左表　　　　右表

图 5-3　内连接示意图

命令格式：

SELECT 表名 1.字段名列表,表名 2.字段名列表

FROM 表 1 INNER JOIN 表 2

ON 连接条件

[WHERE 过滤条件];

【示例 5.3】连接存货入库汇总表和本期存货出库表，显示同时有入库和出库记录的存货信息。

输入命令：

SELECT 存货入库汇总表.存货编号,

　　　存货入库汇总表.存货名称,

　　　存货入库汇总表.入库数量,

　　　存货入库汇总表.入库金额,

　　　本期存货出库表.出库数量

　FROM

　　　存货入库汇总表 INNER JOIN 本期存货出库表

　ON

　　　存货入库汇总表.存货编号 = 本期存货出库表.存货编号;

执行结果：

存货编号	存货名称	入库数量	入库金额	出库数量
140301	酷炫外壳	100	15000.00	150
140302	锂电池	100	30000.00	130
140303	飞行支架	180	52000.00	60
140304	螺旋桨	170	39000.00	70
140501	无人伞翼机	100	130000.00	70
140502	无人直升机	100	378000.00	40
141101	劳保服	100	1500.00	5
141102	劳保鞋	100	1000.00	20

> **温馨提示**
>
> 在使用 join 时，on 和 where 条件的区别如下：
>
> ①on 条件是在生成临时表时使用的条件，它不管 on 中的条件是否为真，都会返回左边表中的记录。
>
> ②where 条件是在临时表生成好后，再对临时表进行过滤的条件。这时已经没有 left join 的含义（必须返回左边表的记录）了，条件不为真的就全部过滤掉。
>
> ③外连接必须使用 on 作为连接条件，不能没有 on 和使用 where 替代。
>
> ④内连接的 on 关键字可以换成 where，结果是一样的，但是不建议这样做。内连接也可以没有 on 条件，那么得到的结果就是交叉连接（笛卡尔积），无意义。

5.2　纵向连接

UNION 操作符用于合并两个或多个 SELECT 语句的结果集，并排除重复项。若要包含重复项，使用 UNION ALL。

命令格式：

SELECT 字段名列表 FROM 表1

　　UNION [ALL]

SELECT 字段名列表 FROM 表2;

【示例5.4】假设有三个期初余额表：原材料期初余额表、库存商品期初余额表、周转材料期初余额表，合并这三个表的数据。

输入命令：

```
SELECT * FROM 原材料期初余额表
    UNION
SELECT * FROM 库存商品期初余额表
    UNION
SELECT * FROM 周转材料期初余额表;
```

执行结果：

序号	日期	存货编号	存货名称	规格型号	计量单位	所属类别	库存单价	结存数量	库存金额
1	2023-01-31	140301	酷炫外壳	H-200	套	原材料	150	200	30000
2	2023-01-31	140302	锂电池	JS-2399	块	原材料	300	180	54000
3	2023-01-31	140303	飞行支架	WHH	件	原材料	280	350	98000
4	2023-01-31	140304	螺旋桨	Q-803	件	原材料	250	148	37000
5	2023-01-31	140305	动力模块		套	原材料	500	850	425000
6	2023-01-31	140306	控制模块		套	原材料	500	900	450000
7	2023-01-31	140501	无人伞翼机	RW-1	架	库存商品	1300	190	247000
8	2023-01-31	140502	无人直升机	RW-2	架	库存商品	3780	100	378000
9	2023-01-31	141101	劳保服		套	周转材料	15	100	1500
10	2023-01-31	141102	劳保鞋		双	周转材料	10	100	1000
11	2023-01-31	141103	润滑油	希望牌	瓶	周转材料	35	320	11200
12	2023-01-31	141104	螺丝刀	T3	把	周转材料	20	100	2000

温馨提示

　　UNION 内的每个 SELECT 语句必须拥有相同数量的列，列也必须拥有相似的数据类型。

　　列的顺序必须一致以确保结果集的一致性。

本章小结

　　本章介绍了数据库中的多表连接操作，包括横向连接和纵向连接的各种类型及其应用。我们重点学习了左外连接（LEFT JOIN）、右外连接（RIGHT JOIN）、内连接（INNER JOIN）的概念、使用方法，以及在数据不匹配时的处理机制。此外，还介绍了如何使用 UNION 和 UNION ALL 进行纵向连接，合并多个查询结果集，如何根据具体需求选择合适的连接类型以保证数据的准确性。

　　在本章的学习中，我们面临的主要挑战包括构建涉及多个表的复杂查询、设置正确的连接条件以保证数据的准确性和完整性，以及在进行多表连接操作时如何优化性能以提高查询效率。通过克服这些挑战，学生不仅可以有效应用多表连接技术解决实际的数据查询和分析问题，还能够培养解决复杂问题的能力和团队合作精神。

本章命令文本

序号	名称	命令文本二维码
1	示例5.1　左外连接	
2	示例5.2　右外连接	

续表

序号	名称	命令文本二维码
3	示例 5.3　内连接	
4	示例 5.4　纵向连接	

练习与思考

一、选择题

1.左外连接（LEFT JOIN）返回的结果集中，右表中没有匹配的记录会显示为（　　）。

A.0　　　　　　　　B.空字符串　　　　　　C.NULL　　　　　　D.错误信息

2.当需要从两个表中获取所有匹配的记录，应该使用以下（　　）类型的连接。

A.LEFT JOIN　　　　B.RIGHT JOIN　　　　C.INNER JOIN　　　D.FULL JOIN

3.如果要在一个查询结果中包含另一个查询结果的所有记录，包括重复项，我们应该使用以下（　　）SQL关键字。

A.UNION　　　　　　B.JOIN　　　　　　C.UNION ALL　　　　D.INTERSECT

4.右外连接（RIGHT JOIN）的使用场景是（　　）。

A.当我们只想显示左表中的记录时

B.当我们只想显示右表中的记录时

C.当我们想显示右表中的所有记录，即使左表中没有匹配项

D.当我们想显示两个表中匹配的记录时

5.在SQL中，以下（　　）关键字用于排除结果集中的重复记录。

A.DISTINCT　　　　B.UNIQUE　　　　C.NO DUPLICATES　　D.CLEAR

二、填空题

1.在_____连接中，左表的所有记录都会显示，即使右表中没有匹配的记录。

2._____连接返回两个表中匹配记录的结果集。

3.使用_____关键字可以合并多个查询结果，并排除重复的记录。

4.如果想要在结果集中包含所有左表和右表的记录，可以使用_____连接。

5._____子句用于在连接查询中指定匹配条件。

三、判断题

1.内连接（INNER JOIN）只返回两个表中都存在的匹配记录。　　　　　　（　　）

2.使用LEFT JOIN时，左表中未匹配的记录在结果集中会以NULL值表示。　（　　）

3.UNION ALL查询可以保留所有重复记录。　　　　　　　　　　　　　（　　）

4.RIGHT JOIN和LEFT JOIN基本相同，只是返回的主表和从表不同。　　（　　）

5.在使用UNION操作时，所有SELECT语句中的列数必须相同，并且对应的列数据类型必须兼容。　　　　　　　　　　　　　　　　　　　　　　　　　（　　）

四、实操题

1.创建两个表 students 和 courses，并使用 INNER JOIN 查询这两个表，找出所有选修了课程的学生。

2.使用 LEFT JOIN 对上述两个表进行查询，列出所有学生及其选修的课程，即使有些学生没有选修课程。

3.使用 RIGHT JOIN 对 students 表和一个包含学生考试成绩的新表 grades 进行查询，显示所有考试成绩及对应学生信息。

4.使用 UNION 将两个查询结果合并，第一个查询返回所有学生的姓名，第二个查询返回所有课程的名称。

5.使用 UNION ALL 和两个 SELECT 语句查询 students 表和 courses 表，第一个 SELECT 返回所有学生姓名，第二个 SELECT 返回所有课程名称，包括重复项。

五、思考题

1.分析 LEFT JOIN 和 RIGHT JOIN 在实际应用中的具体场景，并讨论它们的优缺点。

2.探讨使用 INNER JOIN 与使用多个 WHERE 条件子句进行表连接的不同之处及其对查询性能的影响。

3.讨论 UNION 和 UNION ALL 在数据整合中的应用场景，以及如何选择合适的操作以满足不同的数据合并需求。

第6章
视图

本章重点

视图定义：了解视图作为一种虚拟表的概念，它基于基表或其他视图的查询结果集。

视图的优势：理解视图如何通过封装复杂的查询和限制对基表的直接访问来提高数据访问的便利性和安全性。

CREATE VIEW 语法：掌握使用 CREATE VIEW 命令创建视图的基本语法，包括视图可以包含的 SELECT 语句元素（如聚合函数、JOIN 操作）等。

运用视图进行查询：熟练运用视图进行数据查询，了解视图如何隐藏底层的复杂 SQL 操作，并为用户提供简化的数据访问接口。

视图的数据安全作用：深入理解视图如何通过限制对基表的直接访问来增强数据的安全性。

删除视图的方法：掌握使用 DROP VIEW 命令删除视图的语法，以及如何安全地执行删除操作，以避免影响到底层的基表。

本章难点

可更新的视图条件：在何种情况下视图可以支持更新操作（如插入、修改、删除），以及哪些类型的视图不支持这些操作。

SELECT 语句的限制：创建视图时不能使用的 SELECT 语句类型，如包含 GROUP BY、ORDER BY、子查询等。

视图更新的限制：视图中不能进行数据更新操作的特定情况，特别是当视图基于多个基表或包含聚合函数时。

思政要点

理解数据抽象的重要性：通过学习视图的创建和应用，让学生理解数据抽象在简化数据管理和提高效率中的作用。

培养创新思维：鼓励学生探索视图在解决实际问题中的创新应用，激发创新思维和能力。

6.1　创建与使用视图

视图是数据库中的虚拟表格，其内容由 SELECT 查询语句定义。尽管视图在逻辑上像表格，但它不直接存储数据，而是保存了查询基表（即视图所依赖的表格）的定义。因此，视图可以看作是存储了基于一个或多个基表的查询过程。当通过视图进行查询时，数据库会实时执行视图定义的查询语句，因此视图展示的数据会反映基表中的最新数据。

视图的用途，是为用户提供一种灵活的数据查询方式，有助于简化复杂的查询操作，封装数据访问，以及提供数据的抽象层。在数据结构复杂或需要频繁进行特定查询的场景下，视图可以提高数据操作的效率和便捷性。此外，视图的运用，限制了对基表的直接访问和操作，从而有利于提高数据的安全性。

创建视图的基本语法如下：

CREATE [OR REPLACE] VIEW <视图名称> AS
SELECT 字段 1, 字段 2, ..., 字段 n
FROM <基表名称>
[WHERE 条件]

其中：

CREATE OR REPLACE VIEW 语句用于创建新视图或替换现有同名视图。

SELECT 字段 1, 字段 2, ..., 字段 n 定义了视图的内容。它可以包括 WHERE、GROUP BY 等子句来指定视图的数据来源和结构。

【示例 6.1】假设我们要频繁查询存货的入库情况，可以创建一个视图来简化查询。

演示视频

创建视图

输入命令：

```
CREATE VIEW 入库视图
    AS
    SELECT * FROM 本期存货入库表;
```

这样视图就创建成功了，接下来我们就可以通过查询入库视图来达到查询存货入库情况的目的，而不需要直接访问本期存货入库表。

演示视频

查询视图

【示例 6.2】查询入库视图。

输入命令：

```
SELECT * FROM 入库视图;
```

执行结果：

序号	日期	存货编号	存货名称	规格型号	计量单位	所属类别	入库单价	入库数量	入库金额
1	2023-02-01	140301	酷炫外壳	H-200	套	原材料	150	100	15000
2	2023-02-02	140302	锂电池	JS-2399	块	原材料	300	100	30000
3	2023-02-04	140304	螺旋桨	Q-803	件	原材料	200	70	14000
4	2023-02-05	140303	飞行支架	WHH	件	原材料	280	100	28000
5	2023-02-10	140304	螺旋桨	Q-803	件	原材料	250	100	25000
6	2023-02-10	141103	润滑油	希望牌	瓶	周转材料	38	20	760
7	2023-02-11	140501	无人全翼机	RW-1	架	库存商品	1300	100	130000
8	2023-02-12	140502	无人直升机	RW-2	架	库存商品	3780	100	378000
9	2023-02-16	140303	飞行支架	WHH	件	原材料	300	80	24000
10	2023-02-19	141101	劳保服	NULL	套	周转材料	15	100	1500
11	2023-02-22	141102	劳保鞋	NULL	双	周转材料	10	100	1000
12	2023-02-28	141103	润滑油	希望牌	瓶	周转材料	35	100	3500

这样，每次需要查询入库情况时，就无须重复编写复杂的查询语句，而是直接查询创建好的视图。

6.2　更新视图

在数据库中，视图通常反映了基于一个或多个基表的查询结果。因此，当我们通过视图进行数据的增加、修改或删除时，实际上是在对这些底层基表中的数据进行操作。然而，并非所有视图都支持这些更新操作。视图的可更新性取决于其定义中的查询复杂度。

6.2.1　视图更新的限制条件

更新视图时，需要特别注意视图定义中包含的特定SQL操作，因为某些操作会限制视图的可更新性。以下是一些常见的限制条件：

（1）分组（GROUP BY）：当视图包含分组操作时，它通常表示聚合了多行数据，这使得单行级别的更新变得不明确。

（2）连接（JOIN）：包含多表连接的视图可能难以确定更新应该影响哪个基表，尤其是在涉及外键约束的情况下。

（3）子查询：子查询可能会引用多个表或复杂的逻辑，这同样使得更新操作的目标不明确。

（4）聚合函数（如SUM()、COUNT()等）：聚合函数涉及多行数据的计算，对这样的视图进行更新可能会破坏其聚合逻辑。

（5）去重操作（DISTINCT）：去重操作会合并多行数据，这同样使得单行更新变得不具体。

（6）计算或导出列：如果视图列是基于某种计算得出的，那么更新这种列的值可能没有实际意义，因为它们是由其他列的值计算得出的。

除了上述复杂操作的视图以外，一些简单的视图仍然可以更新。当执行这样的更新操作时，数据库系统会将这些操作转换为对基表的相应更新。

如果有一个简单视图仅展示了一个表的部分列，那么对这个视图的更新会直接反映到底层的基表中。但是，在进行任何更新操作之前，强烈建议检查视图的定义，确保更新操作既安全又符合逻辑。

总的来说，视图的更新操作能够提供操作数据的灵活性，但由于其潜在的复杂性和限制，需要谨慎使用。在设计视图和执行更新操作时，始终考虑视图的结构和底层数据的完整性至关重要。

6.2.2　在视图中插入数据

向视图中插入数据的操作本质上是向视图的基表插入数据。这个过程遵循SQL的标准INSERT命令格式，但操作的对象是视图而不是直接的表。这里提供的示例展示了如何通过视图向基表添加新记录。不过，需要注意的是，视图的定义可能会限制插入操作的能力，特别是当视图包含复杂的SQL表达式（如分组、连接、子查询等）时。

命令格式：

INSERT INTO <视图名称> (视图字段名 1, 视图字段名 2, ..., 视图字段名 n)
　　VALUES (字段值 1, 字段值 2, ..., 字段值 n);

视图名称：是要插入数据的视图名。

视图字段名：是视图中想要插入数据的列的名称。

字段值：是对应于视图列的字段值，这些值将被插入到基表中。

演示视频

在视图中插入数据

温馨提示

要确保插入的数据满足基表的约束条件，如主键约束和外键约束。

视图定义中的复杂SQL表达式可能阻止对视图进行插入操作。

插入操作实际上影响的是基表，而不是视图本身。

【示例6.3】假设有一个名为"入库视图"的视图，基于"本期存货入库表"，我们要插入一条新的记录。

输入命令：

```
INSERT INTO 入库视图 (序号,日期,存货编号,存货名称,规格型号,计量单位,
          所属类别,入库单价,入库数量,入库金额)
VALUES ('13', '2023-02-28', '000000', '实验', '无', '件', 'XXX', '100', '50', '5000');
```

通过执行以上命令，我们向基表插入了一条新记录，通过视图"入库视图"可以看到这条新插入的记录。

输入命令：

```
SELECT * FROM 入库视图;
```

执行结果：

序号	日期	存货编号	存货名称	规格型号	计量单位	所属类别	入库单价	入库数量	入库金额
1	2023-02-01	140301	酷炫外壳	H-200	套	原材料	150	100	15000
2	2023-02-02	140302	锂电池	JS-2399	块	原材料	300	100	30000
3	2023-02-04	140304	螺旋桨	Q-803	件	原材料	200	70	14000
4	2023-02-05	140303	飞行支架	WHH	件	原材料	280	100	28000
5	2023-02-10	140304	螺旋桨	Q-803	件	原材料	250	100	25000
6	2023-02-10	141103	润滑油	希望牌	瓶	周转材料	38	20	760
7	2023-02-11	140501	无人全翼机	RW-1	架	库存商品	1300	100	130000
8	2023-02-12	140502	无人直升机	RW-2	架	库存商品	3780	100	378000
9	2023-02-16	140303	飞行支架	WHH	件	原材料	300	80	24000
10	2023-02-19	141101	劳保服	NULL	套	周转材料	15	100	1500
11	2023-02-22	141102	劳保鞋	NULL	双	周转材料	10	100	1000
12	2023-02-28	141103	润滑油	希望牌	瓶	周转材料	35	100	3500
13	2023-02-28	000000	实验	无	件	XXX	100	50	5000

需要注意的是，这条命令的执行依赖于视图"入库视图"允许插入操作，以及插入的数据符合基表的约束条件。

接下来我们通过查询入库视图的基表，即查询本期存货入库表，来观察更新视图对基表的影响。

输入命令：

```
SELECT * FROM 本期存货入库表;
```

执行结果：

序号	日期	存货编号	存货名称	规格型号	计量单位	所属类别	入库单价	入库数量	入库金额
1	2023-02-01	140301	酷炫外壳	H-200	套	原材料	150	100	15000
2	2023-02-02	140302	锂电池	JS-2399	块	原材料	300	100	30000
3	2023-02-04	140304	螺旋桨	Q-803	件	原材料	200	70	14000
4	2023-02-05	140303	飞行支架	WHH	件	原材料	280	100	28000
5	2023-02-10	140304	螺旋桨	Q-803	件	原材料	250	100	25000
6	2023-02-10	141103	润滑油	希望牌	瓶	周转材料	38	20	760
7	2023-02-11	140501	无人伞翼机	RW-1	架	库存商品	1300	100	130000
8	2023-02-12	140502	无人直升机	RW-2	架	库存商品	3780	100	378000
9	2023-02-16	140303	飞行支架	WHH	件	原材料	300	80	24000
10	2023-02-19	141101	劳保服	NULL	套	周转材料	15	100	1500
11	2023-02-22	141102	劳保鞋	NULL	双	周转材料	10	100	1000
12	2023-02-28	141103	润滑油	希望牌	瓶	周转材料	35	100	3500
13	2023-02-28	000000	实验	无	件	XXX	100	50	5000

我们可以看到，在入库视图插入了第13行数据后，其基表（即本期存货入库表）中的数据也发生了相应的变化。

6.2.3 利用视图更新数据

利用视图更新数据是一种间接操作基表的方式。更新视图中的数据会反映到底层的基表中，但这种更新操作的可行性取决于视图的定义和复杂性。

命令格式：

UPDATE <视图名称>
　SET 字段名1 = 新值1, 字段名2 = 新值2, ... , 字段名n = 新值n
　WHERE <更新条件>；
　其中：
　视图名称：是要更新数据的视图名。
　字段名：视图中需要更新的字段名称。
　新值：将被更新的新的字段值。
　更新条件：用于指定哪些符合条件的记录行将被更新。

温馨提示

更新操作实际上影响的是视图所依赖的基表。

如果视图包含如 GROUP BY、JOIN、子查询、聚合函数、DISTINCT 等复杂查询操作，可能无法对该视图进行更新。

更新数据时，需要确保数据的变更符合基表的约束，如主键和外键约束。

在进行更新操作前，应考虑其对基表数据的潜在影响，尤其是在没有 WHERE 子句限定更新范围时。

【示例6.4】更新视图中的数据。

依前例，在名为"入库视图"的视图中，将存货编号为"000000"的存货名称由"实验"更改为"实验_copy"。

演示视频

利用视图更新数据

输入命令：

```
UPDATE 入库视图
    SET 存货名称 = '实验_copy'
    WHERE 存货编号 = '000000';
```

执行此命令后，基表中对应存货编号为"000000"的记录的存货名称将被更新为"实验_copy"。通过视图"入库视图"查询，将显示更新后的存货名称。

输入命令：

```
SELECT * FROM 入库视图;
```

执行结果：

序号	日期	存货编号	存货名称	规格型号	计量单位	所属类别	入库单价	入库数量	入库金额
1	2023-02-01	140301	酷炫外壳	H-200	套	原材料	150	100	15000
2	2023-02-02	140302	锂电池	JS-2399	块	原材料	300	100	30000
3	2023-02-04	140304	螺旋桨	Q-803	件	原材料	200	70	14000
4	2023-02-05	140303	飞行支架	WHH	件	原材料	280	100	28000
5	2023-02-10	140304	螺旋桨	Q-803	件	原材料	250	100	25000
6	2023-02-10	141103	润滑油	希望牌	瓶	周转材料	38	20	760
7	2023-02-11	140501	无人伞翼机	RW-1	架	库存商品	1300	100	130000
8	2023-02-12	140502	无人直升机	RW-2	架	库存商品	3780	100	378000
9	2023-02-16	140303	飞行支架	WHH	件	原材料	300	80	24000
10	2023-02-19	141101	劳保服	NULL	套	周转材料	15	100	1500
11	2023-02-22	141102	劳保鞋	NULL	双	周转材料	10	100	1000
12	2023-02-28	141103	润滑油	希望牌	瓶	周转材料	35	100	3500
13	2023-02-28	000000	实验_copy	无	件	XXX	100	50	5000

6.2.4　利用视图删除数据

当需要从视图中删除特定的数据时，可以使用 DELETE 命令。这个命令允许通过指定条件来选择性地删除视图中的记录。然而，需要注意的是，这种删除操作实际上是在影响视图所依赖的基表中的数据。

命令格式：

```
DELETE FROM <视图名称> WHERE <删除条件>;
```

其中：

视图名称：是要进行删除操作的视图名。

删除条件：是用于确定哪些记录需要被删除的条件。

温馨提示

删除操作实际上影响的是基表中的数据，而不仅仅是视图中的显示。

如果视图定义包含如 GROUP BY、JOIN、子查询、聚合函数、DISTINCT 等复杂查询操作，可能会限制对视图进行删除操作的能力。

特别要注意，视图的删除操作应谨慎进行，因为它可能会对基表的数据完整性产生意外的影响。

在某些情况下，如多表构成的视图或视图/基表中存在自连接，可能无法通过视图进行删除操作。

【示例6.5】删除视图中的特定记录。

依前例，从"入库视图"的视图中，删除存货编号为"000000"的记录。

输入命令：

```
DELETE FROM 入库视图 WHERE 存货编号 = '000000';
```

执行这条命令后，所有在视图"入库视图"中且存货编号为"000000"的记录将被删除。由于视图反映的是基表的数据，所以基表中对应的记录也会被删除。

输入命令：

```
SELECT * FROM 入库视图；
```

执行结果：

序号	日期	存货编号	存货名称	规格型号	计量单位	所属类别	入库单价	入库数量	入库金额
1	2023-02-01	140301	酷炫外壳	H-200	套	原材料	150	100	15000
2	2023-02-02	140302	锂电池	JS-2399	块	原材料	300	100	30000
3	2023-02-04	140304	螺旋桨	Q-803	件	原材料	200	70	14000
4	2023-02-05	140303	飞行支架	WHH	件	原材料	280	100	28000
5	2023-02-10	140304	螺旋桨	Q-803	件	原材料	250	100	25000
6	2023-02-10	141103	润滑油	希望牌	瓶	周转材料	38	20	760
7	2023-02-11	140501	无人企翼机	RW-1	架	库存商品	1300	100	130000
8	2023-02-12	140502	无人直升机	RW-2	架	库存商品	3780	100	378000
9	2023-02-16	140303	飞行支架	WHH	件	原材料	300	80	24000
10	2023-02-19	141101	劳保服	NULL	套	周转材料	15	100	1500
11	2023-02-22	141102	劳保鞋	NULL	双	周转材料	10	100	1000
12	2023-02-28	141103	润滑油	希望牌	瓶	周转材料	35	100	3500

需要格外注意的是，在没有精确指定删除条件的情况下执行删除操作可能会导致意外删除更多的记录。因此，在执行删除操作前，强烈建议先通过SELECT查询确认哪些记录将被影响，以避免数据丢失。

6.3　删除视图

在数据库中，DROP VIEW命令用于删除不再需要的视图。删除视图时，只会移除视图的定义，并不会影响底层的基表及其数据。这意味着，通过视图进行的数据查询和展示将不再可用，但基表中的数据保持不变。

命令格式：

```
DROP VIEW [IF EXISTS] 视图名1 [, 视图名2, ...];
```

其中：

IF EXISTS：这是一个可选项，用来避免在视图不存在时执行删除操作导致的错误。如果指定了IF EXISTS，当视图不存在时，命令不会执行删除操作，也不会返回错误。

视图名：指定要删除的视图的名称。可以同时指定多个视图名，用逗号分隔。

【示例6.6】删除视图。

假设有一个名为"入库视图"的视图，现在需要将其删除。

输入命令：

```
DROP VIEW IF EXISTS 入库视图；
```

演示视频
删除视图

执行此命令后，"入库视图"将被从数据库中删除。如果该视图不存在，使用 IF EXISTS 选项可以避免执行错误。

温馨提示

在删除视图之前，应确保没有其他数据库对象（如存储过程、函数或其他视图）依赖于该视图。如果有依赖关系，直接删除视图可能会导致这些对象无法正常工作。在实际应用中，谨慎管理和维护数据库对象是非常重要的，以确保数据的一致性和完整性。

本章小结

本章介绍了视图在数据库管理中的重要性及其创新应用，强调视图作为数据抽象工具的关键作用。视图不仅简化了数据访问，还提高了数据管理的效率和安全性。通过学习视图的定义、创建、使用和管理，我们理解到视图不仅仅是虚拟表，它能够封装复杂的查询逻辑，为用户提供了直观且安全的数据访问接口。

本章命令文本

序号	名称	命令文本二维码
1	示例 6.1　创建视图	
2	示例 6.2　查询视图	
3	示例 6.3　在视图中插入数据	
4	示例 6.4　利用视图更新数据	
5	示例 6.5　利用视图删除数据	
6	示例 6.6　删除视图	

练习与思考

一、选择题

1.视图的创建是使用以下（   ）SQL命令。

A.CREATE TABLE　　　B.CREATE INDEX　　　C.CREATE VIEW　　　D.CREATE PROCEDURE

2.视图中的数据更新最终会反映到（   ）。

A.另一个视图　　　　　　　　B.同一视图的不同部分

C.基表　　　　　　　　　　　D.临时表

3.在以下（   ）情况下，视图是不可更新的。

A.视图定义中包含JOIN操作　　　B.视图定义中只有一个基表

C.视图定义中不包含任何聚合函数　D.视图定义中不包含GROUP BY子句

4.使用以下（   ）关键字可以在视图不存在时避免删除操作导致的错误。

A.IF EXISTS　　　　B.WHEN EXISTS　　　C.IF FOUND　　　D.WHEN FOUND

5.视图可以用于以下（   ）操作。

A.仅查询　　　　　　　　　　B.查询和更新

C.查询、插入和更新　　　　　D.所有数据库操作

二、填空题

1.视图是一种虚拟的_____，它的内容由SELECT语句定义。

2.在视图中进行插入、更新或删除操作实际上是影响其底层的_____。

3.使用_____命令可以创建一个新的视图。

4.如果视图允许更新，更新视图中的数据将会影响其底层的_____。

5.删除视图使用的SQL命令是_____VIEW。

三、判断题

1.视图中的数据更改可以直接影响基表的物理存储。　　　　　　　　　　（   ）

2.所有视图都是可更新的。　　　　　　　　　　　　　　　　　　　　（   ）

3.视图可以基于多个基表创建。　　　　　　　　　　　　　　　　　　（   ）

4.删除视图会同时删除基表中的数据。　　　　　　　　　　　　　　　（   ）

5.视图定义中可以包含排序操作ORDER BY。　　　　　　　　　　　　（   ）

四、实操题

练习1：创建一个名为"StudentOverview"的视图，用以显示学生ID、姓名和成绩，基于学生基表"Students"。

练习2：通过"StudentOverview"视图查询所有成绩高于80分的学生记录。

练习3：假定ID为1001的学生的成绩需要更新为85分，通过"StudentOverview"视图完成此操作。

练习4：通过"StudentOverview"视图为基表"Students"插入一条新的学生记录，ID为1005，姓名为John Smith，成绩为90分。

练习5：通过"StudentOverview"视图删除所有成绩低于60分的学生记录。

五、思考题

思考如何利用视图提高数据库查询的安全性和效率，并讨论在什么情况下最好不使用视图。

第7章
数据库规范化

本章重点

规范化原理的应用：理解并应用第一范式（1NF）、第二范式（2NF）和第三范式（3NF）的原则来设计数据库表，确保数据的原子性，消除部分和传递依赖，提高数据一致性和完整性。

数据表设计：创建"存货目录表"来存储存货的基础信息，利用主键和外键关系明确定义存货信息和存货动态之间的联系。

设计"期初存货结存表"、"本期存货入库表"和"本期存货出库表"来分别管理存货的期初结存、入库和出库记录，通过外键与"存货目录表"建立关系，体现数据之间的逻辑联系。

规范化与查询性能：在规范化数据库设计的同时，考虑查询性能的优化，通过合理设计表结构和索引，平衡规范化与性能之间的关系。

视图的使用：利用视图来简化复杂的查询，如通过创建视图来汇总和计算存货的加权平均单价，提高数据处理的效率和准确性。

本章难点

高级范式的理解和应用：虽然本章主要聚焦于1NF、2NF和3NF，但对于更高级的范式（如BCNF、4NF和5NF）的理解和应用也是数据库设计中的一个挑战，需要深入理解数据依赖和异常的细微差别。

性能优化与规范化的权衡：在实际的数据库设计中，如何在保持数据规范化的同时优化查询性能，是一个需要仔细考量的难题。过度规范化可能导致查询性能下降，因为需要更多的表连接操作，而适当的反规范化可能有助于提高性能，但又可能带来数据一致性的风险。

复杂查询的设计：在规范化的数据库结构中，设计高效且准确的复杂查询（尤其是涉及多表连接和聚合的查询）可能是具有挑战性的，需要深入理解SQL查询优化技巧。

动态数据处理：如何高效地处理和更新动态变化的数据（如存货的入库和出库记录），并确保数据的一致性和完整性，在高度规范化的数据库中可能是一个难点。

思政要点

提升专业素养和追求卓越：强调数据库规范化对提高数据质量、保证数据一致性的重要性，培养学生的专业素养和追求卓越的精神。

增强系统化思考能力：通过规范化的过程，让学生学会系统化地思考和处理数据结构问题，提高逻辑性和系统性思考能力。

本章将通过存货管理的案例，展示数据库规范化设计的重要性和实用性。使读者理解并掌握规范化原理的应用、数据表设计、视图的使用，以及如何在规范化与性能优化之间作出权衡，这是设计高效、可维护的数据库系统的关键。同时解决复杂查询设计和动态数据处理的难题，需要数据库设计者在学习和工作中不断深入理解数据库规范化理论并积累丰富的实践经验。

7.1　数据库规范化的基本原理及方法

数据库规范化是一种优化数据库结构的方法，它基于一系列称为"范式"的规则，定义数据库表的结构标准。

7.1.1　数据库设计规范化级别

在数据库设计中，"规范化级别"通常被称为"范式"。每一级范式都代表了一组特定的规则，每个更高级别的范式都在前一个范式的基础上提供了更严格的约束，以进一步减少数据冗余和提高数据完整性，但相应的设计和维护复杂性也可能增加。

在讨论数据库规范化时，使用"第N范式"或简称"N范式"来指代不同的规范化级别。

第一范式（1NF）原子性要求：确保每个表的每个字段包含的值是不可再分的原子值，即字段中不能包含多个值或值的集合。

第二范式（2NF）消除部分依赖：在满足1NF的基础上，确保表中的所有非主属性完全依赖于主键。对于包含组合主键的表，每个非主属性必须依赖于整个组合主键，而非其中的一部分。

第三范式（3NF）消除传递依赖：在满足2NF的基础上，确保每个非主属性只依赖于主键，消除了非主属性对其他非主属性的依赖（即传递依赖）。

巴斯-科德范式（BCNF）增强依赖关系：在满足3NF的基础上，消除候选键对于非主属性的部分和传递依赖，进一步加强对依赖关系的限制。

第四范式（4NF）消除多值依赖：在满足BCNF的基础上，通过进一步分解表来解决多值依赖问题，确保数据库表中不存在非平凡的多值依赖。

第五范式（5NF）消除连接依赖：在满足4NF的基础上，通过进一步分解表来解决连接依赖问题，确保任何连接操作都不会导致数据冗余或丢失。

第六范式（6NF）处理时间和历史数据：主要用于解决与时间、历史数据相关的问题，确保数据库能够有效处理时间维度的数据变化。6NF不是通常情况下必须达到的规范化级别，但在特定应用中可能很重要。

7.1.2　规范化的步骤及其实现

规范化过程涉及多个步骤，从初始设计开始，逐步转换数据库结构，直到满足所需的范式要求。

（1）需求分析与数据建模：分析业务需求，识别数据实体、属性以及它们之间的关系，构建初步的数据模型。

（2）应用第一范式：转换数据模型，确保每个表符合1NF的要求，主要是确保数据的原子性。

（3）应用第二范式：对于每个已经满足 1NF 的表，进一步调整和分解，确保它们满足 2NF 的完全函数依赖要求。

（4）应用第三范式和 BCNF：继续分解表格，消除传递依赖和主键对候选键的依赖，达到 3NF 和 BCNF 的标准。

（5）应用更高级的范式：根据需要进一步分解表格，解决多值依赖和连接依赖问题，以实现 4NF 和 5NF。

（6）评估与调整：在达到所需的规范化水平后，根据实际应用需求和性能考虑，评估模型的效率和实用性，并进行必要的调整，包括可能的反规范化以优化性能。

7.1.3　规范化的优点与应用考量

虽然规范化能够提高数据的一致性、完整性和查询效率，但在实际应用中也需要考虑性能和灵活性的平衡。

规范化的优点包括减少数据冗余、避免更新异常、提高数据的一致性和完整性，以及优化查询性能。

规范化应用考量包括在特定情况下对规范化要求的适当放宽，通过反规范化来优化查询性能，特别是在数据量大和查询频繁的应用场景中。

7.1.4　关于反规范化

反规范化是数据库设计中的一个过程，它与规范化相反。规范化旨在减少数据冗余、提高数据一致性，并防止数据异常，通常通过分解表和增加关联以达到这些目的。而反规范化则是在某些情况下故意引入冗余数据或组合表的过程，主要是为了优化数据库的查询性能和响应时间。

（1）反规范化的场景和目的。

反规范化通常在以下情况下考虑使用：

①性能优化：在数据读取操作远远多于数据更新操作的情况下，反规范化可以减少数据库的查询复杂性，提高查询效率，特别是在处理大规模数据和复杂查询时。

②简化查询：通过减少表连接操作，反规范化可以使查询更加简单直接，提高数据访问速度，尤其是对于报表和数据分析等读取密集型应用。

③提高用户体验：在一些对响应时间敏感的应用中，反规范化可以帮助减少等待时间，提供更流畅的用户体验。

（2）反规范化的方法。

反规范化可以通过多种方法实现，包括：

①添加冗余列：将经常一起查询的字段从不同的表中复制到一个表中，以避免连接操作。

②合并表：将多个相关的表合并为一个表，尽管这可能会导致某些数据冗余。

③使用物化视图：创建物化视图来存储复杂查询的结果，这样可以直接查询视图而不是每次都执行复杂的连接和计算。

④创建冗余聚合数据：存储预计算的汇总信息，如总数、平均值等，避免每次查询时都进行大量计算。

（3）反规范化的考量。

在应用反规范化时，需要权衡其带来的优势和潜在的缺点：

①优点：提高查询性能，简化查询逻辑，改善用户体验。

②缺点：增加数据冗余、可能引入数据不一致性的风险，增加数据维护的复杂度和成本。

因此，反规范化需要谨慎实施，通常在彻底分析了应用的性能需求和数据更新频率之后，才会选择作为优化策略。在进行反规范化之前，应该充分考虑其对系统维护、数据一致性和性能的长期影响。

7.2 数据库规范化应用案例

在第 2～6 章的基础上，我们应用数据库规范化原则来完善存货管理数据库设计。

7.2.1 存货管理数据库建表规范化

在存货管理数据库中，我们首先通过将不同的数据（如存货信息、入库信息、出库信息）分别存储在不同的表中，并通过外键建立它们之间的联系，来体现规范化的应用。

演示视频

规范化创建数据表

（1）创建并选择存货管理数据库。

输入命令：

```
CREATE DATABASE IF NOT EXISTS 存货管理;
USE 存货管理;
```

（2）创建存货目录表，用于存储存货的基础信息，如存货编号、存货名称、规格型号等。

输入命令：

```
CREATE TABLE IF NOT EXISTS 存货目录表
    (
    序号 INT AUTO_INCREMENT UNIQUE KEY,
    存货编号 VARCHAR(8) NOT NULL PRIMARY KEY,
    存货名称 VARCHAR(10) NOT NULL,
    规格型号 VARCHAR(12),
    计量单位 VARCHAR(8) NOT NULL,
    所属类别 VARCHAR(8) NOT NULL
    );
INSERT INTO 存货目录表 (存货编号,存货名称,规格型号,计量单位,所属类别)
    VALUES
        ('140301', '酷炫外壳', 'H-200', '套', '原材料'),
        ('140302', '锂电池', 'JS-2399', '组', '原材料'),
        ('140303', '飞行支架', 'WHH','套','原材料' ),
        ('140304', '螺旋桨', 'Q-803','套','原材料'),
        ('140305', '动力模块', '','套','原材料'),
        ('140306', '控制模块', '','套','原材料'),
        ('140501', '无人伞翼机', 'RW-1', '架', '库存商品'),
```

```
('140502', '无人直升机', 'RW-2','架', '库存商品'),
('141101', '劳保服', '', '套','周转材料'),
('141102', '劳保鞋', '', '套','周转材料'),
('141103', '润滑油', '希望牌', '瓶','周转材料'),
('141104', '螺丝刀', 'T3', '把', '周转材料');
```

（3）创建期初存货结存表，用于记录期初每种存货的库存情况，通过外键与存货目录表关联。

输入命令：

```
CREATE TABLE IF NOT EXISTS 期初存货结存表
    (
    序号 INT AUTO_INCREMENT PRIMARY KEY,
    日期 DATE,
    存货编号 VARCHAR(8) NOT NULL,
    库存单价 DOUBLE (12, 2) NOT NULL,
    结存数量 INT NOT NULL,
    FOREIGN KEY (存货编号) REFERENCES 存货目录表(存货编号)
    );
INSERT INTO 期初存货结存表 (日期, 存货编号, 库存单价, 结存数量)
    VALUES
        ('2023-01-01', '140301', 150, 200),
        ('2023-01-01', '140302', 300, 180),
        ('2023-01-31','140303', '280', 350),
        ('2023-01-31','140304', '250', 148),
        ('2023-01-31','140305', '500', 850),
        ('2023-01-31','140306', '500', 900),
        ('2023-01-31','140501','1300', 190),
        ('2023-01-31','140502', '3780', 100),
        ('2023-01-31','141101', '15', 100),
        ('2023-01-31','141102', '10', 100),
        ('2023-01-31','141103', '35', 320),
        ('2023-01-01', '141104', 20, 100);
```

（4）创建本期存货入库表、本期存货出库表，分别记录本期的存货入库和出库情况，也通过外键与存货目录表关联。

输入命令：

```
-- ①本期存货入库表
CREATE TABLE IF NOT EXISTS 本期存货入库表
    (
    序号 INT AUTO_INCREMENT PRIMARY KEY,
    日期 DATE,
```

```
    存货编号 VARCHAR(8) NOT NULL,
    入库单价 DOUBLE (12, 2) NOT NULL,
    入库数量 INT NOT NULL,
    FOREIGN KEY (存货编号) REFERENCES 存货目录表(存货编号)
    );
INSERT INTO 本期存货入库表 (日期, 存货编号, 入库单价, 入库数量)
    VALUES
        ('2023-02-01', '140301', 150, 100),
        ('2023-02-02', '140302', 300, 100),
        ('2023-02-04','140304','200', 70),
        ('2023-02-05','140303','280', 100),
        ('2023-02-10','140304','250', 100),
        ('2023-02-10','141103','38', 20),
        ('2023-02-11','140501','1300', 100),
        ('2023-02-12','140502','3780', 100),
        ('2023-02-16','140303','300', 80),
        ('2023-02-19','141101', '15', 100),
        ('2023-02-22','141102','10', 100),
        ('2023-02-28', '141103', 35, 100);


    -- ② 本期存货出库表
CREATE TABLE IF NOT EXISTS 本期存货出库表
    (
    序号 INT AUTO_INCREMENT PRIMARY KEY,
    日期 DATE,
    存货编号 VARCHAR(8) NOT NULL,
    出库数量 INT NOT NULL,
    FOREIGN KEY (存货编号) REFERENCES 存货目录表(存货编号)
    );
    INSERT INTO 本期存货出库表 (日期, 存货编号, 出库数量)
        VALUES
            ('2023-02-02', '140301', 150),
            ('2023-02-04', '140302', 130),
            ('2023-02-07','140303', 60),
            ('2023-02-10','140304', 70),
            ('2023-02-12','140501', 75),
            ('2023-02-18','140502', 45),
            ('2023-02-24','141101',5),
            ('2023-02-28', '141104', 10);
```

7.2.2　计算发出存货单价

接下来介绍如何使用全月一次加权平均法来计算发出存货的单价，操作步骤如下：

（1）汇总期初和入库数据：创建名为"存货期初入库汇总"的视图来汇总每种存货期初结存和本期入库的总数量和总金额。

输入命令：

```
CREATE VIEW 存货期初入库汇总 AS
    SELECT 存货编号, SUM(结存数量) AS 总数量, SUM(库存单价 * 结存数量) AS 总金额
    FROM
        (
        SELECT 存货编号, 结存数量, 库存单价 FROM 期初存货结存表
        UNION ALL
        SELECT 存货编号, 入库数量 AS 结存数量, 入库单价 AS 库存单价 FROM 本期存货入库表
        )
        合并数据
    GROUP BY 存货编号;
```

（2）计算加权平均单价：基于汇总的数据，创建名为"加权平均单价"的视图来计算每种存货初期结存和本期入库的加权平均单价。

输入命令：

```
CREATE VIEW 加权平均单价 AS
    SELECT 存货编号, ROUND (总金额 / 总数量,2) AS 加权平均单价
    FROM 存货期初入库汇总;
```

（3）出库金额计算：创建名为"出库金额计算"的视图，应用加权平均单价和本期出库数量来计算每种存货的出库金额。

输入命令：

```
CREATE VIEW 出库金额计算 AS
    SELECT 出库.存货编号, 出库.出库数量, 汇总.加权平均单价 AS 加权平均单价,
ROUND(出库.出库数量 * 汇总.加权平均单价,2) AS 出库金额
    FROM 本期存货出库表 AS 出库
    JOIN 加权平均单价 AS 汇总 ON 出库.存货编号=汇总.存货编号;
```

7.2.3　查询存货本期出库完整信息

输入命令：

```
SELECT 目录.存货编号, 目录.存货名称,目录.规格型号,目录.计量单位,
    金额.出库数量,金额.加权平均单价,金额.出库金额,目录.所属类别
    FROM 存货目录表 AS 目录
    JOIN 出库金额计算 AS 金额 ON 目录.存货编号 = 金额.存货编号;
```

执行结果：

存货编号	存货名称	规格型号	计量单位	出库数量	加权平均单价	出库金额	所属类别
140301	酷炫外壳	H-200	套	150	150	22500	原材料
140302	锂电池	JS-2399	组	130	300	39000	原材料
140303	飞行支架	WHH	套	60	283.02	16981.2	原材料
140304	螺旋桨	Q-803	套	70	238.99	16729.3	原材料
140501	无人伞翼机	RW-1	架	75	1300	97500	库存商品
140502	无人直升机	RW-2	架	45	3780	170100	库存商品
141101	劳保服		套	5	15	75	周转材料
141104	螺丝刀	T3	把	10	20	200	周转材料

7.2.4　案例分析

以上存货管理数据库设计案例通过构建一个存货管理系统展示了数据库规范化原理和方法的实际应用。通过分析存货目录、期初存货结存、本期存货入库和出库的数据管理需求，演示了如何将这些不同的数据需求转化为规范化的数据库设计，从而优化数据存储、减少数据冗余、提高数据一致性，并简化数据查询和维护过程。

（1）规范化原理的运用。

①第一范式（1NF）的应用。

案例中每个表的设计都遵守了1NF原则，确保了表中的每个字段都是原子的，即字段中的值是不可再分的。例如，"存货目录表"中的"存货名称""规格型号"等字段都存储了单一的数据，没有任何多值字段或复合字段，从而保证了数据的原子性和简洁性。

②第二范式（2NF）的应用。

通过确保每个表的主键唯一标识表中的每一行，案例实现了2NF。例如，"期初存货结存表"中的"序号"字段作为主键，确保了每一行数据的唯一性。同时，所有的非主属性如"库存单价"和"结存数量"都完全依赖于主键，消除了部分函数依赖。

③第三范式（3NF）的应用。

案例通过分离存货的静态信息（如存货目录）和动态信息（如入库和出库记录）到不同的表中，有效地消除了传递依赖。这种设计使得每个非主属性只依赖于主键，而不是其他非主属性，增强了数据的一致性和完整性。

（2）数据库设计的评价。

①优点：

A.减少数据冗余：通过规范化设计，存货信息在"存货目录表"中统一管理，其他表通过"存货编号"引用，有效减少了数据冗余。

B.提高数据一致性：外键约束确保了不同表之间数据的一致性，减少了数据异常和错误。

C.简化数据维护：规范化的数据库结构简化了数据的维护工作，便于进行数据更新、插入和删除操作。

D.优化查询性能：通过减少表的复杂度和数据冗余，简化了查询操作，提高了查询效率。

②缺点和挑战：

A.可能影响性能：规范化增加了表的数量和表间的关联，对于一些复杂的查询可能需要多表连接，这在数据量大的情况下可能会影响查询性能。

B.设计和实施复杂度增加：实现高度规范化的数据库需要仔细设计，考虑各种数据依赖和关系，这可能增加数据库设计和实施的复杂度。

本部分通过示例实际应用展示了数据库规范化的重要性和益处，特别是在减少数据冗余、提高数据一致性和简化数据维护方面。然而，高度规范化的数据库设计也可能带来性能和复杂度的挑战。因此，数据库设计者需要根据具体的应用场景和需求，权衡规范化的级别和性能之间的关系，以达到最优。

本章小结

本章介绍了数据库规范化的概念和原则，讨论了第一范式(1NF)、第二范式(2NF)和第三范式(3NF)的应用，通过实际案例如"存货目录表"、"期初存货结存表"、"本期存货入库表"和"本期存货出库表"的设计，展示了如何在实际应用中应用规范化原则来组织数据，并通过主键和外键关系，明确数据之间的逻辑联系，以确保数据库设计的数据一致性和完整性，还强调了在进行数据库规范化时需要兼顾查询性能和级别的平衡。

本章命令文本

序号	名称	命令文本二维码
1	规范化创建数据表	

练习与思考

一、选择题

1.第一范式（1NF）主要确保（　　）。

A.每个表都有主键　　　　　　　　　　B.所有字段都是原子性的

C.每个非主属性完全依赖于主键　　　　D.消除非主属性的传递依赖

2.满足第二范式（2NF）的要求是（　　）。

A.所有字段都是原子性的　　　　　　　B.消除了所有的部分依赖

C.消除了所有的传递依赖　　　　　　　D.每个表都有主键

3.在数据库规范化中，以下（　　）是关于第三范式（3NF）的正确描述。

A.每个非主属性完全依赖于主键　　　　B.所有字段都是原子性的

C.消除了所有的部分依赖　　　　　　　D.消除了所有的传递依赖

4.规范化的主要目的是（　　）。

A.增加数据处理速度　　　　　　　　　B.减少数据存储空间

C.提高数据一致性和减少数据冗余　　　D.简化查询操作

5.在规范化过程中，引入外键的主要目的是（　　）。

A.增加数据冗余   B.提高数据插入速度

C.保持数据的参照完整性   D.简化表结构

二、填空题

1.在满足_____范式后，每个表中的数据都要保证原子性。

2.如果一个表中的所有非主属性对于候选键都不存有部分依赖，则该表至少满足_____范式。

3.第三范式（3NF）要求每个非主属性不仅要完全依赖于主键，还要_____传递依赖。

4.为了维持数据库的_____，在设计数据库时常常需要为表设置外键。

5.规范化有助于减少数据_____，从而避免更新、删除和插入异常。

三、判断题

1.任何满足第二范式（2NF）的表格也一定满足第一范式（1NF）。   (   )

2.只有当一个表具有复合主键时，才需要考虑是否符合第二范式（2NF）。   (   )

3.第三范式（3NF）要求一个表中不能存在任何与主键无关的字段。   (   )

4.规范化总是能提高数据库查询性能。   (   )

5.使用外键可以防止称为"孤儿记录"的数据异常出现。   (   )

四、实操题

练习1：设计一个满足至少第三范式（3NF）的"客户订单"数据库模式。其中应包含"客户"、"订单"和"订单详情"三个表。

练习2：根据练习1的设计，使用SQL创建上述表，并为每个表定义适当的主键和外键约束。

练习3：向"客户"表中插入至少3条记录，向"订单"表中插入至少5条记录，然后基于插入的数据，向"订单详情"表中插入至少10条记录。

练习4：编写SQL查询，列出每个客户的所有订单及各订单的总金额。

五、思考题

讨论在进行数据库设计时，如何在规范化和查询性能之间找到平衡。

第8章
基于SQL的会计核算流程

本章重点

会计核算流程的系统化理解：通过 SQL 操作，理解会计核算流程的每一个步骤，从建账、记账到账务核对和结账、编制财务报表的全过程。

会计数据的数据库管理：包括创建和管理经济业务数据所需的数据库和数据表，特别是"会计科目表"、"初始余额表"和"会计分录表"这三个基础数据表的创建和填充。

会计报表编制流程自动化：使用 SQL 从基础数据表中提取和汇总信息，自动生成资产负债表和利润表，充分体现数据库操作在会计核算中的应用价值。

会计科目与报表的关联：理解会计科目与财务报表项目之间的关联，以及如何通过 SQL 将会计账户数据准确聚合到相应的财务报表项目中。

本章难点

会计数据表的设计和管理：理解会计数据表的结构设计，特别是会计科目表的分级编码系统，以及如何有效管理初始余额和会计分录的数据。

复杂SQL查询的编写：编写复杂的 SQL 查询，特别是涉及多表联合查询、分组汇总和条件筛选，以从庞大的会计数据中提取有用信息。

会计核算流程自动化的实现：理解如何通过编写 SQL 脚本，实现从会计分录的自动导入到财务报表的自动生成的整个核算流程自动化，特别是处理期末余额和财务报表汇总的底层逻辑。

数据清洗和一致性保证：在会计核算的过程中，如何通过 SQL 确保数据的准确性和一致性，包括处理空值和计算期末余额。

思政要点

理解会计核算在企业管理中的作用：通过学习 SQL 在会计核算中的应用，了解会计信息对企业管理决策的支持作用。

强调跨学科整合能力：培养将技术知识与会计学、管理学等其他领域知识整合的能力，提高跨学科应用能力。

本章将通过具体的SQL命令和案例分析，讲解在数据库环境下进行会计核算的全过程。从SQL的角度出发，详细解释如何运用SQL来管理会计数据，解析从创建会计科目表、处理初始余额和会计分录，到自动编制和生成资产负债表及利润表的每一个步骤，重点展示SQL运用在会计核算中的高效性和灵活性，并通过实际案例帮助读者全面理解会计核算流程。同时，简单介绍在实施过程中可能遇到的技术难点和挑战，如数据一致性保证、复杂SQL查询的优化，以及会计报表的自动化生成问题。

8.1 会计核算流程梳理

运用SQL命令处理会计数据区别于传统手工方法，我们需要重新梳理核算流程。

8.1.1 传统会计核算流程分析

传统手工会计核算流程体现了会计核算的基本原理和会计数据之间的内在联系，主要包括以下基本步骤（以复式借贷记账法为例）：

（1）建账。

①根据核算需要，确定应启用的会计科目。

②按会计科目建立账户，并根据科目余额资料登记各账户期初余额。

此步骤的主要目的是确定行业核算类型和会计核算范围。

（2）根据经济业务编制记账凭证。

①收集发票、收据、成本计算单等原始凭证，分析经济业务。

②根据经济业务制作记账凭证，一般包括收款凭证、付款凭证和转账凭证。每一笔业务都需要明确业务发生额所属的会计科目以及借或贷方向。

此步骤的主要目的是获得会计分录信息，为登记账簿作好充分准备。

（3）登记账簿。

①登记日记账：将各账户的期初余额和本期每一张记账凭证的会计分录信息手工登记到日记账中，包括日期、摘要、会计科目和借、贷金额等。

②分类账登记：根据各账户的期初余额和本期记账凭证的会计分录信息将每笔交易按照会计科目分类，手工登记到相应的总分类账和明细账中，以便跟踪每个会计科目账户借贷金额的增减变动。

此步骤主要是为账目查询、期末结账并编制会计报表作好准备。

（4）对账与调账。

①试算平衡：定期进行试算平衡，核对借贷双方总额是否相等，以检查日记账和分类账的准确性和完整性。

②调整分录：在发现错误或遗漏后，制作调整分录并记录在调整账簿中，以纠正会计记录。

此步骤的主要目的是防止或纠正手工记账过程中的人为差错，严格遵守既定的记账规则。

（5）结账与编制财务报表。

①期末结账：在会计期末，对所有账户进行结账处理，包括计算损益科目的收益和费用，确定各个资产、负债和所有者权益科目的发生额及期末余额。

②编制财务报表：根据结账后的账户发生额或余额编制财务报表（主要包括资产负债表和利润表）。

此步骤需要汇总各分类账的发生额和余额，计算并展示企业的财务状况和经营成果。传统手工会计核算流程如图8-1所示。

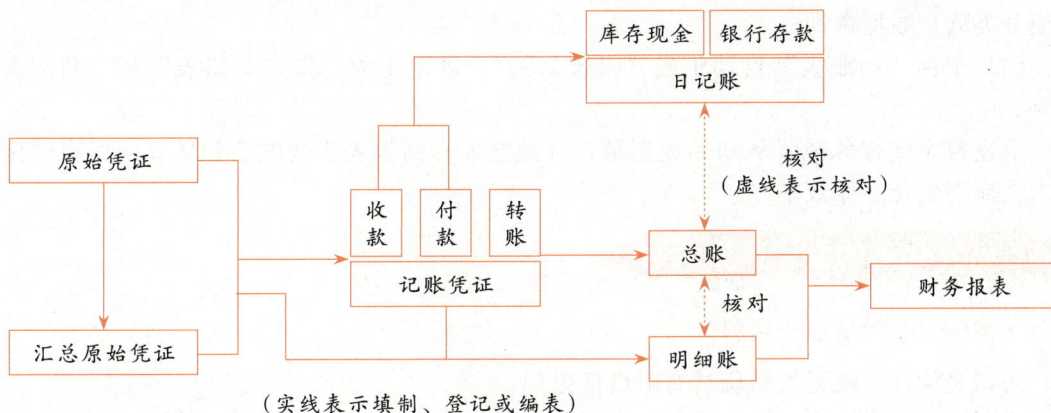

（实线表示填制、登记或编表）

图8-1　传统手工会计核算流程

8.1.2　基于SQL的会计核算流程分析

与手工账务处理不同，SQL环境下会计核算流程是一个自动化流程，是根据会计核算的实际需求，通过对会计核算流程进行系统分析，编写并执行SQL命令组来实现的。

SQL命令文件编写好以后，存储在计算机中可重复使用。每一个会计期间只要完成会计业务数据导入或录入后，运行事先编写好的SQL命令脚本，账户数据和会计报表的查询几乎都可以"一键完成"。

SQL环境下，会计核算系统主要包括"数据输入"、"数据处理"和"数据输出"三大模块。基于SQL的会计核算流程如图8-2所示。

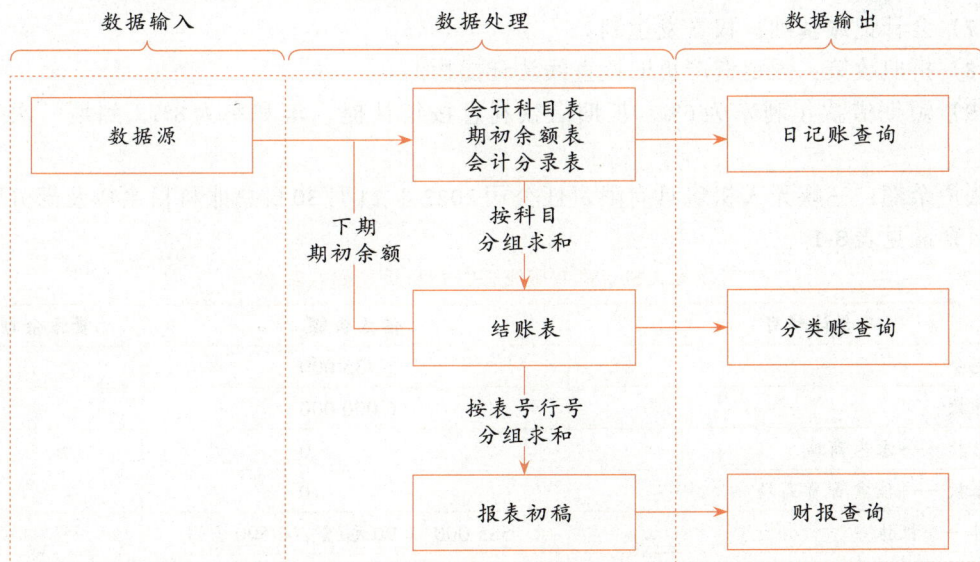

图8-2　基于SQL的会计核算流程

基于SQL的会计核算流程主要包括以下三大步骤：

（1）创建一个会计核算数据库，并在数据库中创建并填充（或导入）三个基础表，分别是"会计科目表"、"初始余额表"和"会计分录表"，此步骤可满足日记账和明细账的数据查询。

（2）根据上述三个基础表的数据，自动生成类似于传统试算平衡表的"结账表"，以方便分类账户数据查询。

（3）根据"结账表"自动生成"报表初稿"，进而生成"资产负债表"和"利润表"查询。

上述整个流程体现了从初始数据录入（或导入）到报表生成的会计核算流程自动化，可大大提高会计工作效率。

8.2　基于SQL的会计核算案例

8.2.1　案例企业经济业务资料

公司名称：三峡无人机玩具有限责任公司

法定代表人：江涛

公司基本情况：

（1）税收信息：公司是一般纳税人，开具增值税专用发票，增值税适用税率为13%，企业所得税适用税率为25%。

（2）公司主要产品：无人直升机玩具（简称"无人直升机"）和无人伞翼机玩具（简称"无人伞翼机"）。

（3）主要供应商：佳乐制造厂、鑫鑫有限责任公司。

（4）主要客户：永乐商城、佳鑫百货商场。

（5）公司付款方式：支票+网上银行。

（6）公司收款方式：各类票据+网上银行。

（7）会计记账基础：权责发生制。

（8）折旧政策：固定资产折旧按直线法计提折旧。

（9）短期借款年利率为6%，长期借款利息按年计提，年利率为8%，到期一次还本付息。

账户余额：三峡无人机玩具有限责任公司2023年11月30日总账科目余额及部分明细账科目余额见表8-1。

表8-1　　　　　三峡无人机玩具有限责任公司科目初始余额表

会计科目	借方余额	贷方余额
库存现金	35 000	
银行存款	6 000 000	
应收账款——永乐商城	0	
应收账款——佳鑫百货商场	0	
原材料——机体	585 000（90元/套，6 500套）	
原材料——机翼	297 500（85元/套，3 500套）	
原材料——电池及充电器	402 000（60元/套，6 700套）	
原材料——动力系统套件	987 000（150元/套，6 580套）	
原材料——控制系统套件	1 820 000（280元/套，6 500套）	

续表

会计科目	借方余额	贷方余额
原材料——传感器及导航套件	1 320 000（200元/套，6 600套）	
库存商品——无人直升机	0	
库存商品——无人伞翼机	0	
生产成本——无人直升机	0	
生产成本——无人伞翼机	0	
制造费用	0	
其他应收款——小王	0	
固定资产	200 000	
累计折旧		0
短期借款		1 800 000
应付账款——佳乐制造厂		0
应付账款——鑫鑫有限责任公司		0
应交税费——应交增值税（进项税额）		0
应交税费——应交增值税（销项税额）		0
应交税费——应交增值税（已交税金）		0
应交税费——应交所得税		0
应付职工薪酬		0
应付利息		0
长期借款——本金		3 075 500
长期借款——应计利息		0
本年利润		0
实收资本		4 050 000
资本公积		1 101 000
盈余公积——法定盈余公积		920 000
盈余公积——任意盈余公积		700 000
合计	11 646 500	11 646 500

三峡无人机玩具有限责任公司2023年12月发生的经济业务如下：

（1）12月1日，向中国工商银行借为期1年、年利率为6%的借款，金额2 000 000元，借款已到账。

借：银行存款　　　　　　　　　　　　　　　　　　　　　　2 000 000　　（记1）

　　贷：短期借款　　　　　　　　　　　　　　　　　　　　　　　　2 000 000

（2）12月3日，购进原材料1 347 500元（不含增值税），其中，购进机体7 000套，单价90元；机翼3 500套，单价85元；电池及充电器7 000套，单价60元，增值税税率为13%。原材料已入库，货款用银行存款支付。

借：原材料——机体　　　　　　　　　　　　　　　　　　　630 000　　（记2）

　　　　　——机翼　　　　　　　　　　　　　　　　　　　297 500

　　　　　——电池及充电器　　　　　　　　　　　　　　　420 000

借：应交税费——应交增值税（进项税额）　　　　　　　　　　175 175

　　贷：银行存款　　　　　　　　　　　　　　　　　　　　　　　　1 522 675

（3）12月3日，向佳乐制造厂购进生产线，不需要安装，增值税专用发票显示价款为200 000元，税额为26 000元，价税合计226 000元，货款已通过银行存款支付。

借：固定资产　　　　　　　　　　　　　　　　　　　200 000　（记3）

　　应交税费——应交增值税（进项税额）　　　　　　 26 000

　　贷：银行存款　　　　　　　　　　　　　　　　　　　　　　226 000

（4）12月4日，向鑫鑫有限责任公司购进原材料4 410 000元（不含增值税），其中购进动力系统套件7 000套，单价150元；控制系统套件7 000套，单价280元；传感器及导航套件7 000套，单价200元。增值税税率13%，原材料已入库，货款尚未支付。

借：原材料——动力系统套件　　　　　　　　　　　 1 050 000　（记4）

　　　　　　——控制系统套件　　　　　　　　　　　 1 960 000

　　　　　　——传感器及导航套件　　　　　　　　　 1 400 000

　　应交税费——应交增值税（进项税额）　　　　　　　 573 300

　　贷：应付账款——鑫鑫有限责任公司　　　　　　　　　　　 4 983 300

（5）12月7日，支付前欠鑫鑫有限责任公司12月4日货款4 983 300元。

借：应付账款——鑫鑫有限责任公司　　　　　　　　 4 983 300　（记5）

　　贷：银行存款　　　　　　　　　　　　　　　　　　　　　 4 983 300

（6）12月8日，生产无人直升机3 000架，共计领用材料2 340 000元，其中领用机体、电池及充电器、动力系统套件、控制系统套件、传感器及导航套件各3 000套。生产无人伞翼机3 500架，共计领用材料3 027 500元，其中领用机体、机翼、电池及充电器、动力系统套件、控制系统套件、传感器及导航套件各3 500套。（材料发出方法采用先进先出法）

借：生产成本——无人直升机　　　　　　　　　　　 2 340 000　（记6）

　　　　　　——无人伞翼机　　　　　　　　　　　　 3 027 500

　　贷：原材料——机体　　　　　　　　　　　　　　　　　　　 585 000

　　　　　　　——机翼　　　　　　　　　　　　　　　　　　　 297 500

　　　　　　　——电池及充电器　　　　　　　　　　　　　　　 390 000

　　　　　　　——动力系统套件　　　　　　　　　　　　　　　 975 000

　　　　　　　——控制系统套件　　　　　　　　　　　　　　 1 820 000

　　　　　　　——传感器及导航套件　　　　　　　　　　　　 1 300 000

（7）12月14日，通过银行存款向三峡电力有限责任公司支付电费3 390元（含税费）。销售部门承担1 500元，生产车间承担1 500元。

借：制造费用　　　　　　　　　　　　　　　　　　　　 1 500（记7）

　　销售费用　　　　　　　　　　　　　　　　　　　　 1 500

　　应交税费——应交增值税（进项税额）　　　　　　　　 390

　　贷：银行存款　　　　　　　　　　　　　　　　　　　　　　 3 390

（8）12月16日，公司财务部职工小王出差，向财务部申请借款3 000元，现金付讫。

借：其他应收款——小王　　　　　　　　　　　　　　　 3 000（记8）

    贷：库存现金   3 000

  （9）12月25日，计提当月职工薪酬总额357 980元，其中，生产无人直升机的工人工资为100 000元，生产无人伞翼机的工人工资为150 000元，车间管理人员工资42 980元，企业管理人员工资65 000元。

  借：生产成本——无人直升机   100 000 （记9）
      ——无人伞翼机   150 000
   制造费用   42 980
   管理费用   65 000
    贷：应付职工薪酬   357 980

  （10）12月31日，计提固定资产折旧2 050元，期初生产用固定资产200 000元，使用年限8年，残值为3 200元；按直线法计提折旧（注：会计准则规定，当月增加的固定资产当月不计提折旧，下月开始计提折旧）

  借：制造费用   2 050（记10）
    贷：累计折旧   2 050

  （11）12月31日，归集制造费用按生产工人的工资分配，将制造费用分配给无人直升机18 612元，分配给无人伞翼机27 918元。

  借：生产成本——无人直升机   18 612 （记11）
      ——无人伞翼机   27 918
    贷：制造费用   46 530

  （12）12月31日，无人直升机和无人伞翼机经检验全部完工，检验合格已验收入库，结转完工产品成本，其中，无人直升机为2 458 612元，无人伞翼机为3 205 418元。

  借：库存商品——无人直升机   2 458 612 （记12）
      ——无人伞翼机   3 205 418
    贷：生产成本——无人直升机   2 458 612
        ——无人伞翼机   3 205 418

  （13）12月31日，通过银行存款给三峡广告有限责任公司支付广告费21 200元（含增值税，税率6%）。

  借：销售费用   20 000 （记13）
   应交税费——应交增值税（进项税额）   1 200
    贷：银行存款   21 200

  （14）12月31日，向永乐商城销售无人直升机2 800架，单价1 800元（不含增值税），销售无人伞翼机3 200架，单价2 000元（不含增值税）。增值税税率为13%。已收到转账支票。

  借：银行存款   12 927 200 （记14）
    贷：主营业务收入——无人直升机   5 040 000
        ——无人伞翼机   6 400 000
     应交税费——应交增值税（销项税额）   1 487 200

  （15）12月31日，结转销售成本，其中无人直升机为2 294 704.53元，无人伞翼机为2 930 667.89元。

借：主营业务成本——无人直升机　　　　　　　　　　　　2 294 704.53　　　（记15）

　　　　　　　　　——无人伞翼机　　　　　　　　　　　2 930 667.89

　　贷：库存商品——无人直升机　　　　　　　　　　　　　　　2 294 704.53

　　　　　　　　——无人伞翼机　　　　　　　　　　　　　　2 930 667.89

（16）12月31日，出差人员小王回财务部报销差旅费2 470元，退回现金530元。

借：管理费用　　　　　　　　　　　　　　　　　　　　　　2 470（记16）

　　库存现金　　　　　　　　　　　　　　　　　　　　　　530

　　贷：其他应收款——小王　　　　　　　　　　　　　　　　3 000

（17）12月31日，委托银行将工资357 980元转到员工的工资卡账户。

借：应付职工薪酬　　　　　　　　　　　　　　　　　　　357 980　　（记17）

　　贷：银行存款　　　　　　　　　　　　　　　　　　　　357 980

（18）12月31日，计算本月应承担的短期借款利息19 000元。

借：财务费用　　　　　　　　　　　　　　　　　　　　　19 000　（记18）

　　贷：应付利息　　　　　　　　　　　　　　　　　　　　19 000

（19）12月31日，计提本月长期借款利息20 503.33元。

借：财务费用　　　　　　　　　　　　　　　　　　　　　20 503.33　（记19）

　　贷：长期借款——应计利息　　　　　　　　　　　　　　20 503.33

（20）12月31日，期末将收入、成本转入"本年利润"账户中。

借：主营业务收入——无人直升机　　　　　　　　　　　　5 040 000　　（记20）

　　　　　　　　　——无人伞翼机　　　　　　　　　　　6 400 000

　　贷：本年利润　　　　　　　　　　　　　　　　　　　　11 440 000

借：本年利润　　　　　　　　　　　　　　　　　　　　　5 353 845.75　　（记21）

　　贷：主营业务成本——无人直升机　　　　　　　　　　　　2 294 704.53

　　　　　　　　　——无人伞翼机　　　　　　　　　　　　2 930 667.89

　　　　销售费用　　　　　　　　　　　　　　　　　　　　21 500.00

　　　　管理费用　　　　　　　　　　　　　　　　　　　　67 470.00

　　　　财务费用　　　　　　　　　　　　　　　　　　　　39 503.33

（21）12月31日，计算应缴纳的所得税，所得税税率为25%。

借：所得税费用　　　　　　　　　　　　　　　　　　　1 521 538.56　　（记22）

　　贷：应交税费——应交所得税　　　　　　　　　　　　1 521 538.56

（22）12月31日，期末将所得税费用转入"本年利润"账户中。

借：本年利润　　　　　　　　　　　　　　　　　　　　1 521 538.56　　（记23）

　　贷：所得税费用　　　　　　　　　　　　　　　　　　1 521 538.56

（23）并将本年利润余额转入"利润分配——未分配利润"账户中。

借：本年利润　　　　　　　　　　　　　　　　　　　　4 564 615.69　　（记24）

　　贷：利润分配——未分配利润　　　　　　　　　　　　4 564 615.69

（24）12月31日，通过网上银行缴纳增值税711 135元。

借：应交税费——应交增值税（已交税金）　　　　　　　711 135　（记25）

　　贷：银行存款　　　　　　　　　　　　　　　　　　　711 135

（25）12 月 31 日，按当期净利润的 10% 计提法定盈余公积、10% 提取任意盈余公积。

借：利润分配——提取法定盈余公积　　　　　　　　　　456 461.57　　（记 26）

　　　　　　——提取任意盈余公积　　　　　　　　　456 461.57

　　贷：盈余公积——法定盈余公积　　　　　　　　　　　　456 461.57

　　　　　　——任意盈余公积　　　　　　　　　　　　456 461.57

（26）12 月 31 日，将所有利润分配明细账（除未分配利润外），全部结转。

借：利润分配——未分配利润　　　　　　　　　　　912 923.14　　（记 27）

　　贷：利润分配——提取法定盈余公积　　　　　　　　　　456 461.57

　　　　　　——提取任意盈余公积　　　　　　　　　　456 461.57

要求：

（1）根据本公司 12 月份所发生的业务编制会计分录。

（2）编制试算平衡表。

（3）编制资产负债表和利润表。

8.2.2　SQL 会计核算流程实现

SQL 环境下的会计核算流程主要步骤演示如下：

（1）创建一个用于存放会计核算数据表的数据库，并在数据库中创建并填充（或导入）三个基础数据表，分别是"会计科目表"、"初始余额表"和"会计分录表"，合称"三基表"。

①创建并使用名为"AccountingDB"的数据库。

```sql
DROP DATABASE IF EXISTS AccountingDB;
CREATE DATABASE IF NOT EXISTS AccountingDB;
USE AccountingDB;
```

②创建"会计科目表"。

会计科目的设置是会计核算流程中的核心环节，是确保相关会计业务数据都能正确反映到相应账户的关键。本案例在会计科目表中分别用一至三级科目编码来标识各级会计科目及相应的账户，设置了总分类核算和二级、三级明细分类核算，它为每一笔会计业务数据提供了一个明确的账户分类归属。

会计科目也是编制财务报表的基础，为了确保每个会计科目相对应的账户数据都归属到财务报表相应项目中，本案例在会计科目表中通过为每一个会计科目指定报表表号、行号和项目，将会计科目与相应的会计报表项目建立了明确的联系，这样可以确保每笔会计业务数据都能被准确地聚合到相应的报表项目中，方便了财务报表的自动化生成，提高了财报效率。

创建"会计科目表"的 SQL 代码如下：

```sql
CREATE TABLE IF NOT EXISTS 会计科目表
    (
    序号 INT PRIMARY KEY,
    一级编码 CHAR (4) NOT NULL,
```

演示视频

SQL 会计核算流程实现

```
    二级编码 CHAR (2) DEFAULT '  ',
    三级编码 CHAR (2) DEFAULT '  ',
    一级科目 VARCHAR (50) NOT NULL,
    二级科目 VARCHAR (50) DEFAULT ' ',
    三级科目 VARCHAR (50) DEFAULT ' ',
    表号 VARCHAR (2) NOT NULL,
    行号 INT,
    项目 VARCHAR (50) NOT NULL
    );
INSERT INTO 会计科目表(序号,一级编码,二级编码,三级编码,一级科目,二级科目,三级科目,表号,行号,项目 )
    VALUES
    ('1', '1001', '', '', '库存现金', '', '', '1', '1', '货币资金'),
    ('2', '1002', '', '', '银行存款', '', '', '1', '1', '货币资金'),
    ('3', '1012', '', '', '其他货币资金', '', '', '1', '1', '货币资金'),
    ('4', '1101', '', '', '交易性金融资产', '', '', '1', '2', '交易性金融资产'),
    ('5', '1121', '', '', '应收票据', '', '', '1', '4', '应收票据'),
    ('6', '1122', '', '', '应收账款', '', '', '1', '5', '应收账款'),
    ('7', '1122', '01', '', '应收账款', '永乐商城', '', '1', '5', '应收账款'),
    ('8', '1122', '02', '', '应收账款', '佳鑫百货商场', '', '1', '5', '应收账款'),
    ('9', '1123', '', '', '预付账款', '', '', '1', '6', '预付账款'),
    ('10', '1131', '', '', '应收股利', '', '', '1', '7', '其他应收款'),
    ('11', '1132', '', '', '应收利息', '', '', '1', '7', '其他应收款'),
    ('12', '1221', '', '', '其他应收款', '', '', '1', '7', '其他应收款'),
    ('13', '1221', '01', '', '其他应收款', '小王', '', '1', '7', '其他应收款'),
    ('14', '1401', '', '', '材料采购', '', '', '1', '8', '存货'),
    ('15', '1402', '', '', '在途物资', '', '', '1', '8', '存货'),
    ('16', '1403', '', '', '原材料', '', '', '1', '8', '存货'),
    ('17', '1403', '01', '', '原材料', '机体', '', '1', '8', '存货'),
    ('18', '1403', '02', '', '原材料', '机翼', '', '1', '8', '存货'),
    ('19', '1403', '03', '', '原材料', '电池及充电器', '', '1', '8', '存货'),
    ('20', '1403', '04', '', '原材料', '动力系统套件', '', '1', '8', '存货'),
    ('21', '1403', '05', '', '原材料', '控制系统套件', '', '1', '8', '存货'),
    ('22', '1403', '06', '', '原材料', '传感器及导航套件', '', '1', '8', '存货'),
    ('23', '1404', '', '', '材料成本差异', '', '', '1', '8', '存货'),
    ('24', '1405', '', '', '库存商品', '', '', '1', '8', '存货'),
    ('25', '1405', '01', '', '库存商品', '无人直升机', '', '1', '8', '存货'),
    ('26', '1405', '02', '', '库存商品', '无人伞翼机', '', '1', '8', '存货'),
    ('27', '1406', '', '', '发出商品', '', '', '1', '8', '存货'),
    ('28', '1408', '', '', '委托加工物资', '', '', '1', '8', '存货'),
```

('29', '1411', '', '', '周转材料', '', '', '1', '8', '存货'),

('30', '1471', '', '', '存货跌价准备', '', '', '1', '8', '存货'),

('31', '7006', '', '', '一年内到期的非流动资产', '', '', '1', '10', '一年内到期的非流动资产'),

('32', '1501', '', '', '债权投资', '', '', '1', '14', '债权投资'),

('33', '1502', '', '', '债权投资减值准备', '', '', '1', '14', '债权投资'),

('34', '1511', '', '', '长期股权投资', '', '', '1', '16', '长期股权投资'),

('35', '1512', '', '', '长期股权投资减值准备', '', '', '1', '16', '长期股权投资'),

('36', '1531', '', '', '长期应收款', '', '', '1', '15', '长期应收款'),

('37', '1601', '', '', '固定资产', '', '', '1', '18', '固定资产'),

('38', '1602', '', '', '累计折旧', '', '', '1', '18', '固定资产'),

('39', '1603', '', '', '固定资产减值准备', '', '', '1', '18', '固定资产'),

('40', '1604', '', '', '在建工程', '', '', '1', '19', '在建工程'),

('41', '1605', '', '', '工程物资', '', '', '1', '19', '在建工程'),

('42', '1606', '', '', '固定资产清理', '', '', '1', '18', '固定资产'),

('43', '1701', '', '', '无形资产', '', '', '1', '22', '无形资产'),

('44', '1702', '', '', '累计摊销', '', '', '1', '22', '无形资产'),

('45', '1703', '', '', '无形资产减值准备', '', '', '1', '22', '无形资产'),

('46', '1711', '', '', '商誉', '', '', '1', '24', '商誉'),

('47', '5301', '', '', '研发支出', '', '', '1', '23', '开发支出'),

('48', '1801', '', '', '长期待摊费用', '', '', '1', '25', '长期待摊费用'),

('49', '1901', '', '', '待处理财产损溢', '', '', '1', '11', '其他流动资产'),

('50', '1412', '', '', '包装物及低值易耗品', '', '', '1', '8', '存货'),

('51', '2001', '', '', '短期借款', '', '', '1', '30', '短期借款'),

('52', '2101', '', '', '交易性金融负债', '', '', '1', '31', '交易性金融负债'),

('53', '2201', '', '', '应付票据', '', '', '1', '33', '应付票据'),

('54', '2202', '', '', '应付账款', '', '', '1', '34', '应付账款'),

('55', '2202', '01', '', '应付账款', '佳乐制造厂', '', '1', '34', '应付账款'),

('56', '2202', '02', '', '应付账款', '鑫鑫有限责任公司', '', '1', '34', '应付账款'),

('57', '2203', '', '', '预收账款', '', '', '1', '35', '预收账款'),

('58', '2205', '', '', '合同负债', '', '', '1', '34', '应付账款'),

('59', '2211', '', '', '应付职工薪酬', '', '', '1', '36', '应付职工薪酬'),

('60', '2221', '', '', '应交税费', '', '', '1', '37', '应交税费'),

('61', '2221', '01', '01', '应交税费', '应交增值税', '进项税额', '1', '37', '应交税费'),

('62', '2221', '01', '02', '应交税费', '应交增值税', '销项税额', '1', '37', '应交税费'),

('63', '2221', '01', '03', '应交税费', '应交增值税', '已交税金', '1', '37', '应交税费'),

('64', '2221', '02', '', '应交税费', '应交所得税', '', '1', '37', '应交税费'),

('65', '2231', '', '', '应付利息', '', '', '1', '38', '其他应付款'),

('66', '2232', '', '', '应付利润', '', '', '1', '38', '其他应付款'),

('67', '2241', '', '', '其他应付款', '', '', '1', '38', '其他应付款'),

('68', '2501', '', '', '长期借款', '', '', '1', '43', '长期借款'),

('69', '2501', '01', '', '长期借款', '本金', '', '1', '43', '长期借款'),

('70', '2501', '02', '', '长期借款', '应计利息', '', '1', '43', '长期借款'),

('71', '2502', '', '', '应付债券', '', '', '1', '44', '应付债券'),

('72', '2701', '', '', '长期应付款', '', '', '1', '45', '长期应付款'),

('73', '2801', '', '', '预计负债', '', '', '1', '46', '预计负债'),

('74', '4001', '', '', '实收资本', '', '', '1', '52', '实收资本或股本'),

('75', '1504', '', '', '其他权益工具', '', '', '1', '53', '其他权益工具'),

('76', '4002', '', '', '资本公积', '', '', '1', '54', '资本公积'),

('77', '4201', '01', '', '库存股', '', '', '1', '55', '减:库存股'),

('78', '4003', '', '', '其他综合收益', '', '', '1', '56', '其他综合收益'),

('79', '4101', '', '', '盈余公积', '', '', '1', '57', '盈余公积'),

('80', '4101', '01', '', '盈余公积', '法定盈余公积', '', '1', '57', '盈余公积'),

('81', '4101', '02', '', '盈余公积', '任意盈余公积', '', '1', '57', '盈余公积'),

('82', '4103', '', '', '本年利润', '', '', '1', '58', '未分配利润'),

('83', '4104', '', '', '利润分配', '', '', '1', '58', '未分配利润'),

('84', '4104', '01', '', '利润分配', '未分配利润', '', '1', '58', '未分配利润'),

('85', '4104', '02', '', '利润分配', '提取法定盈余公积', '', '1', '58', '未分配利润'),

('86', '4104', '03', '', '利润分配', '提取任意盈余公积', '', '1', '58', '未分配利润'),

('87', '5001', '', '', '生产成本', '', '', '1', '8', '存货'),

('88', '5001', '01', '', '生产成本', '无人直升机', '', '1', '8', '存货'),

('89', '5001', '02', '', '生产成本', '无人伞翼机', '', '1', '8', '存货'),

('90', '5101', '', '', '制造费用', '', '', '1', '8', '存货'),

('91', '6001', '', '', '主营业务收入', '', '', '2', '1', '一、营业收入'),

('92', '6001', '01', '', '主营业务收入', '无人直升机', '', '2', '1', '一、营业收入'),

('93', '6001', '02', '', '主营业务收入', '无人伞翼机', '', '2', '1', '一、营业收入'),

('94', '6011', '', '', '利息收入', '', '', '2', '1', '一、营业收入'),

('95', '6021', '', '', '手续费及佣金收入', '', '', '2', '1', '一、营业收入'),

('96', '6031', '', '', '保费收入', '', '', '2', '1', '一、营业收入'),

('97', '6041', '', '', '租赁收入', '', '', '2', '1', '一、营业收入'),

('98', '6051', '', '', '其他业务收入', '', '', '2', '1', '一、营业收入'),

('99', '6061', '', '', '汇兑损益', '', '', '2', '6', '　财务费用'),

('100', '6101', '', '', '公允价值变动损益', '', '', '2', '8', '加:公允价值变动损益(损失以\"-\"号填列)'),

('101', '6111', '', '', '投资收益', '', '', '2', '9', '　投资损益(损失以\"-\"号填列)'),

('102', '8001', '', '', '其中:对联营企业和合营企业的投资收益', '', '', '2', '10', '　其中:对联营企业和合营企业的投资收益'),

('103', '6301', '', '', '营业外收入', '', '', '2', '14', '加:营业外收入'),

('104', '6401', '', '', '主营业务成本', '', '', '2', '2', '减:营业成本'),

```
('105', '6401', '01', '', '主营业务成本', '无人直升机', '', '2', '2', '减:营业成本'),
('106', '6401', '02', '', '主营业务成本', '无人伞翼机', '', '2', '2', '减:营业成本'),
('107', '6402', '', '', '其他业务成本', '', '', '2', '2', '减:营业成本'),
('108', '6403', '', '', '税金及附加', '', '', '2', '3', '  税金及附加'),
('109', '6411', '', '', '利息支出', '', '', '2', '2', '减:营业成本'),
('110', '6421', '', '', '手续费及佣金支出', '', '', '2', '2', '减:营业成本'),
('111', '6601', '', '', '销售费用', '', '', '2', '4', '  销售费用'),
('112', '6602', '', '', '管理费用', '', '', '2', '5', '  管理费用'),
('113', '6603', '', '', '财务费用', '', '', '2', '6', '  财务费用'),
('114', '6711', '', '', '营业外支出', '', '', '2', '16', '减:营业外支出'),
('115', '6801', '', '', '所得税费用', '', '', '2', '19', '减:所得税费用'),
('117', '7001', '', '', '其他流动资产', '', '', '1', '11', '其他流动资产'),
('118', '7002', '', '', '其他流动负债', '', '', '1', '41', '其他流动负债'),
('119', '7003', '', '', '一年内到期的非流动负债', '', '', '1', '40', '一年内到期的非流动负债'),
('120', '7004', '', '', '其他非流动负债', '', '', '1', '49', '其他非流动负债'),
('121', '8001', '', '', '资产处置收益', '', '', '2', '11', '  资产处置收益(损失以\"-\"号填列)'),
('122', '8002', '', '', '其他收益', '', '', '2', '12', '  其他收益'),
('125', '8005', '', '', '资产减值损失', '', '', '2', '7', '  资产减值损失');
```

温馨提示

在会计科目表中，设置了科目编码值>6901的记录行，这是专为自动生成标准格式的会计报表条目而做的准备，不属于标准的会计科目。

③创建"初始余额表"。

初始余额是建账初始期各个账户的期初余额，是建账初始期和以后各会计期间会计核算的起点，它是会计账户结构中的重要组成部分，对于确保各个会计期间账户和财务报表数据的准确性和完整性至关重要。

本案例以建账初始期为例，通过创建"初始余额表"来完成各级账户期初余额设置。

创建"初始余额表"的SQL代码如下：

```
CREATE TABLE IF NOT EXISTS 初始余额表
(
序号 INT NOT NULL AUTO_INCREMENT,
日期 DATE DEFAULT NULL,
摘要 VARCHAR (50) DEFAULT NULL,
一级编码 CHAR (4) NOT NULL,
二级编码 CHAR (2) DEFAULT '  ',
三级编码 CHAR (2) DEFAULT '  ',
期初借方 DOUBLE (15,2) DEFAULT 0,
```

```
期初贷方 DOUBLE (15,2) DEFAULT 0,
PRIMARY KEY (序号)
);
INSERT INTO 初始余额表 ( 序号, 日期, 摘要, 一级编码, 二级编码, 三级编码, 期初借方, 期初贷方 )
    VALUES
        ( 1, '2023-11-30', '期初余额', '1001', '', '', 35000.00, 0.00 ),
        ( 2, '2023-11-30', '期初余额', '1002', '', '', 6000000.00, 0.00 ),
        ( 3, '2023-11-30', '期初余额', '1403', '01', '', 585000.00, 0.00 ),
        ( 4, '2023-11-30', '期初余额', '1403', '02', '', 297500.00, 0.00 ),
        ( 5, '2023-11-30', '期初余额', '1403', '03', '', 402000.00, 0.00 ),
        ( 6, '2023-11-30', '期初余额', '1403', '04', '', 987000.00, 0.00 ),
        ( 7, '2023-11-30', '期初余额', '1403', '05', '', 1820000.00, 0.00 ),
        ( 8, '2023-11-30', '期初余额', '1403', '06', '', 1320000.00, 0.00 ),
        ( 9, '2023-11-30', '期初余额', '1601', '', '', 200000.00, 0.00 ),
        ( 10, '2023-11-30', '期初余额', '2001', '', '', 0.00, 1800000.00 ),
        ( 11, '2023-11-30', '期初余额', '2501', '01', '', 0.00, 3075500.00 ),
        ( 12, '2023-11-30', '期初余额', '4001', '', '', 0.00, 4050000.00 ),
        ( 13, '2023-11-30', '期初余额', '4002', '', '', 0.00, 1101000.00 ),
        ( 14, '2023-11-30', '期初余额', '4101', '01', '', 0.00, 920000.00 ),
        ( 15, '2023-11-30', '期初余额', '4101', '02', '', 0.00, 700000.00 );
```

温馨提示

在流程自动化条件下，除建账初始期的期初余额是人工导入或手工录入外，以后各会计期的期初余额均由上期期末余额自动结转生成。

④创建"会计分录表"。

会计分录是在特定会计期间内，企业为了记录各种经济业务，按复式借贷记账法的记账规则而进行的会计数据处理。这些分录数据反映了会计期当期内发生的所有会计业务，是登记会计账户、编制会计报表的基础。

本案例着重演示会计核算流程的后端处理，会计分录的处理是通过在"会计分录表"填制会计分录数据来实现，会计分录表的结构与手工记账凭证格式和内容基本一致。

创建"会计分录表"的 SQL 代码如下：

```
CREATE TABLE IF NOT EXISTS 会计分录表
    (
    序号 INT NOT NULL AUTO_INCREMENT,
    日期 DATE DEFAULT NULL,
    字 VARCHAR (5) DEFAULT NULL,
    号 VARCHAR (4) DEFAULT NULL,
```

```
摘要 VARCHAR (50) DEFAULT NULL,
一级编码 CHAR (4) NOT NULL,
二级编码 CHAR (2) DEFAULT '  ',
三级编码 CHAR (2) DEFAULT '  ',
借方发生 DOUBLE (15,2) DEFAULT 0,
贷方发生 DOUBLE (15,2) DEFAULT 0,
PRIMARY KEY (序号)
);
INSERT INTO 会计分录表 ( 序号, 日期, 字, 号, 摘要, 一级编码, 二级编码, 三级编码, 借方发生, 贷方发生 )
VALUES
    ( 1, '2023-12-01', '记', '1', '向银行借款', '1002', '', '', 2000000.00, 0.00),
    ( 2, '2023-12-01', '记', '1', '向银行借款', '2001', '', '', 0.00, 2000000.00),
    ( 3, '2023-12-03', '记', '2', '购进原材料', '1403', '01', '', 630000.00, 0.00),
    ( 4, '2023-12-03', '记', '2', '购进原材料', '1403', '02', '', 297500.00, 0.00),
    ( 5, '2023-12-03', '记', '2', '购进原材料', '1403', '03', '', 420000.00, 0.00),
    ( 6, '2023-12-03', '记', '2', '购进原材料', '2221', '01', '01', 175175.00, 0.00),
    ( 7, '2023-12-03', '记', '2', '购进原材料', '1002', '', '', 0.00, 1522675.00),
    ( 8, '2023-12-03', '记', '3', '购进固定资产', '1601', '', '', 200000.00, 0.00),
    ( 9, '2023-12-03', '记', '3', '购进固定资产', '2221', '01', '01', 26000.00, 0.00),
    ( 10, '2023-12-03', '记', '3', '购进固定资产', '1002', '', '', 0.00, 226000.00),
    ( 11, '2023-12-04', '记', '4', '购进原材料', '1403', '04', '', 1050000.00, 0.00),
    ( 12, '2023-12-04', '记', '4', '购进原材料', '1403', '05', '', 1960000.00, 0.00),
    ( 13, '2023-12-04', '记', '4', '购进原材料', '1403', '06', '', 1400000.00, 0.00),
    ( 14, '2023-12-04', '记', '4', '购进原材料', '2221', '01', '01', 573300.00, 0.00),
    ( 15, '2023-12-04', '记', '4', '购进原材料', '2202', '02', '', 0.00, 4983300.00),
    ( 16, '2023-12-07', '记', '5', '偿还货款', '2202', '02', '', 4983300.00, 0.00),
    ( 17, '2023-12-07', '记', '5', '偿还货款', '1002', '', '', 0.00, 4983300.00),
    ( 18, '2023-12-08', '记', '6', '生产领用材料', '5001', '01', '', 2340000.00, 0.00),
    ( 19, '2023-12-08', '记', '6', '生产领用材料', '5001', '02', '', 3027500.00, 0.00),
    ( 20, '2023-12-08', '记', '6', '生产领用材料', '1403', '01', '', 0.00, 585000.00),
    ( 21, '2023-12-08', '记', '6', '生产领用材料', '1403', '02', '', 0.00, 297500.00),
    ( 22, '2023-12-08', '记', '6', '生产领用材料', '1403', '03', '', 0.00, 390000.00),
    ( 23, '2023-12-08', '记', '6', '生产领用材料', '1403', '04', '', 0.00, 975000.00),
    ( 24, '2023-12-08', '记', '6', '生产领用材料', '1403', '05', '', 0.00, 1820000.00),
    ( 25, '2023-12-08', '记', '6', '生产领用材料', '1403', '06', '', 0.00, 1300000.00),
    ( 26, '2023-12-14', '记', '7', '支付电费', '5101', '', '', 1500.00, 0.00),
    ( 27, '2023-12-14', '记', '7', '支付电费', '6601', '', '', 1500.00, 0.00),
    ( 28, '2023-12-14', '记', '7', '支付电费', '2221', '01', '01', 390.00, 0.00),
    ( 29, '2023-12-14', '记', '7', '支付电费', '1002', '', '', 0.00, 3390.00),
```

(30, '2023-12-16', '记', '8', '预借差旅费', '1221', '01', '', 3000.00, 0.00),
(31, '2023-12-16', '记', '8', '预借差旅费', '1001', '', '', 0.00, 3000.00),
(32, '2023-12-25', '记', '9', '发放工资', '5001', '01', '', 100000.00, 0.00),
(33, '2023-12-25', '记', '9', '发放工资', '5001', '02', '', 150000.00, 0.00),
(34, '2023-12-25', '记', '9', '发放工资', '5101', '', '', 42980.00, 0.00),
(35, '2023-12-25', '记', '9', '发放工资', '6602', '', '', 65000.00, 0.00),
(36, '2023-12-25', '记', '9', '发放工资', '2211', '', '', 0.00, 357980.00),
(37, '2023-12-31', '记', '10', '计提折旧', '5101', '', '', 2050.00, 0.00),
(38, '2023-12-31', '记', '10', '计提折旧', '1602', '', '', 0.00, 2050.00),
(39, '2023-12-31', '记', '11', '归集制造费用', '5001', '01', '', 18612.00, 0.00),
(40, '2023-12-31', '记', '11', '归集制造费用', '5001', '02', '', 27918.00, 0.00),
(41, '2023-12-31', '记', '11', '归集制造费用', '5101', '', '', 0.00, 46530.00),
(42, '2023-12-31', '记', '12', '结转完工产品成本', '1405', '01', '', 2458612.00, 0.00),
(43, '2023-12-31', '记', '12', '结转完工产品成本', '1405', '02', '', 3205418.00, 0.00),
(44, '2023-12-31', '记', '12', '结转完工产品成本', '5001', '01', '', 0.00, 2458612.00),
(45, '2023-12-31', '记', '12', '结转完工产品成本', '5001', '02', '', 0.00, 3205418.00),
(46, '2023-12-31', '记', '13', '支付广告费', '6601', '', '', 20000.00, 0.00),
(47, '2023-12-31', '记', '13', '支付广告费', '2221', '01', '01', 1200.00, 0.00),
(48, '2023-12-31', '记', '13', '支付广告费', '1002', '', '', 0.00, 21200.00),
(49, '2023-12-31', '记', '14', '销售产品', '1002', '', '', 12927200.00, 0.00),
(50, '2023-12-31', '记', '14', '销售产品', '6001', '01', '', 0.00, 5040000.00),
(51, '2023-12-31', '记', '14', '销售产品', '6001', '02', '', 0.00, 6400000.00),
(52, '2023-12-31', '记', '14', '销售产品', '2221', '01', '02', 0.00, 1487200.00),
(53, '2023-12-31', '记', '15', '结转销售成本', '6401', '01', '', 2294704.53, 0.00),
(54, '2023-12-31', '记', '15', '结转销售成本', '6401', '02', '', 2930667.89, 0.00),
(55, '2023-12-31', '记', '15', '结转销售成本', '1405', '01', '', 0.00, 2294704.53),
(56, '2023-12-31', '记', '15', '结转销售成本', '1405', '02', '', 0.00, 2930667.89),
(57, '2023-12-31', '记', '16', '报销差旅费', '6602', '', '', 2470.00, 0.00),
(58, '2023-12-31', '记', '16', '报销差旅费', '1001', '', '', 530.00, 0.00),
(59, '2023-12-31', '记', '16', '报销差旅费', '1221', '01', '', 0.00, 3000.00),
(60, '2023-12-31', '记', '17', '发放工资', '2211', '', '', 357980.00, 0.00),
(61, '2023-12-31', '记', '17', '发放工资', '1002', '', '', 0.00, 357980.00),
(62, '2023-12-31', '记', '18', '提取短期借款利息', '6603', '', '', 19000.00, 0.00),
(63, '2023-12-31', '记', '18', '提取短期借款利息', '2231', '', '', 0.00, 19000.00),
(64, '2023-12-31', '记', '19', '提取长期借款利息', '6603', '', '', 20503.33, 0.00),
(65, '2023-12-31', '0', '19', '提取长期借款利息', '2501', '02', '', 0.00, 20503.33),
(66, '2023-12-31', '记', '20', '期末结转损益', '6001', '01', '', 5040000.00, 0.00),
(67, '2023-12-31', '记', '20', '期末结转损益', '6001', '02', '', 6400000.00, 0.00),
(68, '2023-12-31', '记', '20', '期末结转损益', '4103', '', '', 0.00, 11440000.00),

(69, '2023-12-31', '记', '21', '期末结转损益', '4103', '', '', 5353845.75, 0.00),
(70, '2023-12-31', '记', '21', '期末结转损益', '6401', '01', '', 0.00, 2294704.53),
(71, '2023-12-31', '记', '21', '期末结转损益', '6401', '02', '', 0.00, 2930667.89),
(72, '2023-12-31', '记', '21', '期末结转损益', '6601', '', '', 0.00, 21500.00),
(73, '2023-12-31', '记', '21', '期末结转损益', '6602', '', '', 0.00, 67470.00),
(74, '2023-12-31', '记', '21', '期末结转损益', '6603', '', '', 0.00, 39503.33),
(75, '2023-12-31', '记', '22', '缴纳所得税', '6801', '', '', 1521538.56, 0.00),
(76, '2023-12-31', '记', '22', '缴纳所得税', '2221', '02', '', 0.00, 1521538.56),
(77, '2023-12-31', '记', '23', '结转所得税费用', '4103', '', '', 1521538.56, 0.00),
(78, '2023-12-31', '记', '23', '结转所得税费用', '6801', '', '', 0.00, 1521538.56),
(79, '2023-12-31', '记', '24', '结转本年利润', '4103', '', '', 4564615.69, 0.00),
(80, '2023-12-31', '记', '24', '结转本年利润', '4104', '01', '', 0.00, 4564615.69),
(81, '2023-12-31', '记', '25', '缴纳增值税', '2221', '01', '03', 711135.00, 0.00),
(82, '2023-12-31', '记', '25', '缴纳增值税', '1002', '', '', 0.00, 711135.00),
(83, '2023-12-31', '记', '26', '提取盈余公积', '4104', '02', '', 456461.57, 0.00),
(84, '2023-12-31', '记', '26', '提取盈余公积', '4104', '03', '', 456461.57, 0.00),
(85, '2023-12-31', '记', '26', '提取盈余公积', '4101', '01', '', 0.00, 456461.57),
(86, '2023-12-31', '记', '26', '提取盈余公积', '4101', '02', '', 0.00, 456461.57),
(87, '2023-12-31', '记', '27', '利润分配明细账户结转', '4104', '01', '', 912923.14, 0.00),
(88, '2023-12-31', '记', '27', '利润分配明细账户结转', '4104', '02', '', 0.00, 456461.57),
(89, '2023-12-31', '记', '27', '利润分配明细账户结转', '4104', '03', '', 0.00, 456461.57);

温馨提示

在手工环境下，会计分录是通过编制纸质记账凭证来完成的，而在流程自动化条件下，会计分录既可以前端人工录入，也可以通过自动化设备扫描导入或网络传入。

⑤查询三基表建表结果。

```
SELECT * FROM 会计科目表;
SELECT SUM(期初借方), SUM(期初贷方) FROM 初始余额表;
SELECT SUM(借方发生), SUM(贷方发生) FROM 会计分录表;
```

可以看到它们分别包含了会计科目、期初余额和本期发生额等会计核算的重要基础数据。

（2）自动生成类似于传统试算平衡表的"一级结账表"，以方便分类账数据查询，并据此生成报表初稿。

此步骤是在前步骤"三基表"基础上，加工出各账户本期借方发生额合计、贷方发生额合计和本期期末余额，是下一步自动生成总分类账、资产负债表和利润表数据的关键环节，可以采用多表联合查询建表的方式来实现。具体步骤如下：

①创建"一级科目表"。

将会计科目表，按一级编码去重查询并建表，得到完整的一级会计科目编码和科目名称的信息，每个会计科目都要保留对应的会计报表表号、行号和项目标记。

创建"一级科目表"的代码如下：

```
CREATE TABLE IF NOT EXISTS 一级科目表 AS
    SELECT DISTINCT 一级编码,一级科目,表号,行号,项目
        FROM 会计科目表 ORDER BY 一级编码;
```

②创建"一级余额表"。

将初始余额表，按一级编码分组求和并查询建表，得到完整的每一个总分类账户的期初借方余额或期初贷方余额数据。

创建"一级余额表"的代码如下：

```
CREATE TABLE IF NOT EXISTS 一级余额表 AS
    SELECT 一级编码,SUM(期初借方) AS 期初借方,SUM(期初贷方) AS 期初贷方
        FROM 初始余额表 GROUP BY 一级编码 ORDER BY 一级编码;
```

③创建"一级分录表"。

将会计分录表，按一级编码分组求和并查询建表，得到完整的每一个总分类账户的本期借方发生额合计和本期贷方发生额合计数据。

创建"一级分录表"的代码如下：

```
CREATE TABLE IF NOT EXISTS 一级分录表 AS
    SELECT 一级编码,SUM(借方发生) AS 借方发生,SUM(贷方发生) AS 贷方发生
        FROM 会计分录表 GROUP BY 一级编码 ORDER BY 一级编码;
```

④创建"一级结账表"。

以"一级科目表"为主表，以各表"一级编码"值相等为匹配条件，将"一级科目表"、"一级余额表"和"一级分录表"进行左外连接查询建表，同时增设"期末借方"和"期末贷方"两个数值型字段，将增设字段初始化为"0.00"。

创建"一级结账表"的代码如下：

```
CREATE TABLE IF NOT EXISTS 一级结账表 AS
    SELECT A.一级编码,A.一级科目,B.期初借方,B.期初贷方,C.借方发生,C.贷方发生,0.00
AS 期末借方,0.00 AS 期末贷方,A.表号,A.行号,A.项目
        FROM 一级科目表 A
    LEFT JOIN 一级余额表 B ON A.一级编码=B.一级编码
    LEFT JOIN 一级分录表 C ON A.一级编码=C.一级编码;
ALTER TABLE 一级结账表 CHANGE 期末借方 期末借方 DOUBLE ( 19, 2 ) DEFAULT 0.00;
ALTER TABLE 一级结账表 CHANGE 期末贷方 期末贷方 DOUBLE ( 19, 2 ) DEFAULT 0.00;
```

⑤对"一级结账表"进行数据清洗。

对"一级结账表"的数值型字段进行数据清洗，即将未设定值（即值为NULL）的字段填充为0.00，这样做的目的是消除数据的不确定性，以确保"一级结账表"中的数据的准确性和一致性，避免因数据缺失或不一致而导致的潜在问题。

"一级结账表"数据清洗的代码如下：

```
UPDATE 一级结账表 SET 期初借方=0.00 WHERE 期初借方 IS NULL;
UPDATE 一级结账表 SET 期初贷方=0.00 WHERE 期初贷方 IS NULL;
UPDATE 一级结账表 SET 借方发生=0.00 WHERE 借方发生 IS NULL;
UPDATE 一级结账表 SET 贷方发生=0.00 WHERE 贷方发生 IS NULL;
```

⑥计算"一级结账表"中期末余额。

分别更新"一级结账表"中每一个总分类账户的期末余额，具体操作是基于各账户的期初借、贷方余额和本期的借、贷方发生额来计算。

当（期初借方−期初贷方+借方发生−贷方发生）>0时，更新期末借方余额：

期末借方余额= 期初借方余额−期初贷方余额 + 本期借方发生额−本期贷方发生额

当（期初借方−期初贷方+借方发生−贷方发生）<0时，更新期末贷方余额：

期末贷方余额=期初贷方余额−期初借方余额 + 本期贷方发生额−本期借方发生额

计算期末余额的代码如下：

```
UPDATE 一级结账表 SET 期末借方=期初借方-期初贷方+借方发生-贷方发生
    WHERE (期初借方-期初贷方+借方发生-贷方发生 )>0;
UPDATE 一级结账表 SET 期末贷方=期初贷方-期初借方+贷方发生-借方发生
    WHERE (期初借方-期初贷方+借方发生-贷方发生 )<0;
```

运行以上命令，将自动生成一级结账表，它是编制会计报表的重要数据源，同时是查询总账信息的重要数据源，它体现了复式记账法下完整的账户结构，相当于传统账务流程中的"试算平衡表"。

运行以下命令则可查询"试算平衡表"：

```
SELECT 一级科目,
    期初借方,期初贷方,
    借方发生,贷方发生,
    期末借方,期末贷方
    FROM AccountingDB.一级结账表
    WHERE
        期初借方 <> 0 OR 期初贷方 <> 0 OR
        借方发生 <> 0 OR 贷方发生 <> 0 OR
        期末借方 <> 0 OR 期末贷方 <> 0
UNION
SELECT '合计' AS 一级科目,
    SUM(期初借方), SUM(期初贷方),
    SUM(借方发生), SUM(贷方发生),
    SUM(期末借方), SUM(期末贷方)
    FROM AccountingDB.一级结账表;
```

执行结果：

一级科目	期初借方	期初贷方	借方发生	贷方发生	期末借方	期末贷方
库存现金	35000.00	0.00	530.00	3000.00	32530.00	0.00
银行存款	6000000.00	0.00	14927200.00	7825680.00	13101520.00	0.00
其他应收款	0.00	0.00	3000.00	3000.00	0.00	0.00
原材料	5411500.00	0.00	5757500.00	5367500.00	5801500.00	0.00
库存商品	0.00	0.00	5664030.00	5225372.42	438657.58	0.00
固定资产	200000.00	0.00	200000.00	0.00	400000.00	0.00
累计折旧	0.00	0.00	0.00	2050.00	0.00	2050.00
短期借款	0.00	1800000.00	0.00	2000000.00	0.00	3800000.00
应付账款	0.00	0.00	4983300.00	4983300.00	0.00	0.00
应付职工薪酬	0.00	0.00	357980.00	357980.00	0.00	0.00
应交税费	0.00	0.00	1487200.00	3008738.56	0.00	1521538.56
应付利息	0.00	0.00	0.00	19000.00	0.00	19000.00
长期借款	0.00	3075500.00	0.00	20503.33	0.00	3096003.33
实收资本	0.00	4050000.00	0.00	0.00	0.00	4050000.00
资本公积	0.00	1101000.00	0.00	0.00	0.00	1101000.00
盈余公积	0.00	1620000.00	0.00	912923.14	0.00	2532923.14
本年利润	0.00	0.00	11440000.00	11440000.00	0.00	0.00
利润分配	0.00	0.00	1825846.28	5477538.83	0.00	3651692.55
生产成本	0.00	0.00	5664030.00	5664030.00	0.00	0.00
制造费用	0.00	0.00	46530.00	46530.00	0.00	0.00
主营业务收入	0.00	0.00	11440000.00	11440000.00	0.00	0.00
主营业务成本	0.00	0.00	5225372.42	5225372.42	0.00	0.00
销售费用	0.00	0.00	21500.00	21500.00	0.00	0.00
管理费用	0.00	0.00	67470.00	67470.00	0.00	0.00
财务费用	0.00	0.00	39503.33	39503.33	0.00	0.00
所得税费用	0.00	0.00	1521538.56	1521538.56	0.00	0.00
合计	11646500.00	11646500.00	70672530.59	70672530.59	19774207.58	19774207.58

注：本案例只显示了期初或期末余额和本期发生额不为"0"的行。

温馨提示

一级结账表，类似于传统的试算平衡表，表中包含了完整的关于每个一级科目下的账户信息，即每个总分类账户的期初余额、本期发生额和期末余额信息。该表如果按照总分类账户格式打印输出，就可以得到一套完整的总分类账簿。

我们还可以按照一级结账表生成流程的原理，加上二级编码和二级科目信息，同理可以生成二级结账表，表中应包含二级核算的所有内容。

其他各级核算内容也同理可得。

⑦创建"报表初稿"。

将"一级结账表"的记录中数值型字段值按表号和行号分组求和查询建表，可得到报表初稿，其中包含了生成资产负债表和利润表所需的数据。

创建"报表初稿"的代码如下：

```
CREATE TABLE IF NOT EXISTS 报表初稿 AS
    SELECT 表号,项目,行号,
        SUM(期初借方) AS 期初借方,
        SUM(期初贷方) AS 期初贷方,
        SUM(借方发生) AS 借方发生,
        SUM(贷方发生) AS 贷方发生,
        SUM(期末借方) AS 期末借方,
        SUM(期末贷方) AS 期末贷方
        FROM 一级结账表
        GROUP BY 表号,行号,项目
        ORDER BY 表号,行号;
```

（3）基于"报表初稿"，自动生成资产负债表。

基于"报表初稿"自动生成资产负债表是一个系统化和结构化的过程，旨在从初步的会计数据中提取、整合相关数据，并展示为完整的资产负债表。

①生成资产负债表中资产部分的步骤如下：

A.筛选各流动资产项目数据。

从"报表初稿"中筛选出表号为"1"且行号小于12的记录作为流动资产。

对筛选出的流动资产条目，分别提取其期初和期末数，并将结果列示于资产负债表中相应的流动资产项目下。

B.聚合流动资产项目合计。

使用聚合函数，对"报表初稿"中，表号为"1"且行号小于12的所有流动资产项目数据进行汇总，计算出期初和期末的合计数，并标注为"流动资产合计"，在资产负债表第12行列示。

C.筛选各非流动资产项目数据。

选择"报表初稿"中，表号为"1"且行号在13至27范围内的记录作为非流动资产，提取其期初和期末数，并在资产负债表中作为非流动资产项目列示。

D.聚合非流动资产项目合计。

使用聚合函数，汇总"报表初稿"中，表号为"1"且行号在13至27之间的所有非流动资产项目数据，计算其期初和期末的合计数，并在资产负债表第28行作为"非流动资产合计"项目列示。

E.聚合资产项目总计。

使用聚合函数，汇总"报表初稿"中所有资产条目（表号为"1"且行号小于29的记录），计算出资产总额的期初和期末数，并在资产负债表第29行列示为"资产总计"。

②生成资产负债表"负债和所有者权益"项目的步骤如下：

A.筛选各流动负债项目数据。

从"报表初稿"中，选取表号为"1"、行号在30至41范围内的记录作为流动负债，并提取其期初和期末数，在资产负债表中列示。

B.聚合流动负债项目合计。

使用聚合函数，汇总"报表初稿"中，表号为"1"且行号在30至41之间的所有流动负债项目，计算期初和期末的总额，并标注为"流动负债合计"，在资产负债表第42行列示。

C.筛选各非流动负债项目数据。

选择"报表初稿"中，表号为"1"且行号在43至49范围内的记录作为非流动负债，并提取其期初和期末数，在资产负债表中列示。

D.聚合非流动负债项目合计。

汇总"报表初稿"中，表号为"1"且行号在43至49之间的所有非流动负债项目，计算其期初和期末总额，并在资产负债表第50行作为"非流动负债合计"项目列示。

E.聚合负债项目合计。

将"报表初稿"中所有负债项目（表号为"1"且行号在30至49之间）汇总，计算负债总额的期初和期末数，并标注为"负债合计"在资产负债表第51行列示。

F.筛选所有者权益项目数据。

选取"报表初稿"中表号为"1"且行号在52至58范围内的记录作为所有者权益，并提取其期初和期末数，在资产负债表第59行列示。

G.聚合所有者权益项目合计。

汇总"报表初稿"中，表号为"1"且行号在52至58之间的所有者权益项目，计算其期初和期末总额，并标注为"所有者权益（或股东权益）合计"，在资产负债表第59行列示。

H.聚合负债和所有者权益总计。

将"报表初稿"中负债和所有者权益部分合并，汇总表号为"1"且行号在30至58之间的所有项目，计算总的期初和期末数，并在资产负债表第59行列示为"负债和所有者权益（或股东权益）合计"。

自动生成资产负债表的具体代码如下：

```
CREATE TABLE IF NOT EXISTS 资产负债表 AS
    SELECT 项目,行号,(期初借方-期初贷方) AS 期初数,(期末借方-期末贷方) AS 期末数
        FROM 报表初稿
        WHERE 表号='1' AND 行号<12
    UNION
    SELECT '流动资产合计' AS 项目,12 AS 行号,
        SUM(期初借方-期初贷方) AS 期初数, SUM(期末借方-期末贷方) AS 期末数
        FROM 报表初稿
        WHERE 表号='1' AND 行号<12
    UNION
    SELECT 项目,行号,(期初借方-期初贷方) AS 期初数,(期末借方-期末贷方) AS 期末数
        FROM 报表初稿
        WHERE 表号='1' AND 行号<29 AND 行号>12
    UNION
    SELECT '非流动资产合计' AS 项目,28 AS 行号,
        SUM(期初借方-期初贷方) AS 期初数, SUM(期末借方-期末贷方) AS 期末数
```

```
    FROM 报表初稿
    WHERE 表号='1' AND 行号<29 AND 行号>12
UNION
SELECT '资 产 总 计' AS 项目,29 AS 行号,
    SUM(期初借方-期初贷方) AS 期初数, SUM(期末借方-期末贷方) AS 期末数
    FROM 报表初稿
    WHERE 表号='1' AND 行号<29
 UNION
 SELECT 项目,行号,(期初贷方-期初借方) AS 期初数,(期末贷方-期末借方) AS 期末数
    FROM 报表初稿
    WHERE 表号='1' AND 行号>=30 AND 行号<42
UNION
SELECT '流动负债合计' AS 项目,42 AS 行号,
    SUM(期初贷方-期初借方) AS 期初数, SUM(期末贷方-期末借方) AS 期末数
    FROM 报表初稿
    WHERE 表号='1' AND 行号>=30 AND 行号<42
UNION
SELECT 项目,行号,(期初贷方-期初借方) AS 期初数,(期末贷方-期末借方) AS 期末数
    FROM 报表初稿
    WHERE 表号='1' AND 行号>=43 AND 行号<50
UNION
SELECT '非流动负债合计' AS 项目,50 AS 行号,
    SUM(期初贷方-期初借方) AS 期初数, SUM(期末贷方-期末借方) AS 期末数
    FROM 报表初稿
    WHERE 表号='1' AND 行号>=43 AND 行号<50
 UNION
 SELECT '负债合计' AS 项目,51 AS 行号,
    SUM(期初贷方-期初借方) AS 期初数, SUM(期末贷方-期末借方) AS 期末数
    FROM 报表初稿
    WHERE 表号='1' AND 行号>=30 AND 行号<50
UNION
SELECT 项目,行号,(期初贷方-期初借方) AS 期初数,(期末贷方-期末借方) AS 期末数
    FROM 报表初稿
    WHERE 表号='1' AND 行号>=52 AND 行号<59
UNION
SELECT '所有者权益(或股东权益)合计' AS 项目,59 AS 行号,
    SUM(期初贷方-期初借方) AS 期初数, SUM(期末贷方-期末借方) AS 期末数
    FROM 报表初稿
    WHERE 表号='1' AND 行号>=52 AND 行号<59
```

UNION

SELECT '负债和所有者权益(或股东权益)合计' AS 项目,60 AS 行号,

　　SUM(期初贷方-期初借方) AS 期初数, SUM(期末贷方-期末借方) AS 期末数

　　FROM 报表初稿

　　WHERE 表号='1' AND 行号>=30 AND 行号<59;

运行以上命令，资产负债表便可自动生成。

温馨提示

　　为演示SQL数据处理的灵活性，本教材借用本企业12月期初余额作为资产负债表期初数的数据源，而期末数，是12月份的月末数，资产负债表演示的是月报数据。而在实际工作中，应严格遵循现行会计准则和企业会计制度。

　　运行以下命令则可随时查询输出资产负债表（为节省页面，本案例只显示期初、期末数不为"0"的项目行）：

输入命令：

SELECT * FROM 资产负债表 WHERE 期初数<>0 OR 期末数<>0 ;

执行结果：

项目	行号	期初数	期末数
货币资金	1	6035000.00	13134050.00
存货	8	5411500.00	6240157.58
流动资产合计	12	11446500.00	19374207.58
固定资产	18	200000.00	397950.00
非流动资产合计	28	200000.00	397950.00
资产总计	29	11646500.00	19772157.58
短期借款	30	1800000.00	3800000.00
应交税费	37	0.00	1521538.56
其他应付款	38	0.00	19000.00
流动负债合计	42	1800000.00	5340538.56
长期借款	43	3075500.00	3096003.33
非流动负债合计	50	3075500.00	3096003.33
负债合计	51	4875500.00	8436541.89
实收资本或股本	52	4050000.00	4050000.00
资本公积	54	1101000.00	1101000.00
盈余公积	57	1620000.00	2532923.14
未分配利润	58	0.00	3651692.55
所有者权益(或股东权益)合计	59	6771000.00	11335615.69
负债和所有者权益(或股东权益)合计	60	11646500.00	19772157.58

（4）基于"报表初稿"，自动生成利润表。

　　基于"报表初稿"自动生成利润表的过程涉及对"报表初稿"中，涉及损益类会计科目的特定条目的提取、计算，以及合计项的汇总的过程。生成利润表的步骤如下：

①筛选营业收入及成本项目。

从"报表初稿"中筛选出表号为"2"且行号小于13的记录，提取其借方发生额或贷方发生额标注为"本期数"，并将这些项目列示于利润表中相应的营业收入及成本费用项目下。

②聚合营业收入及成本项目计算营业利润。

首先计算营业总收入，包括"报表初稿"中表号为"2"且行号为1、8、9、11、12的贷方发生额之和。

接着计算营业总成本，即"报表初稿"中表号为"2"且行号在2至7之间的借方发生额之和。

营业利润是营业总收入减去营业总成本，在利润表中列示在"二、营业利润"项目下。

③筛选营业外收入及支出项目。

从"报表初稿"中筛选出表号为"2"且行号在14至17范围内的记录，提取其贷方发生额或借方发生额标注为"本期数"，并将这些条目列示于利润表中相应的营业外收入及营业外支出项目下。

④计算利润总额。

利润总额基于营业利润计算，加上"报表初稿"中表号为"2"且行号为14的营业外收入贷方发生额，再减去表号为"2"且行号为16的营业外支出借方发生额，列示为利润表中"三、利润总额"项目下。

⑤筛选所得税费用项目。

从"报表初稿"中筛选出表号为"2"且行号为19的记录，提取其借方发生额标注为"所得税费用"，并将其列示于利润表中相应的所得税费用项目下。

⑥计算净利润。

净利润基于利润总额计算，再减去"报表初稿"中表号为"2"且行号为19的所得税费用借方发生额，列示为利润表的"四、净利润"项目下。

通过上述步骤，可以从"报表初稿"中提取关键数据，进行必要的计算，并构建出完整的利润表。这一过程确保了利润表的准确性和完整性，为进一步的财务分析和决策提供了重要的数据支持。

自动生成利润表的具体代码如下：

```
CREATE TABLE IF NOT EXISTS 利润表 AS
SELECT 项目,行号,借方发生 AS 本期数
    FROM 报表初稿
    WHERE 表号='2' AND 行号<13
UNION
SELECT "二、营业利润" AS 项目 , 13 AS 行号,
(SELECT
    (SELECT SUM(贷方发生)
        FROM 报表初稿
        WHERE 表号='2' AND (行号=1 OR 行号=8 OR 行号=9 OR 行号=11 OR 行号=12))
    -
    (SELECT SUM(借方发生)
```

```
            FROM 报表初稿
            WHERE 表号='2' AND (行号>1 AND 行号<8))) AS 本期数
            FROM  报表初稿
UNION
SELECT 项目,行号, 借方发生 AS 本期数
    FROM 报表初稿
    WHERE 表号='2' AND (行号>13 AND 行号<18)
UNION
SELECT "三、利润总额" AS 项目 , 18 AS 行号,
(SELECT
    (SELECT SUM(贷方发生)
        FROM 报表初稿
        WHERE 表号='2' AND (行号=1 OR 行号=8 OR 行号=9 OR 行号=11 OR 行号=12))
    -
    (SELECT SUM(借方发生)
        FROM 报表初稿
        WHERE 表号='2' AND (行号>1 AND 行号<8))
    +
    (SELECT SUM(借方发生)
        FROM 报表初稿
        WHERE 表号='2' AND 行号=14)
    -
    (SELECT SUM(借方发生)
        FROM 报表初稿
        WHERE 表号='2' AND 行号=16)) AS 本期数
        FROM  报表初稿
UNION
SELECT 项目,行号, 借方发生 AS 本期数
    FROM 报表初稿
    WHERE 表号='2' AND 行号=19
UNION
SELECT "四、净利润" AS 项目 , 20 AS 行号,
(SELECT
    (SELECT SUM(贷方发生)
        FROM 报表初稿
        WHERE 表号='2' AND (行号=1 OR 行号=8 OR 行号=9 OR 行号=11 OR 行号=12))
    -
    (SELECT SUM(借方发生)
        FROM 报表初稿
```

```
        WHERE 表号='2' AND (行号>1 AND 行号<8))
+
(SELECT SUM(借方发生)
        FROM 报表初稿
        WHERE 表号='2' AND 行号=14)
-
(SELECT SUM(借方发生)
        FROM 报表初稿
        WHERE 表号='2' AND 行号=16)
-
(SELECT SUM(借方发生)
        FROM 报表初稿
        WHERE 表号='2' AND 行号=19)) AS 本期数
        FROM 报表初稿
```

运行以上命令，利润表便可自动生成。

运行以下命令则可实现利润表的查询输出：

```
SELECT * FROM 利润表;
```

执行结果：

项目	行号	本期数
一、营业收入	1	11440000.00
减：营业成本	2	5225372.42
税金及附加	3	0.00
销售费用	4	21500.00
管理费用	5	67470.00
财务费用	6	39503.33
资产减值损失	7	0.00
加：公允价值变动损益(损失以"-"号填列)	8	0.00
投资损益(损失以"-"号填列)	9	0.00
其中：对联营企业和合营企业的投资收益	10	0.00
资产处置收益(损失以"-"号填列)	11	0.00
其他收益	12	0.00
二、营业利润	13	6086154.25
加：营业外收入	14	0.00
减：营业外支出	16	0.00
三、利润总额	18	6086154.25
减：所得税费用	19	1521538.56
四、净利润	20	4564615.69

通过上述步骤，可以从"报表初稿"中提取和整合关键数据，构建出完整的资产负债表和利润表，这为进一步财务分析和财务报告提供了可靠的数据支持。

本章小结

本章介绍了在数据库环境下会计核算流程的再造，特别强调了SQL技术在实现会计核算自动化过程中的关键作用，回顾会计核算从建账到结账、编制财务报表的全过程，并分析如何通过SQL操作实现每一个步骤，不仅使学生掌握了数据库管理和SQL技术的具体应用，更重要的是展示了会计信息对企业管理决策的支持作用。

同时，特别关注了会计科目表、初始余额表和会计分录表的设计与管理，阐述了如何利用SQL处理会计数据，并将会计科目与财务报表项目关联起来。通过案例展示了SQL在提取、汇总会计数据中的实际应用，以及它如何自动生成资产负债表和利润表，进一步体现了数据库技术在提高会计工作效率和准确性方面的重要价值。

本章命令文本

序号	名称	命令文本二维码
1	SQL会计核算流程实现	

练习与思考

一、选择题

1.在SQL中，用于更新表中数据的命令是（　　）。

A. INSERT B. UPDATE C. MODIFY D. ALTER

2.（　　）命令可以用来删除数据库中的表。

A. REMOVE TABLE B. DELETE TABLE C. DROP TABLE D. ERASE TABLE

3.在会计分录表中，每条会计分录应满足的原则是（　　）。

A. 借方大于贷方 B. 贷方大于借方 C. 借方等于贷方 D. 借方和贷方任意

4.SQL中用于查询表中数据的命令是（　　）。

A. SELECT B. FIND C. QUERY D. SEARCH

5.创建新表时，指定列名和数据类型的命令是（　　）。

A. CREATE COLUMN B. ADD COLUMN C. DEFINE COLUMN D. CREATE TABLE

二、填空题

1.在SQL中，_____命令用于创建新的数据库。

2.删除表中所有数据但保留表结构，应使用_____命令。

3.在会计分录表中，插入新记录通常使用_____命令。

4.要更改表结构，如添加新列，应使用_____命令。

5.查询表中特定数据，常用_____命令并配合WHERE子句。

三、判断题

1.SQL中的DROP TABLE命令用于删除整个表及其数据。　　　　　　　　（　　）

2.在会计系统中，每笔交易的借方金额和贷方金额不必相等。　　　　　　（　　）

3.使用 ALTER TABLE 命令可以修改已存在的表的数据。　　　　　　　　（　　）

4.SELECT 命令可以用来插入、更新或删除表中的数据。　　　　　　　（　　）

5.创建数据库表时，不需要指定每列的数据类型。　　　　　　　　　　（　　）

四、实操题

练习 1：创建会计相关数据表

创建名为"FinancialDB"的数据库。

在"FinancialDB"中创建"AccountTitles"（会计科目表）、"InitialBalances"（初始余额表）和"AccountingEntries"（会计分录表）。

练习 2：数据录入和查询

向"AccountTitles"表中插入至少 5 个科目。

查询"AccountTitles"表中所有科目名称。

练习 3：更新和删除数据

更新"InitialBalances"表中某一科目的期初余额。

删除"AccountingEntries"表中某一条不正确的会计分录。

五、思考题

1.讨论数据库在会计信息系统中的作用和优势。

2.分析如何通过 SQL 语句实现会计数据的完整性和准确性保证。

第9章
基于SQL的财务分析

本章重点

财务分析的核心概念：掌握财务分析中财务效率的基本理论和方法，并进行偿债能力、营运能力、盈利能力和发展能力等方面的分析。

SQL语言在处理财务数据中的独特优势：认识SQL在筛选、整合、聚合和多表连接等操作中的强大功能，以及其在财务数据分析中的应用价值。

运用SQL进行高效的数据筛选、整合、聚合和多表连接：通过实际操作，学会使用SQL命令对财务数据进行有效管理和分析，提升数据处理能力。

SQL在财务分析中的实际应用：通过案例学习，会应用SQL进行财务分析指标计算，实施包括但不限于财务比率分析、趋势分析、预算编制和财务预测等。

本章难点

财务比率：财务比率是衡量企业财务状况和经营成果的重要工具，理解各种财务比率的含义及其计算方法是本章的一个难点。

SQL在复杂财务数据处理中的应用：如何运用SQL进行复杂的数据查询、分析和报告生成，特别是在多表连接、子查询和窗口函数等高级功能的应用。

财务数据的逻辑关系和整合分析：在财务分析中，经常需要将来自不同财务报表的数据进行整合分析，理解数据之间的逻辑关系，并能通过SQL语句实现数据的有效整合。

实际案例的应用分析：将理论知识应用到实际的财务分析中，通过案例学习深化理解，解决实际工作中的财务问题。

思政要点

培养财务思维和创新能力：通过学习SQL在财务分析中的应用，强调财务分析对企业决策的重要支持作用，培养学生的财务思维、批判性思维和创新能力。

认识财务分析的社会影响：让学生理解财务分析在评估企业经济效益、指导企业发展战略中的重要性，以及其对社会经济发展的贡献。

企业财务分析是对企业财务报表和相关数据进行深入的分析和解读。它包括但不限于对企业偿债能力、盈利能力、营运能力和发展能力等财务效率的评估，也涉及运用杜邦财务分析体系等工具来进行的企业财务综合分析。财务分析对于理解和评估企业的财务状况、经营成果和未来前景至关重要。

在现代商业社会中，财务分析能力已经成为企业决策者、投资者、债权人和利益相关者必备的核心能力。对于企业而言，财务分析能力的重要性主要体现在以下几个方面：

（1）评估企业的财务状况和经营业绩：通过财务效率分析，企业能够了解自身的偿债能力、营运能力、盈利能力、发展能力和现金流量状况，从而全面评估企业的财务状况和经营业绩。这有助于企业决策者制定更加科学合理的经营策略和管理方式。

（2）揭示企业的经营风险和机会：财务分析不仅关注企业的财务状况，还能够揭示企业的经营风险和潜在机会。通过深入分析企业的财务报表和相关数据，能够发现企业潜在的经营风险和机会，从而更好地制定战略规划，抓住市场机遇。

（3）提升企业的竞争优势：在竞争激烈的市场环境中，具备财务分析能力能够帮助企业更好地理解自身的经营状况和行业趋势，从而制定更加有针对性的竞争策略。通过优化财务管理和经营策略，企业能够提升自身的竞争优势，实现可持续发展。

（4）促进企业的决策科学化：财务分析为企业决策者提供了一种科学、量化的决策支持工具。通过财务分析，决策者能够更加准确地评估企业的财务状况和经营绩效，从而作出更加科学合理的决策。这有助于提高企业的决策效率和效果，促进企业的长期发展。

总之，财务分析能力对于企业而言具有重要的作用。学习和掌握财务分析能力，可以更好地理解和评估企业的经营状况和发展前景，为企业制定更加科学合理的经营策略和管理方式提供支持。

9.1　收集整理企业财报数据

本章用于财务分析的基础数据来源是比亚迪股份有限公司（简称"比亚迪"）2021—2022年度财报，见表9-1至表9-3。（说明：由于比亚迪财报数据较多，为节省篇幅并便于读者查阅，在不影响后续财务分析指标计算的前提下，我们仅提取并展示部分关键数据）

表9-1　　　　　　　　　比亚迪财报数据表（资产负债表数据）　　　　　　单位：亿元

日期	2022-12-31	2021-12-31
货币资金	514.70	504.60
交易性金融资产	206.30	56.06
应收账款	388.30	362.50
应收款项融资	128.90	87.43
预付款项	82.24	20.37
其他应收款	19.10	14.11
存货	791.10	433.50
合同资产	135.50	84.93
一年内到期的非流动资产	10.53	12.32
其他流动资产	131.40	85.25

日 期	2022-12-31	2021-12-31
流动资产其他项目	10.53	12.32
流动资产合计	2 408.00	1 661.00
长期应收款	11.19	11.70
非流动资产合计	2 531.00	1 297.00
资产总计	4 939.00	2 958.00
短期借款	51.53	102.00
交易性金融负债	0.5461	—
应付票据及应付账款	1 438.00	804.90
预收款项	—	130.00
合同负债	355.20	149.30
应付职工薪酬	120.40	58.49
应交税费	43.26	17.79
其他应付款	1 221.00	413.50
预计流动负债	12.87	23.56
一年内到期的非流动负债	64.65	129.80
其他流动负债	26.15	13.59
流动负债合计	3333.00	1 713.00
长期借款	75.94	87.44
应付债券	—	20.46
租赁负债	26.17	14.15
递延所得税负债	20.19	6.096
其他非流动负债	269.00	74.17
非流动负债合计	391.30	202.30
负债合计	3 725.00	1 915.00
实收资本（或股本）	29.11	29.11
资本公积	617.10	608.10
减：库存股	18.10	—
其他综合收益	4.283	-1.241
专项储备	0.1208	0.1037
盈余公积	68.39	50.09
未分配利润	409.40	264.60
归属于母公司的股东权益总计	1 110.00	950.70
少数股东权益	103.60	91.75
股东权益合计	1 214.00	1 042.00
负债和股东权益总计	4 939.00	2 958.00

表 9-2　　　　　　　　　比亚迪财报数据表（利润表数据）　　　　　　单位：亿元

日 期	2022-12-31	2021-12-31
营业总收入	4 241.00	2 161.00
营业收入	4 241.00	2 161.00
营业总成本	4 012.00	2 126.00
营业成本	3 518.00	1 880.00
研发费用	186.50	79.91
税金及附加	72.67	30.35
销售费用	150.60	60.82
管理费用	100.10	57.10
财务费用	-16.18	17.87
其中：利息费用	13.16	19.08
其中：利息收入	18.30	6.318
其他经营收益		
加：公允价值变动收益	1.261	0.4736
投资收益	-7.919	-0.5713
其中：对联营企业和合营企业的投资收益	-6.859	-1.453
资产处置收益	-0.1084	0.7707
资产减值损失（新）	-13.86	-8.575
信用减值损失（新）	-9.895	-3.881
其他收益	17.21	22.70
营业利润	215.40	46.32
加：营业外收入	5.27	3.377
减：营业外支出	9.891	4.516
利润总额	210.80	45.18
减：所得税费用	33.67	5.507
净利润	177.10	39.67
（一）按经营持续性分类		
持续经营净利润	177.10	39.67
（二）按所有权归属分类		
归属于母公司股东的净利润	166.20	30.45
少数股东损益	10.91	9.221
扣除非经常性损益后的净利润	156.40	12.55
每股收益		
基本每股收益	5.71	1.06
稀释每股收益	5.71	1.06
其他综合收益	5.462	4.278
归属于母公司股东的其他综合收益	5.524	4.32
归属于少数股东的其他综合收益	-0.6157	-0.4245
综合收益总额	182.60	43.95
归属于母公司股东的综合收益总额	171.70	34.77
归属于少数股东的综合收益总额	10.84	9.178

表 9-3   比亚迪财报数据表（现金流量表数据）   单位：亿元

日期	2022-12-31	2021-12-31
经营活动产生的现金流量		
销售商品、提供劳务收到的现金	4 132.00	2 027.00
收到的税收返还	76.28	48.55
收到其他与经营活动有关的现金	205.40	58.97
经营活动现金流入小计	4 414.00	2 134.00
购买商品、接受劳务支付的现金	2 208.00	1 044.00
支付给职工以及为职工支付的现金	535.20	287.60
支付的各项税费	185.40	78.05
支付其他与经营活动有关的现金	76.43	69.88
经营活动现金流出小计	3 005.00	1 480.00
经营活动产生的现金流量净额	1 408.00	654.70
投资活动产生的现金流量		
收回投资收到的现金	0.1378	—
取得投资收益收到的现金	1.293	2.039
处置固定资产、无形资产和其他长期资产收回的现金净额	2.682	8.264
处置子公司及其他营业单位收到的现金	—	2.223
收到其他与投资活动有关的现金	128.00	114.70
投资活动现金流入的其他项目	0.958	—
投资活动现金流入小计	133.10	127.20
购建固定资产、无形资产和其他长期资产支付的现金	974.60	373.40
投资支付的现金	105.70	35.27
支付其他与投资活动有关的现金	258.80	172.60
投资活动现金流出小计	1 339.00	581.30
投资活动产生的现金流量净额	-1 206.00	-4 540.00
筹资活动产生的现金流量		
吸收投资收到的现金	5.076	373.10
取得借款收到的现金	276.40	328.70
收到其他与筹资活动有关的现金	30.31	—
筹资活动现金流入小计	311.80	701.90
偿还债务所支付的现金	440.50	498.80
分配股利、利润或偿付利息支付的现金	16.33	26.19
其中：子公司支付给少数股东的股利、利润	0.7946	1.859
支付其他与筹资活动有关的现金	49.82	5.255
筹资活动现金流出的其他项目	—	11.00
筹资活动现金流出小计	506.60	541.20
筹资活动产生的现金流量净额	-1 949.00	160.60
汇率变动对现金及现金等价物的影响	6.096	-0.4385
现金及现金等价物净增加额	13.63	360.80
加：期初现金及现金等价物余额	498.20	137.40
期末现金及现金等价物余额	511.80	498.20

9.2　创建数据库及财报数据表

9.2.1　创建财报数据库

（1）创建数据库：

CREATE DATABASE 比亚迪财务报表;

（2）使用数据库：

USE 比亚迪财务报表;

9.2.2　创建资产负债表

（1）创建资产负债表结构：

CREATE TABLE 资产负债表

(

'日期' varchar(255) ,

'货币资金' varchar(255) ,

'交易性金融资产' varchar(255) ,

'应收账款' varchar(255) ,

'应收款项融资' varchar(255) ,

'预付款项' varchar(255) ,

'其他应收款合计' varchar(255) ,

'存货' varchar(255) ,

'合同资产' varchar(255) ,

'一年内到期的非流动资产' varchar(255) ,

'其他流动资产' varchar(255) ,

'流动资产其他项目' varchar(255) ,

'流动资产合计' varchar(255) ,

'长期应收款' varchar(255) ,

'非流动资产合计' varchar(255) ,

'资产总计' varchar(255) ,

'短期借款' varchar(255) ,

'交易性金融负债' varchar(255) ,

'应付票据及应付账款' varchar(255) ,

'预收款项' varchar(255) ,

'合同负债' varchar(255) ,

'应付职工薪酬' varchar(255) ,

'应交税费' varchar(255) ,

'其他应付款' varchar(255) ,

'预计流动负债' varchar(255) ,

'一年内到期的非流动负债' varchar(255) ,

'其他流动负债' varchar(255) ,

```
'流动负债合计' varchar(255),
'长期借款' varchar(255),
'应付债券' varchar(255),
'租赁负债' varchar(255),
'递延所得税负债' varchar(255),
'其他非流动负债' varchar(255),
'非流动负债合计' varchar(255),
'负债合计' varchar(255),
'实收资本(或股本)' varchar(255),
'资本公积' varchar(255),
'减:库存股' varchar(255),
'其他综合收益' varchar(255),
'专项储备' varchar(255),
'盈余公积' varchar(255),
'未分配利润' varchar(255),
'归属于母公司的股东权益总计' varchar(255),
'少数股东权益' varchar(255),
'股东权益合计' varchar(255),
'负债和股东权益总计' varchar(255)
);
```

（2）插入比亚迪资产负债表 2021 年至 2022 年年报数据（分析人员可以控制分析精度，本书以下四舍五入保留两位小数）：

```
INSERT INTO 资产负债表 VALUES ('2022/12/31', '514.70', '206.30', '388.30', '128.90', '82.24', '19.10', '791.10', '135.50', '10.53', '131.40', '10.53', '2408.00', '11.19', '2531.00', '4939.00', '51.53', '0.55', '1438.00', ' -- ', '355.20', '120.40', '43.26', '1221.00', '12.87', '64.65', '26.15', '3333.00', '75.94', '--', '26.17', '20.19', '269.00', '391.30', '3725.00', '29.11', '617.10', '18.10', '4.28', '0.12', '68.39', '409.40', '1110.00', '103.60', '1214.00', '4939.00');
INSERT INTO 资产负债表 VALUES ('2021/12/31', '504.60', '56.06', '362.50', '87.43', '20.37', '14.11', '433.50', '84.93', '12.32', '85.25', '12.32', '1661.00', '11.70', '1297.00', '2958.00', '102.00', ' -- ', '804.90', '130.00', '149.30', '58.49', '17.79', '413.50', '23.56', '129.80', '13.59', '1713.00', '87.44', '20.46', '14.15', '6.10', '74.17', '202.30', '1915.00', '29.11', '608.10', '--', '(1.24)', '0.10', '50.09', '264.60', '950.70', '91.75', '1042.00', '2958.00');
```

9.2.3 创建利润表

（1）创建利润表结构：

```
CREATE TABLE 利润表
(
'日期' varchar(255),
'营业总收入' varchar(255),
'营业收入' varchar(255),
```

```
'营业总成本' varchar(255),
'营业成本' varchar(255),
'研发费用' varchar(255),
'税金及附加' varchar(255),
'销售费用' varchar(255),
'管理费用' varchar(255),
'财务费用' varchar(255),
'其中:利息费用' varchar(255),
'其中:利息收入' varchar(255),
'其他经营收益' varchar(255),
'加:公允价值变动收益' varchar(255),
'投资收益' varchar(255),
'其中:对联营企业和合营企业的投资收益' varchar(255),
'资产处置收益' varchar(255),
'资产减值损失(新)' varchar(255),
'信用减值损失(新)' varchar(255),
'其他收益' varchar(255),
'营业利润' varchar(255),
'加:营业外收入' varchar(255),
'减:营业外支出' varchar(255),
'利润总额' varchar(255),
'减:所得税费用' varchar(255),
'净利润' varchar(255),
'(一)按经营持续性分类' varchar(255),
'持续经营净利润' varchar(255),
'(二)按所有权归属分类' varchar(255),
'归属于母公司股东的净利润' varchar(255),
'少数股东损益' varchar(255),
'扣除非经常性损益后的净利润' varchar(255),
'每股收益' varchar(255),
'基本每股收益' varchar(255),
'稀释每股收益' varchar(255),
'其他综合收益' varchar(255),
'归属于母公司股东的其他综合收益' varchar(255),
'归属于少数股东的其他综合收益' varchar(255),
'综合收益总额' varchar(255),
'归属于母公司股东的综合收益总额' varchar(255),
'归属于少数股东的综合收益总额' varchar(255)
);
```

（2）插入比亚迪利润表2021年至2022年年报数据：

INSERT INTO 利润表 VALUES ('2022/12/31', '4241.00', '4241.00', '4012.00', '3518.00', '186.50', '72.67', '150.60', '100.10', '-16.18', '13.16', '18.30', '', '1.26', '-7.92', '-6.86', '-0.11', '-13.86', '-9.90', '17.21', '215.40', '5.27', '9.89', '210.80', '33.67', '177.10', '', '177.10', '', '166.20', '10.91', '156.40', '', '5.71', '5.71', '5.46', '5.52', '-0.62', '182.60', '171.70', '10.84');

INSERT INTO 利润表 VALUES ('2021/12/31', '2161.00', '2161.00', '2126.00', '1880.00', '79.91', '30.35', '60.82', '57.10', '17.87', '19.08', '6.32', '', '0.47', '-0.57', '-1.45', '0.77', '-8.58', '-3.88', '22.70', '46.32', '3.38', '4.52', '45.18', '5.51', '39.67', '', '39.67', '', '30.45', '9.22', '12.55', '', '1.06', '1.06', '4.28', '4.32', '-0.42', '43.95', '34.77', '9.18');

9.2.4　创建现金流量表

（1）创建现金流量表结构：

```
CREATE TABLE 现金流量表
(
'日期' varchar(255) ,
'经营活动产生的现金流量' varchar(255) ,
'销售商品、提供劳务收到的现金' varchar(255) ,
'收到的税收返还' varchar(255) ,
'收到其他与经营活动有关的现金' varchar(255) ,
'经营活动现金流入小计' varchar(255) ,
'购买商品、接受劳务支付的现金' varchar(255) ,
'支付给职工以及为职工支付的现金' varchar(255) ,
'支付的各项税费' varchar(255) ,
'支付其他与经营活动有关的现金' varchar(255) ,
'经营活动现金流出小计' varchar(255) ,
'经营活动产生的现金流量净额' varchar(255) ,
'投资活动产生的现金流量' varchar(255) ,
'收回投资收到的现金' varchar(255) ,
'取得投资收益收到的现金' varchar(255) ,
'处置固定资产、无形资产和其他长期资产收回的现金净额' varchar(255) ,
'处置子公司及其他营业单位收到的现金' varchar(255) ,
'收到其他与投资活动有关的现金' varchar(255) ,
'投资活动现金流入的其他项目' varchar(255) ,
'投资活动现金流入小计' varchar(255) ,
'购建固定资产、无形资产和其他长期资产支付的现金' varchar(255) ,
'投资支付的现金' varchar(255) ,
'支付其他与投资活动有关的现金' varchar(255) ,
'投资活动现金流出小计' varchar(255) ,
'投资活动产生的现金流量净额' varchar(255) ,
```

'筹资活动产生的现金流量' varchar(255)，

'吸收投资收到的现金' varchar(255)，

'取得借款收到的现金' varchar(255)，

'收到其他与筹资活动有关的现金' varchar(255)，

'筹资活动现金流入小计' varchar(255)，

'偿还债务所支付的现金' varchar(255)，

'分配股利、利润或偿付利息支付的现金' varchar(255)，

'其中:子公司支付给少数股东的股利、利润' varchar(255)，

'支付其他与筹资活动有关的现金' varchar(255)，

'筹资活动现金流出的其他项目' varchar(255)，

'筹资活动现金流出小计' varchar(255)，

'筹资活动产生的现金流量净额' varchar(255)，

'汇率变动对现金及现金等价物的影响' varchar(255)，

'现金及现金等价物净增加额' varchar(255)，

'加:期初现金及现金等价物余额' varchar(255)，

'期末现金及现金等价物余额' varchar(255)
);

（2）插入比亚迪现金流量表 2021 年至 2022 年年报数据：

INSERT INTO 现金流量表 VALUES ('2022/12/31', '', '4132.00', '76.28', '205.40', '4414.00', '2208.00', '535.20', '185.40', '76.43', '3005.00', '1408.00', '', '0.14', '1.29', '2.68', '--', '128.00', '0.96', '133.10', '974.60', '105.70', '258.80', '1339.00', ' -1206.00', '', '5.08', '276.40', '30.31', '311.80', '440.50', '16.33', '0.79', '49.82', '--', '506.60', '-1949.00', '6.10', '13.63', '498.20', '511.80');

INSERT INTO 现金流量表 VALUES ('2021/12/31', '', '2027.00', '48.55', '58.97', '2134.00', '1044.00', '287.60', '78.05', '69.88', '1480.00', '654.70', '', '--', '2.04', '8.26', '2.22', '114.70', '--', '127.20', '373.40', '35.27', '172.60', '581.30', ' -4540.00', '', '373.10', '328.70', ' -- ', '701.90', '498.80', '26.19', '1.86', '5.26', '11.00', '541.20', '160.60', '-0.44', '360.80', '137.40', '498.20');

温馨提示

　　以上会计报表是财务分析的基础，其中的数据既可以手工填入，也可以手动导入或自动传入，本案例采用手工编写 INSERT INTO 命令插入方式，是为了让学员更直观地理解具体的表结构，对报表内容有更直观的印象。

　　需要特别指出的是，本章会计报表结构与前一章所用的报表有明显的不同。在之前的章节中，我们使用的是竖式会计报表，这种竖式报表格式更接近于传统的非数字化标准报表格式，初学者更容易理解。而在本章，我们采用了报表项目数据横式布局，也就是说，原来竖直展示的列数据现在被顺时针旋转了 90 度，变为横向分布，这样的布局转变是为了让学生能够体验和理解到会计报表数据可以以不同的视角形式来呈现，使学生增强对数据结构形式多样性的认识，并且，报表采用横向格式，使数据命名很方便，很明确，这使得从报表中提取数据变得更加便捷，为后续的财务分析指标计算提供了便利。我们引入这种变化，旨在帮助同学们适应相同数据的灵活性和多样性呈现方式，培养其在实际工作中的适应能力。

9.3 企业财务效率分析

9.3.1 偿债能力分析

企业偿债能力是指企业用以履行其债务偿还义务的财务能力，包括支付利息和本金的能力。这一能力反映了企业在特定时期内，利用自身的现金流、资产和资本结构来满足其偿还短期和长期债务要求的程度。偿债能力的强弱直接关系到企业的财务健康状况和未来的发展潜力。

偿债能力分析是一种财务分析方法，通过计算和评估一系列财务指标来判断企业的偿债能力。这些指标包括但不限于流动比率、速动比率、现金比率、现金流量比率、资产负债率、产权比率、利息保障倍数等。通过这些指标的分析，企业管理层、投资者和分析师可以评估企业面对现有和潜在负债压力时的财务稳定性和风险水平。偿债能力分析不仅有助于内部管理决策，提升财务管理效率，也能够增强外部投资者和债权人对企业财务状况的信心。

企业偿债能力主要分析指标如下：

（1）流动比率 = 流动资产/流动负债

流动比率，也被称为流动资本比率，是一个衡量企业短期偿债能力的财务指标。它通过对比企业的流动资产和流动负债来评估企业是否拥有足够的资产来覆盖其短期债务。

一个高于1的流动比率通常被认为是积极的，意味着企业的流动资产足以覆盖其流动负债，表明企业具有较好的短期偿债能力。相反，如果流动比率小于1，可能表明企业在短期内偿还债务可能会遇到困难。

然而，过高的流动比率也可能表示企业不能有效地利用其资产，例如，过多的现金存储或过量的库存积累，可能意味着资本的低效运用。因此，理想的流动比率应该保持在一个合理的范围内，既能满足企业的流动性需求，又能保证资产的有效利用。

演示视频

流动比率

用SQL命令查询流动比率的方法如下：

输入命令：

```
SELECT
    a.日期,
    a.流动资产合计,
    a.存货,
    a.流动负债合计,
    ROUND( a.流动资产合计 / a.流动负债合计, 4 ) AS 流动比率
FROM
    资产负债表 a
ORDER BY
    流动比率 DESC;
```

这条SQL语句的目的是：

从资产负债表中选取日期、流动资产合计、存货、流动负债合计这几个列，计算流动比率，即流动资产合计除以流动负债合计，结果四舍五入到小数点后四位，并将这个计算

结果显示为流动比率，按照流动比率从高到低排序结果。

请注意此命令中给资产负债表取了表别名a。

执行结果：

日期	流动资产合计	存货	流动负债合计	流动比率
2021/12/31	1661.00	433.50	1713.00	0.9696
2022/12/31	2408.00	791.10	3333.00	0.7225

从查询结果可以看出，该公司2021年流动比率为0.9696，接近1，这表明该公司在2021年基本上能够用其流动资产覆盖流动负债，但没有多余的流动资产。这个水平意味着公司的短期偿债能力较为紧张，流动性较弱，可能面临一定的短期财务风险。

2022年流动比率下降到0.7225，明显低于1，这进一步表明该公司的流动资产不足以完全覆盖其流动负债。这一变化表明从2021年到2022年，该公司的短期偿债能力和流动性有所下降，需要引起公司管理层的高度重视，采取有效措施来提升其流动性和短期偿债能力，以支持其持续发展。

温馨提示

在上述SQL查询示例中，我们给资产负债表指定了一个表别名a。当我们需要引用此表中的列时，可以使用"别名.列名"的格式，如前例资产负债表中的日期列就可以表示为"a.日期"，而不用写出资产负债表完整的表名。这种方法在查询中使用多个表或者同一表在查询中多次出现时特别有用，因为它可以显著减少查询语句的复杂度，并提高代码的可读性。

使用表别名有以下好处：

第一，可以简化引用。如以上示例中对于资产负债表中的每个列，我们通过a.列名的形式引用，避免了重复书写完整的表名，使得SQL语句更简洁。

第二，可以提高可读性。尤其在涉及表连接或多表查询时，表别名使得查询结构更清晰，读者能快速理解各个字段来源于哪个表。

第三，便于维护。如果查询涉及多个相同的表（如自连接），或者查询中的表名需要更改，使用表别名可以让维护变得更容易，只需在FROM子句中更改表名或别名即可，而无须修改查询的其他部分。

总之，表别名在编写复杂SQL查询时是一个非常有用的工具，它不仅可以简化字段的引用，还可以提高整个查询的清晰度和可维护性。

（2）速动比率 =（流动资产−存货）/流动负债

速动比率，又称为酸性测试比率，是一个反映企业短期偿债能力的财务指标。它通过计算企业最容易转换成现金的流动资产（排除存货）与短期债务的比例来衡量企业在没有销售存货的情况下偿还流动负债的能力。

演示视频

速动比率

速动比率高于1，通常表明资本流动性较好，说明企业能快速变现的资产足以覆盖当前的短期债务。反之，如果低于1，则可能表示企业在短期内偿还债务时会遇到压力。

不过，理想的速动比率可能根据不同行业的具体情况而有所不同。

用SQL命令查询速动比率的方法如下：

输入命令：

```
SELECT
    a.日期 AS 日期,
    a.流动资产合计 AS 流动资产合计,
    a.存货 AS 存货,
    a.流动负债合计 AS 流动负债合计,
    ROUND(( a.流动资产合计 - a.存货 )/ a.流动负债合计 , 4 ) AS 速动比率
FROM
    资产负债表 a
ORDER BY
    ROUND(( a.流动资产合计 - a.存货 )/ a.流动负债合计 , 4 ) DESC;
```

执行结果：

日期	流动资产合计	存货	流动负债合计	速动比率
2021/12/31	1661.00	433.50	1713.00	0.7166
2022/12/31	2408.00	791.10	3333.00	0.4851

说明：速动比率的计算原理与流动比率相似，但本书在命令的使用上进行了不同处理。这样设计是为了让读者接触两种不同的思路，帮助理解 AS 和 DESC 的不同用法，而不是局限于单一的思维模式。通过这种对比，读者能更灵活地掌握SQL的多种表达方式图替换。

速动比率解读：

从查询结果可以看出，该公司2021年速动比率为0.7166，这个比率低于1，意味着在不考虑存货的情况下，该公司的速动资产未能完全覆盖其流动负债。速动比率低于1通常表明公司可能面临一定的流动性风险，因为它表明公司依靠可即时变现的资产（如现金和应收账款）来满足短期负债的能力是有限的。

该公司2022年速动比率进一步降低到0.4851，远低于1，这表明该公司在2022年的流动性状况进一步恶化，其依靠最容易变现的资产来支付短期债务的能力显著下降。这种显著的下降表明公司在管理流动资产和控制流动负债方面可能遇到了较大挑战。

速动比率的持续下降需要企业管理层密切关注，并采取有效措施来提高企业的短期流动性和偿债能力，以保障企业的稳定运营和持续发展。

（3）现金比率 =（货币资金+交易性金融资产）/流动负债

现金比率，亦称为现金充足率，是衡量企业流动性的最严格指标之一。它专注于企业中流动性最强的资产——现金及现金等价物，并将其与流动负债进行对比，以评估企业偿还短期债务的能力。

一个较高的现金比率表明企业有足够的现金资源来应对短期债务，显示出企业较强的短期财务安全性。相反，较低的现金比率可能表明企业在短期内面临偿债压力。

由于现金比率仅考虑了现金及现金等价物，它提供了一种极为保守的企业流动性评估方式。在实际应用中，虽然拥有较高的现金比率可能意味着企业财务状况稳健，但同时也可能暗示企业并未充分利用其资金进行投资或扩张，可能错失成长机会。

因此，现金比率应与其他财务指标一起考虑，以获得企业财务状况的全面视图。

用SQL命令查询现金比率的方法如下：

演示视频

现金比率

输入命令：

```
SELECT
    a.日期,
    a.货币资金,
    a.交易性金融资产,
    a.流动负债合计,
    ROUND(( a.货币资金 + a.交易性金融资产 )/ a.流动负债合计 , 4 ) AS 现金比率
FROM
    资产负债表 a
ORDER BY
    现金比率 DESC;
```

执行结果：

日期	货币资金	交易性金融资产	流动负债合计	现金比率
2021/12/31	504.60	56.06	1713.00	0.3273
2022/12/31	514.70	206.30	3333.00	0.2163

现金比率解读：

从查询结果可以看出，该公司 2021 年现金比率为 0.3273，表明该公司的现金及现金等价物只能覆盖其流动负债的 32.73%。现金比率是衡量企业最极端流动性的指标，因为它只考虑能立即用来偿还短期债务的资产。这个比率较低，意味着该公司依靠现金和交易性金融资产来应对突发流动性需求的能力有限。

2022 年该公司现金比率进一步降低到 0.2163，表示该公司现金及现金等价物只能覆盖其流动负债的 21.63%。这进一步减弱了其短期流动性风险应对能力，表明该公司在这一年面临更大的流动性压力，其短期流动性风险在增加，公司需要采取措施优化现金流管理和财务结构，以改善其流动性并提升短期偿债能力。

（4）现金流量比率 = 经营活动产生的现金流量净额/流动负债

现金流量比率可用于评估企业的运营活动是否产生了足够的现金流量来覆盖其流动负债。这个比率通过对比企业经营活动产生的现金流量和流动负债之间的关系，衡量企业在没有依赖额外融资的情况下偿还短期债务的能力，从而反映企业现金流的充裕程度。

演示视频

现金流量比率

用 SQL 命令查询现金流量比率的方法如下：

输入命令：

```
SELECT          `
    a.日期,
    a.流动负债合计,
    b.经营活动产生的现金流量净额,
    ROUND( b.经营活动产生的现金流量净额 / a.流动负债合计 , 4 ) AS 现金流量比率
FROM
    资产负债表 a,
    现金流量表 b
```

```
WHERE
    a.日期 = b.日期
ORDER BY
    现金流量比率 DESC;
```

执行结果：

日期	流动负债合计	经营活动产生的现金流量净额	现金流量比率
2022/12/31	3333.00	1408.00	0.4224
2021/12/31	1713.00	654.70	0.3822

现金流量比率解读：

从查询结果可以看出，该公司2021年现金流量比率为0.3822，这个比率表明，该公司的经营活动产生的现金流量只能覆盖其流动负债的38.22%。虽然这表明公司能够通过经营活动产生一定量的现金来应对短期债务，但覆盖率并不高，暗示该公司在处理流动负债方面可能存在一定的流动性压力。

2022年现金流量比率提升至0.4224，比上一年有所上升。这意味着该公司在2022年通过其经营活动产生的现金流量相对于流动负债的覆盖能力有所增强，能够覆盖42.24%的流动负债。这种提升可能是由于经营效率的提高、成本控制的改善或收入增加所导致。

虽然该公司在2021年至2022年期间现金流量比率的提升表明其经营活动产生的现金流量覆盖流动负债的能力有所增强，但仍需关注和改善以确保充足的流动性和财务稳定。

（5）资产负债率 =（负债总额/资产总额）×100%

资产负债率，也称为负债总额比率，是衡量一家企业财务杠杆程度的财务比率。它通过比较企业的总负债和总资产来评估企业依靠借债进行资金融资的比例，从而反映出企业资本结构的稳定性和风险水平。

当企业的资产负债率较高时，这通常意味着企业在较大程度上依赖外部融资，即通过借债来筹集资金。这种依赖可能带来较高的财务风险，主要原因是企业需要为这些债务支付利息，这会增加企业的财务负担。然而，债务在一定程度上是有益的，因为适当的负债水平可以帮助企业扩大经营规模和增加收益。但是，债务水平过高可能会影响企业的偿债能力和财务稳定，进而影响企业的长期健康发展。

因此，资产负债率是投资者、债权人和企业管理层关注的重要财务指标之一，它能帮助评估企业的财务健康状况。理想的资产负债率水平因行业和企业的不同而不同，通常需要与同行业的其他企业进行比较才能更准确地评估其财务状况。

用SQL命令查询资产负债率的方法如下：

演示视频

资产负债率

输入命令：

```
SELECT
    a.日期,
    a.资产总计,
    a.负债合计,
    ROUND( a.负债合计 / a.资产总计,4 ) AS 资产负债率
```

```
FROM
    资产负债表 a
ORDER BY
    资产负债率 DESC;
```

执行结果：

日期	资产总计	负债合计	资产负债率
2022/12/31	4939.00	3725.00	0.7542
2021/12/31	2958.00	1915.00	0.6474

资产负债率指标解读：

根据查询结果得知，该公司2021年资产负债率为0.6474，这表示在2021年，该公司的负债占其总资产的比重是64.74%。较高的资产负债率通常表明公司较多地依赖债务融资来支持其运营和扩张。虽然适度的债务融资可以帮助公司加快成长，但过高的债务水平也可能增加财务风险，尤其是在收入波动或市场不确定性增大的情况下。

该公司2022年资产负债率增加至0.7542，说明2022年该公司的负债已经占到了总资产的75.42%。这一显著增加，反映了该公司在这一年内债务水平的上升和总资产增长的放缓，两者的结合使资产负债率进一步提高，意味着公司面临更大的财务压力和偿债负担，需要更多的资金用于偿还利息和本金。

综上所述，该公司在2021年至2022年期间资产负债率的上升表明其财务杠杆增加，公司需要密切关注其财务状况的变化，并采取措施优化资本结构，以确保长期的财务稳定和可持续发展。

（6）负债权益比率＝负债总额/股东权益合计

负债权益比率是衡量公司财务杠杆和财务结构稳定性的一个关键指标，它通过对比公司的总负债与股东权益总额来评估公司使用债务相对于股本融资的比例。这一比率显示了公司为获得资本所依赖的债务与股权融资的相对比例，从而提供了公司财务风险水平的一个指示。

负债权益比率高意味着公司在资本结构中较多地依赖债务融资，这指示出公司可能面临较高的财务风险，因为较高比例的债务融资会增加财务成本（如利息支出），从而可能影响公司的利润和偿债能力。另外，适度的负债权益比率可以视为利用财务杠杆增加投资回报的策略，因为债务融资的成本可能低于公司的投资回报率，从而为股东创造更多价值。

不同行业的理想负债权益比率可能不同，因为各行业的运营特性和资本需求差异较大。因此，在评估负债权益比率时，通常需要结合行业标准和其他财务指标来综合判断企业的财务状况。

在国内很多教材中，负债权益比率也称为"产权比率"，用SQL命令查询"产权比率"的方法如下：

演示视频

负债权益比率

输入命令：

```
SELECT
    a.日期,
```

```
    a.负债合计,
    a.股东权益合计,
    ROUND( a.负债合计 / a.股东权益合计, 4 ) AS 产权比率
FROM
    资产负债表 a
ORDER BY
    产权比率 DESC;
```

执行结果：

日期	负债合计	股东权益合计	产权比率
2022/12/31	3725.00	1214.00	3.0684
2021/12/31	1915.00	1042.00	1.8378

产权比率值解读：

根据查询结果得知，该公司2021年负债权益比率为1.8378，这意味着在2021年，该公司的总负债约是其股东权益的1.84倍。这个比例表明公司的财务杠杆程度相对较高，债务资金占有相对较大的比例。虽然适度的财务杠杆可以增加企业的投资回报率，但过高的财务杠杆也意味着较高的财务风险，尤其是在市场不稳定或收入波动的情况下。

该公司2022年负债权益比率提升至3.0684，显著高于前一年，说明到2022年，该公司的总负债已经是其股东权益的3.07倍。这一显著的增加表明该公司在这一年内可能大幅增加了债务，导致财务杠杆进一步提高。虽然这可能为公司的扩张和成长提供了资金，但同时也增加了偿债的压力和财务风险。

该公司在2021年至2022年期间产权比率的显著上升提示了财务杠杆的增加和财务风险的提高，公司需要密切关注其财务状况，并采取适当措施确保长期的财务健康和可持续发展。

（7）利息保障倍数 =（利润总额+利息费用）/利息费用

利息保障倍数也称利息覆盖率，用于衡量企业利用其息税前利润支付利息费用的能力。这个指标显示了企业赚取的息税前利润相对于支付的利息费用的倍数，是评估企业偿还债务利息能力的重要指标。

一个高的利息保障倍数表明企业有足够的息税前利润来覆盖其利息费用，这通常被视为企业财务健康的标志。它意味着企业即使面临营收下降等不利情况时，也有较大的缓冲空间来保证满足利息支付的义务，降低了财务风险。

相反，一个低的利息保障倍数可能表明企业在支付债务利息方面面临压力，如果这个比率过低（尤其是低于1），则意味着企业的息税前利润不足以覆盖利息费用，这可能导致企业在偿还债务方面遇到困难。因此，利息保障倍数是债权人、投资者、企业管理层和分析师评估企业财务状况和债务承受能力的重要工具。

用SQL命令查询利息保障倍数的方法如下：

演示视频

利息保障倍数

输入命令：

```
SELECT
    a.日期,
```

```
    a.利润总额,
    a.其中:利息费用 AS 利息费用,
    ROUND(( a.利润总额+ a.其中:利息费用)/ a.其中:利息费用, 4 ) AS 利息保障倍数
FROM
    利润表 a
ORDER BY
    利息保障倍数 DESC;
```

执行结果：

日期	利润总额	利息费用	利息保障倍数
2022/12/31	210.80	13.16	17.0182
2021/12/31	45.18	19.08	3.3679

利息保障倍数值解读：

根据查询结果得知，该公司 2021 年利息保障倍数为 3.3679，这意味着该公司的息税前利润约是其利息费用的 3.4 倍。这个比率表明该公司在 2021 年具有合理的偿付利息的能力，能够较为舒适地覆盖其财务费用，但仍需注意保持稳健的利润水平以维持此能力。

2022 年的利息保障倍数上升至 17.0182，这是一个显著的提升，表明该公司的息税前利润大幅增加，同时利息费用也有所减少。这个较高的比率表明该公司在 2022 年拥有更加充足的财务缓冲，能够非常舒适地满足其利息支付的需求，从而表明财务结构的健康和稳定。

总的来说，该公司在 2021 年到 2022 年期间利息保障倍数的显著提升，反映出其偿债能力的强化和财务状况的改善，为其未来的发展和扩张提供了更加稳固的财务基础。

（8）偿债能力综合评价

基于前述对该公司与偿债能力相关的财务指标的分析，我们可以对其偿债能力进行一个综合分析和评估。

①流动性分析：

流动比率和速动比率：在 2021 年和 2022 年，该公司的流动比率和速动比率均呈下降趋势，且均低于 1，特别是速动比率的下降更加明显。这表明该公司在短期内使用其最容易变现的资产（不包括存货）偿还流动负债的能力有所减弱，短期内的流动性风险增加。

②杠杆程度分析：

负债权益比率（即产权比率）：负债权益比率从 2021 年的 1.8378 上升至 2022 年的 3.0684，显著增加。这表明该公司增加了使用债务融资的程度，财务杠杆上升，财务风险相应增加。

③现金流情况：

现金比率：该公司的现金比率在 2021 年和 2022 年均低于 0.5，说明其持有的现金及现金等价物相对于流动负债的覆盖率较低，反映出该公司面临一定的短期偿债风险。

现金流量比率：尽管现金流量比率在 2022 年有所提高，但仍然处于较低水平，表明该公司通过经营活动产生的现金流量覆盖流动负债的能力有限。

④偿债能力综合评估：

对该公司的偿债能力分析显示，公司在短期内面临一定的流动性压力，其短期偿债能力有所减弱。同时，公司的财务杠杆程度显著增加，虽然这可能支持了其扩张和成长，但也带来了更高的财务风险。在当前的财务结构下，该公司需要密切监控其债务状况和现金流情况，采取适当措施来优化其资本结构，降低财务风险，同时提高经营效率和盈利能力，以增强其长期偿债能力和财务稳定性。

（9）整改建议

①优化资本结构：考虑通过股权融资等方式降低财务杠杆，减少对债务融资的依赖。

②加强现金流管理：提高经营活动的现金流入，优化存货和应收账款管理，以改善流动性状况。

③强化风险管理：建立健全的风险管理机制，对市场变化、利率变动等外部风险因素进行有效监控和管理。

④提升盈利能力：通过技术创新、市场拓展等措施增加收入，提高公司的盈利能力和内生增长能力。

9.3.2 营运能力分析

营运能力是指企业在日常经营活动中利用资源生成收入和利润的能力，涉及库存管理、应收账款和应付账款的管理，以及资产的有效利用等方面。它反映了企业运营资本管理的效率和总资产产生营业收入的能力。营运能力的高低直接影响企业的资金周转速度、成本控制以及盈利水平。

营运能力分析是通过对企业的一系列财务指标进行评估，以了解企业在运营管理方面的表现和效率。这种分析帮助企业识别运营过程中的强项和弱点，从而采取措施提升运营效率、降低成本、优化资产利用，最终提高企业的盈利能力。营运能力分析常用的财务指标包括但不限于应收账款周转率、存货周转率、流动资产周转率、总资产周转率等，通过这些指标的分析，企业可以深入了解其在库存管理、应收账款管理、应付账款支付和资产利用等方面的表现，进而找到提升营运能力的机会。

营运能力分析不仅有助于企业内部管理决策，也为外部投资者和分析师提供了评估企业运营效率的重要视角。

企业营运能力主要分析指标如下：

（1）应收账款周转率=年度营业收入（或赊销收入净额）/应收账款平均余额

应收账款周转率可以用来衡量企业收回应收账款并转换为现金的速度。这个比率反映了企业在一定时期内收回货款的效率，是评估企业营运能力的关键指标之一。

应收账款周转率为企业管理层、投资者和分析师评估企业信用管理和现金流管理效率提供了一个有用工具。然而，解读这个比率时应考虑行业特性和企业的信用政策，因为不同行业的标准和业务模式可能会影响周转率的正常范围。

用SQL命令查询应收账款周转率的方法如下：

演示视频

应收账款周转率

输入命令：

```
SELECT
    a.日期,
    a.营业收入 AS 营业收入,
    b.应收账款 AS 本期应收账款,
    c.应收账款 AS 上期应收账款,
    ROUND( a.营业收入 /(( b.应收账款 + c.应收账款)/ 2 ), 4) AS 应收账款周转率
FROM
    利润表 a
    JOIN  资产负债表 b
    JOIN( SELECT LAST_DAY( DATE_SUB(日期, INTERVAL - 12 MONTH )) AS 日期,应收账款
FROM  资产负债表 ) c ON a.日期 = b.日期
    AND a.日期 = c.日期;
```

执行结果：

日期	营业收入	本期应收账款	上期应收账款	应收账款周转率
2022/12/31	4241.00	388.30	362.50	11.2973

应收账款周转率指标解读：

该公司 2022 年的应收账款周转率为 11.2973，远超汽车制造业行业同期平均值 4.98，反映出该公司在应收账款管理方面的高效率。这一数据表明该公司能快速回收销售收入，优化资金使用，减少资金占用，说明了其良好的客户信用策略和强大的市场需求。该公司的这一表现不仅提升了其盈利潜力，还增强了财务稳定性，为应对市场波动提供了更大灵活性。总体而言，该公司的应收账款周转率突出了其在资产管理、市场竞争力和品牌影响力方面的显著优势，体现了公司的营运能力和盈利潜力。

温馨提示

企业财务分析不仅需要将企业的财务指标与本企业的历史水平进行纵向对比，以识别指标的变化趋势，还应与同行业平均水平或标杆企业进行横向对比，以确立本企业在行业中的竞争地位。这种全面的对比分析是企业制定财务决策和经营战略的关键依据。

本课程的案例重点演示了如何使用 SQL 技术获取财务数据并计算财务分析指标。关于财务分析方法的详细内容，在专门的财务分析专业课程中进行进一步系统的学习。

至于财务分析时所需的行业财务指标参照数据，本课程案例中直接引用了互联网上公开的数据源相关数据，并未详细介绍行业数据的具体获取方法。对此感兴趣的同学可以在后续的 Python 语言课程模块中，通过学习爬虫技术来获取相关知识和技巧。

（2）存货周转率=营业成本/存货平均余额

存货周转率是衡量企业如何有效管理其存货的关键财务指标，显示了企业在一定周期

内销售并替换存货的次数。该指标揭示了企业将存货转换为营业收入的速度。

通常情况下，较高的存货周转率表明企业能够有效地管理存货，快速完成存货的销售流转，从而降低资金在存货上的占用及相关存储成本。此外，存货周转率也是评价企业库存管理策略成效、识别潜在的库存积压或短缺问题的有用工具。

有效的存货管理有助于优化企业的现金流，减少因存货过时或损坏而造成的减值风险，进而促进企业的财务稳健和盈利能力提升。

但在分析存货周转率时，需考虑行业特性和企业的具体业务模式，因为不同行业对于存货周转的标准有所不同。对于季节性较强的行业，存货周转率可能会随季节变化而波动，在分析时应予以特别注意。

要注意，过分追求高周转率可能会妨碍存货质量和供应链稳定，企业需在提升周转效率与维持供应链稳定之间寻求平衡。

总之，作为衡量企业运营效率的重要指标，存货周转率对企业内部管理和外部投资者了解企业运营表现具有重要价值。通过持续监控和改进存货周转率，企业能够更有效地管理库存，提升运营效率及盈利潜力。

演示视频

存货周转率

用SQL命令查询存货周转率的方法如下：

输入命令：

```
SELECT
    a.日期,
    a.营业成本,
    b.本期存货余额,
    c.上期存货余额,
    ROUND(a.营业成本 /((b.本期存货余额 + c.上期存货余额 )/ 2 ),4) AS 存货周转率
FROM
    利润表 a,
    ( SELECT 日期,存货 AS 本期存货余额 FROM 资产负债表 ) b,
    ( SELECT LAST_DAY( DATE_ADD(日期, INTERVAL 12 MONTH )) AS 日期,存货 AS 上期存货
余额 FROM 资产负债表 ) c
WHERE
    a.日期 = b.日期
    AND b.日期 = c.日期;
```

执行结果：

日期	营业成本	本期存货余额	上期存货余额	存货周转率
2022/12/31	3518.00	791.10	433.50	5.7455

存货周转率指标解读：

该公司2022年的存货周转率为5.7455，高于汽车制造业的行业同期平均值4.43。这反映了该公司在存货管理和资产利用方面的高效率，表明公司能够快速将存货转化为销售收入，优于行业平均水平。这种效率的提升不仅可以降低资金占用，减少库存风险，还可以增强公司的市场响应能力和盈利潜力。

该公司 2022 年的存货周转率指标，显示了其在营运管理上的优势，为公司提升竞争力并持续成长提供了坚实基础。

（3）流动资产周转率 = 营业收入 / 流动资产平均占用额

流动资产周转率作为衡量企业营运能力的关键财务指标，展现了企业如何高效利用流动资产来支持其日常运营和销售活动。这一指标通过评估企业在特定时期内生成营业收入的能力，直接反映对流动资产的使用效率。

较高的流动资产周转率表明企业能迅速将流动资产（包括现金、应收账款、库存等）转换为营业收入。这不仅体现了企业运营管理的高效性，还使企业能够灵活适应市场变化，迅速满足客户需求，从而增强市场竞争力。同时，高周转率还意味着企业能以较少的流动资产支持更高额的销售，有效减少资金闲置，提升资金使用效率，促进盈利能力提高。

此外，流动资产周转率还凸显了企业流动性管理的能力，通过有效的库存管理、加速应收账款回收以及合理安排应付账款支付，保持良好的现金流状态，确保运营顺畅。

分析此指标，关键是将其与行业平均水平进行比较，并考虑经营周期和季节性因素的影响，以及将其与其他相关财务比率（如存货周转率和应收账款周转率）一同分析，以获得企业营运能力的全面视图。

总之，流动资产周转率是评估企业营运效率、资金使用效率及流动性管理能力的重要指标。通过持续优化此指标，企业能够提升营运能力，增强盈利前景和市场竞争力。

演示视频

流动资产周转率

用 SQL 命令查询流动资产周转率的方法如下：

输入命令：

```
SELECT
    a.日期,
    a.营业收入,
    b.本期流动资产,
    c.上期流动资产,
    ROUND( a.营业收入 /(( b.本期流动资产 + c.上期流动资产 )/ 2 ), 4 ) AS 流动资产周转率
FROM
    利润表 a,
    ( SELECT 日期, 流动资产合计 AS 本期流动资产 FROM 资产负债表 ) b,
    ( SELECT LAST_DAY( DATE_ADD(日期, INTERVAL 12 MONTH )) AS 日期,流动资产合计 AS
上期流动资产 FROM 资产负债表 ) c
WHERE
    a.日期 = b.日期
AND b.日期 = c.日期;
```

执行结果：

日期	营业收入	本期流动资产	上期流动资产	流动资产周转率
2022/12/31	4241.00	2408.00	1661.00	2.0845

流动资产周转率指标解读：

该公司2022年的流动资产周转率为2.0845，显著高于汽车制造业行业的同期平均值1.18。这表明该公司在利用流动资产支持销售和运营活动方面表现出色，远超过同行业平均水平。高流动资产周转率反映了该公司高效的资金管理和运营策略，使得公司能够有效地将流动资产转换为收入，从而提高资金使用效率和盈利潜力。

这一指标体现了该公司在营运管理上的优势，为公司的市场竞争力和财务稳健性提供了有力支持。

（4）总资产周转率=营业收入净额/总资产平均占用额

总资产周转率是衡量企业使用其全部资产生成营业收入能力的关键指标，直接反映了资产管理的效率和营运能力。较高的周转率说明企业能够通过优化的资产和运营管理产生更多销售，从而提升盈利能力并降低单位销售的资产需求。

评估企业资产利用效率时，若与同行业的平均水平或标杆企业水平比较，能揭示本企业的竞争地位。解读该指标时，因不同行业的差异性，应考虑行业特性、季节性和周期性因素。同时，该指标还应结合其他财务指标综合评估，才能提供企业财务健康的全面视图。

总资产周转率凸显了企业营运效率，是体现企业资产利用率水平和市场竞争地位的关键指标。持续优化这一指标对于增强企业的盈利潜力至关重要。

用SQL命令查询总资产周转率的方法如下：

演示视频

总资产周转率

输入命令：

```
SELECT
    a.日期,
    a.营业收入,
    b.本期总资产,
    c.上期总资产,
    ROUND( a.营业收入 /(( b.本期总资产 + c.上期总资产 )/ 2 ), 4 ) AS 总资产周转率
FROM
    利润表 a,
    ( SELECT 日期, 资产总计 AS 本期总资产 FROM 资产负债表 ) b,
    ( SELECT LAST_DAY( DATE_ADD(日期, INTERVAL 12 MONTH )) AS 日期,资产总计 AS 上期
总资产 FROM 资产负债表 ) c
WHERE
    a.日期 = b.日期
    AND b.日期 = c.日期;
```

执行结果：

日期	营业收入	本期总资产	上期总资产	总资产周转率
2022/12/31	4241.00	4939.00	2958.00	1.0741

总资产周转率指标解读：

该公司2022年的总资产周转率为1.0741，明显高于汽车制造业行业的同期平均值

0.67。这一数据表明该公司在使用其总资产生成销售收入方面显著优于行业平均水平，反映了其资产利用效率高、营运管理有效。

高周转率意味着该公司能够更有效地利用其资产来支持业务增长和市场拓展，增强了公司的盈利能力和市场竞争力。这一指标凸显了该公司在同行业中的强劲营运能力和财务表现。

（5）营运能力综合评价

对该公司的营运能力分析显示，该公司在关键运营指标上表现卓越，体现了公司在资产利用、库存管理、应收账款回收以及整体资金周转方面的优势。

①应收账款管理。

应收账款周转率高于行业平均值，说明该公司具备较强的收款效率和信用管理能力，能快速将销售转化为现金流，这对于资金流动性和财务健康极为重要。

②存货管理。

存货周转率的优异表现反映该公司能够有效管理库存，快速响应市场需求，同时能控制过剩存货的风险，减少资金占用。

③流动资产营运效率。

流动资产周转率显著高于同行，反映了该公司在运用流动资产支撑营业活动方面的高效率，显示了其优化资产结构和提高资产使用效率的能力。

④总资产营运效率。

较高的总资产周转率，凸显了该公司在利用其全部资产支持销售和生产活动方面的优势，这直接提高了企业的盈利能力和市场竞争力。

⑤营运能力综合评估。

结合以上分析，该公司 2022 年在营运能力方面表现出色，其资产的高周转速度、有效的库存管理、及时的应收账款回收和流动资产的高效利用共同构成了其强大的市场竞争力和盈利潜力。这些指标不仅体现了该公司在日常运营中的优势，也揭示了其对资源配置的精细管理和市场变化的灵活应对能力。

（6）营运管理建议

为维持这种竞争优势，该公司需要持续优化其营运策略，加强对市场趋势的监控和分析，确保其运营效率和资产利用能力能够在不断变化的市场环境中保持领先地位。同时，公司应注意平衡追求高效率与降低风险之间的关系，确保长期的稳健发展。

9.3.3　盈利能力分析

企业盈利能力指的是企业通过其运营活动获得收益和利润的能力，涵盖了生成营业收入、控制成本和费用，以及最终实现净利润的综合能力。这一能力体现了企业在特定时期内，利用其资源、产品或服务在市场上的竞争力以及整体的经营效率。企业的盈利能力强弱直接影响其财务健康状况、投资吸引力和持续发展的可能性。

盈利能力分析则是通过评估一系列关键的财务比率和指标来综合评价企业获取利润能力的过程。这一分析方法涉及的指标包括但不限于销售毛利率、销售净利率、营业利润增长率、总资产净利率、总资产报酬率、净资产收益率等。每个指标都从不同角度反映了企业盈利的效率和能力。盈利能力分析的重点是评估企业的效率与控制、资产运用、投资回报等效果。

进行盈利能力分析时，应综合考虑其他效率指标，并与行业平均值、历史表现和竞争对手进行比较，以全面评估公司的盈利能力。此外，分析盈利能力时还需考虑市场条件、公司策略和潜在风险等因素，以作出更加全面和深入的评价。

通过盈利能力分析，管理层能够识别和评估影响企业盈利表现的关键因素，制定改进措施以提升企业的盈利水平。同时，这种分析也为外部投资者提供了判断企业财务状况和投资价值的重要依据，增加对企业的信心。盈利能力分析是企业内外部决策的重要工具，对提高企业财务管理效率和促进企业持续成长发展具有重要作用。

企业盈利能力的主要分析指标如下：

（1）销售毛利率=（营业收入-营业成本）/营业收入×100%

销售毛利率是衡量公司销售收入中有多大比例转化为毛利润的一个财务指标。毛利润是指销售收入减去销售成本后的利润。销售毛利率反映了公司在生产或采购其销售的商品和服务上的成本控制能力，以及定价策略的有效性。

销售毛利率是评估企业经营效率和盈利潜力的重要指标之一，有助于管理层、投资者和分析师理解公司的财务状况和作出相应的经营决策。

用SQL命令查询销售毛利率的方法如下：

输入命令：

```
SELECT
    a.日期,
    a.营业收入,
    a.营业成本,
    ROUND(( a.营业收入 - a.营业成本 )/ a.营业收入, 4 ) AS 销售毛利率
FROM
    利润表 a
ORDER BY
    销售毛利率 DESC;
```

执行结果：

日期	营业收入	营业成本	销售毛利率
2022/12/31	4241.00	3518.00	0.1705
2021/12/31	2161.00	1880.00	0.1300

销售毛利率指标解读：

该公司销售毛利率从2021年的13%提升至2022年的17.05%，表明公司在成本控制、销售定价和产品结构调整方面的成功改进，从而增强了其盈利能力。与此同时，尽管该公司的销售毛利率在提升，但仍低于汽车制造业2022年的平均销售毛利率（18.65%），暗示该公司在进一步提升成本效率和定价策略方面仍有潜力待挖掘。

面对汽车制造业销售毛利率从2021年的20.35%降至2022年的18.65%的行业趋势，该公司毛利率的提升凸显了其在应对成本上升或销售价格压力方面的相对优势。这一点不仅证明了该公司在市场适应性和成本管理上的能力，也反映了其对行业挑战的积极响应。

建议：

①持续优化：该公司应持续关注研发、生产效率和市场策略的优化，以确保其销售毛

利率的进一步提升。

②成本与定价：通过深入分析成本结构和调整销售策略，该公司可以探索新的提高毛利率的途径，如增加高毛利产品比重、优化供应链成本等。

③市场策略调整：该公司需密切关注行业趋势和市场变化，灵活调整产品和市场战略，以有效应对成本和竞争压力，保持盈利能力和竞争优势。

综合来看，该公司在 2021—2022 年盈利能力的提升表明了其成本控制和市场策略的有效性。尽管与行业平均水平相比存在差距，但该公司展现了强大的市场适应性和成本管理能力，为未来的发展奠定了坚实的基础。

（2）销售净利率=净利润/营业收入净额×100%

销售净利率，也称为净利润率或净利率，是衡量公司从销售活动中赚取净利润的能力的财务指标。它通过比较净利润（税后利润）占销售收入的比重，显示每单位销售收入中有多少是净利润。销售净利率不仅反映了公司的盈利能力，还揭示了公司在销售、成本控制，以及费用管理等方面的效率。

销售净利率的变化可能由多种因素驱动，包括销售价格变化、成本波动、运营效率改善或恶化等。因此，在分析销售净利率时，应考虑这些潜在因素及其对公司盈利能力的影响。

用 SQL 命令查询销售净利率的方法如下：

输入命令：

```
SELECT
    a.日期,
    a.净利润,
    a.营业收入,
    ROUND(a.净利润 / a.营业收入,4) AS 销售净利率
FROM
    利润表 a
ORDER BY
    销售净利率 DESC;
```

执行结果：

日期	净利润	营业收入	销售净利率
2022/12/31	177.10	4241.00	0.0418
2021/12/31	39.67	2161.00	0.0184

销售净利率指标解读：

该公司 2022 年的销售净利率为 4.18%，相较于 2021 年的 1.84%，显著提高，显示出公司在 2021—2022 年盈利能力的显著增强。然而，对比汽车制造业的行业平均销售净利率，（2022 年为 3.49%，2021 年为 4.94%），整个行业的盈利能力在 2022 年都有所下降。基于这些数据，对该公司的盈利能力进行单项分析如下：

该公司 2022 年销售净利率的提升说明公司在这期间有效提高了其销售效率和成本控制，能够从每单位销售收入中获得更多的净利润。这可能归因于公司在提高产品价值、优

化成本结构、提升运营效率等方面取得的成功。

尽管整个汽车制造业在2022年的盈利能力有所下降，该公司却能实现销售净利率的增长，从而在2022年超越行业平均水平。这一成绩可能反映了该公司在产品创新、市场营销策略，以及供应链管理等方面相对于同行的竞争优势。

该公司的销售净利率提升及其超越行业平均的表现，可能受到市场需求变化、公司战略调整和宏观经济因素的共同影响。该公司可能通过加强技术创新和优化产品组合，成功捕捉了市场需求，同时通过有效的成本管理保持了盈利增长。

建议：

该公司在2022年通过有效的销售和成本管理策略，实现了销售净利率的显著提升，并且在挑战性的市场环境中超越了汽车制造业的平均水平。为持续这一盈利增长趋势，该公司需要继续关注市场动态，强化其在产品和技术上的竞争力，同时维持严格的成本控制和效率优化措施。这将有助于该公司在未来的汽车制造业市场中保持其领先地位，应对可能的经济波动和市场竞争压力。

（3）营业利润增长率=（本期营业利润−上期营业利润）/上期营业利润×100%

营业利润增长率通过衡量企业营业利润在连续两个会计年度间的增长比例，反映营业利润的变动情况。这一指标以从企业核心业务活动获得的收入扣除直接成本和运营费用后的利润为基础，排除了税项、利息等非经营性因素的影响。

通过揭示企业主营业务盈利能力的增长趋势，营业利润增长率成为衡量企业经营绩效和探索盈利潜力的关键工具。对于管理层和投资者而言，它提供了制定决策和评估投资价值所需的核心信息。

用SQL命令查询营业利润增长率的方法如下：

输入命令：

```
SELECT
    b.日期,
    b.本年营业利润,
    c.上年营业利润,
    ROUND(( b.本年营业利润 - c.上年营业利润 )/ c.上年营业利润,4) AS 营业利润增长率
FROM
    ( SELECT 日期,营业利润 AS 本年营业利润 FROM 利润表 ) b,
    ( SELECT LAST_DAY( DATE_ADD(日期, INTERVAL 1 YEAR )) AS 日期,营业利润 AS 上年营业利润 FROM 利润表 ) c
WHERE
    b.日期 = c.日期;
```

执行结果：

日期	本年营业利润	上年营业利润	营业利润增长率
2022/12/31	215.40	46.32	3.6503

营业利润增长率指标解读：

2022年，该公司的营业利润增长率达365.03%，显著超越汽车制造业的同期平均水平12.4%，凸显了该公司在盈利增长和市场表现方面的优势。

这一成绩的取得，主要得益于产品销量增加、成本有效控制以及市场份额扩张。此外，该公司的创新能力、产品差异化和品牌影响力的提升，加强了其在汽车行业尤其是新能源汽车领域的竞争力和领导地位。

营业利润的显著增长为该公司未来的发展奠定了坚实基础，展现了强劲的发展潜力和持续增长能力。

建议：

为保持这一强劲的增长动力，该公司需要持续专注于技术创新，响应市场需求的变化，并持续优化其产品和服务，要继续强化核心竞争力，以促进业务的持续增长和盈利能力的进一步提升。

（4）总资产净利率=净利润/总资产平均占用额×100%

总资产净利率，也被称为资产收益率，是一个衡量公司利用其全部资产在一定时期内产生净利润效率的财务指标。

总资产净利率反映了公司每单位资产能够产生多少净利润，从而揭示了公司资产利用的效率和盈利能力，是评估公司经营绩效、指导管理决策和展现投资价值的重要工具。

演示视频

总资产净利率

用SQL命令查询总资产净利率的方法如下：

输入命令：

```
SELECT
    a.日期,
    a.净利润,
    b.本期总资产,
    c.上期总资产,
    ROUND( a.净利润 /(( b.本期总资产 + c.上期总资产 )/ 2 ), 4 ) AS 总资产净利率
FROM
    利润表  a,
    ( SELECT 日期,资产总计 AS 本期总资产 FROM  资产负债表 ) b,
    ( SELECT LAST_DAY( DATE_ADD(日期, INTERVAL 12 MONTH )) AS 日期,资产总计 AS 上期总资产 FROM  资产负债表 ) c
WHERE
    a.日期 = b.日期
    AND b.日期 = c.日期;
```

执行结果：

日期	净利润	本期总资产	上期总资产	总资产净利率
2022/12/31	177.10	4939.00	2958.00	0.0449

总资产净利率指标解读：

该公司在 2022 年实现了 4.49% 的总资产净利率，超越了汽车制造业行业 3.27% 的平均水平，展现了其在资产利用效率和盈利能力方面的优异表现。这一成就可能得益于该公司在运营管理、成本控制以及市场策略上的出色执行，反映出公司在市场竞争中所占有的强势地位和品牌优势。这样的总资产净利率优势不仅加强了该公司在汽车制造业的领先地位，还可能吸引更多投资者的关注。

建议：

为了维持和增强这一竞争优势，该公司需持续深化其经营策略、加强成本效益，并在新产品开发和市场拓展上保持创新力。这将有助于该公司应对市场的变化和竞争压力，同时保障公司未来的持续增长和盈利潜力。

（5）总资产报酬率=息税前利润/总资产平均占用总额×100%

总资产报酬率，是衡量企业利用其全部资产在特定时期内产生利润的效率的财务指标，反映了企业资产利用的效率和盈利能力。

这一指标通过展现企业如何高效利用资产生成利润，为企业管理层、投资者和分析师提供了衡量经营绩效、评估资产配置及运营战略有效性的重要依据。

温馨提示

由于总资产报酬率主要考虑息税前利润，可能不完全映射企业的净盈利状况，特别是对财务成本高或面临大幅税率变动的企业而言。

总体而言，总资产报酬率为评估企业盈利能力和资产使用效率提供了重要视角，对于内部决策制定和外部投资分析均十分重要。

用 SQL 命令查询总资产报酬率的方法如下：

输入命令：

```
SELECT
    a.日期,
    a.利润总额 AS 利润总额,
    a.其中:利息费用 AS 利息费用,
    b.资产总计 AS 本期资产总计,
    c.资产总计 AS 上期资产总计,
    ROUND(( a.利润总额 + a.其中:利息费用 )/(( b.资产总计 + c.资产总计 )/2), 4 ) AS 总资产报酬率
FROM
    利润表 a,
    ( SELECT 日期,资产总计 FROM 资产负债表 ) b,
    ( SELECT LAST_DAY( DATE_ADD(日期, INTERVAL 12 MONTH )) AS 日期,资产总计 FROM 资产负债表 ) c
WHERE
    a.日期 = b.日期
    AND a.日期 = c.日期;
```

执行结果：

日期	利润总额	利息费用	本期资产总计	上期资产总计	总资产报酬率
2022/12/31	210.80	13.16	4939.00	2958.00	0.0567

总资产报酬率指标解读：

该公司 2022 年的总资产报酬率为 5.67%，略高于同期汽车制造业的平均水平（5.33%）。这一成绩凸显了该公司在资产利用和盈利能力方面相对于行业的优势，揭示了公司在产品创新、品牌建设和市场扩展等方面的竞争力，进而巩固了其在汽车制造业的领先地位。这不仅为该公司提供了持续增长和扩张的坚实基础，也为其应对行业内的技术革新和市场变化奠定了基础。

建议：

为维持并扩大这一竞争优势，该公司应持续深化其经营策略和成本效率。同时，关注资产效率提升和盈利模式创新，利用其在技术和市场方面的领先地位，积极应对挑战并抓住新兴增长机遇，以推动公司的长期发展。

（6）净资产收益率=净利润/平均净资产

净资产收益率是衡量公司使用股东权益产生净利润能力的财务比率。它反映了公司为股东创造价值的效率，是评估投资回报的重要指标。通过比较净利润与股东权益的比例，净资产收益率揭示了每单位股东权益所能产生的净利润量。净资产收益率较高，意味着企业能够高效地使用股东资金创造收益，对股东而言具有较高的投资价值。

净资产收益率为企业管理层、现有股东、潜在投资者、分析师提供了评估公司盈利能力和财务效率的重要指标。正确理解和应用净资产收益率，有助于作出更加明智的投资和经营决策。

演示视频

净资产收益率

用 SQL 命令查询净资产收益率的方法如下：

输入命令：

```
SELECT
    a.日期,
    a.净利润,
    b.本期股东权益合计,
    c.上期股东权益合计,
    ROUND( a.净利润 /(( b.本期股东权益合计 + c.上期股东权益合计 )/ 2 ),4) AS 净资产收益率
FROM
    利润表 a,
    ( SELECT 日期,股东权益合计 AS 本期股东权益合计 FROM 资产负债表 ) b,
    ( SELECT LAST_DAY( DATE_ADD(日期, INTERVAL 1 YEAR )) AS 日期, 股东权益合计 AS 上期股东权益合计 FROM 资产负债表 ) c
WHERE
    a.日期 = b.日期
    AND b.日期 = c.日期;
```

执行结果：

日期	净利润	本期股东权益合计	上期股东权益合计	净资产收益率
2022/12/31	177.10	1214.00	1042.00	0.1571

净资产收益率指标解读：

该公司 2022 年净资产收益率为 **15.71%**，明显高于同期汽车制造业行业的平均净资产收益率（**2.95%**）。这一显著的差异不仅展现了该公司在盈利能力方面的强劲表现，也反映了其相对于行业平均水平的突出竞争优势。

（7）盈利能力综合评价

2022 年，该公司在多个关键财务指标上表现突出，显示了其卓越的盈利能力和健康的财务状况。

该公司的销售毛利率和销售净利率的提升，表明公司在提高销售效率和控制成本方面取得了显著成果。销售毛利率的提高反映了公司在产品定价和成本管理上的优势，而销售净利率的增长则进一步证实了其在运营和财务效率上的提升。

营业利润增长率显著高于行业平均水平，展示了该公司在核心业务方面的强劲增长动力。

该公司的总资产净利率和总资产报酬率均超越了汽车制造业的平均水平，说明公司不仅能够高效地利用其资产产生利润，而且在整体资产管理和利用方面具有卓越表现。这两个指标共同反映了该公司在资产利用和盈利能力方面的综合优势。

净资产收益率显著高于行业平均，表明该公司在为股东创造价值方面的高效能力。较高的净资产收益率不仅意味着公司能够有效地利用股东资本来产生更高的利润，也显示了其良好的财务健康状况和持续增长的潜力。

综上所述，该公司 2022 年在销售毛利率、销售净利率、营业利润增长率、总资产净利润率、总资产报酬率、净资产收益率等关键财务指标上的优异表现，凸显了其在盈利能力、成本控制、资产利用和为股东创造价值等方面的卓越能力。这些指标共同证明了该公司在汽车制造行业中的强劲竞争力和良好的市场地位，为其未来的持续增长和发展提供了坚实基础。为保持这一势头，该公司需要继续关注市场动态，优化经营策略，加强创新能力，以维持其在新能源汽车领域的领先地位。

9.3.4 发展能力分析

企业发展能力指的是企业扩大市场份额、增加收入、提升盈利水平和实现长期可持续增长的能力。这一能力体现了企业在创新、市场拓展、产品或服务改进，以及经营策略执行等方面的综合实力。企业的发展能力直接影响其在市场上的竞争地位、行业影响力以及未来发展的潜力。

发展能力分析则是通过一系列财务和非财务指标的评估来系统地审视和衡量企业的成长和发展潜力。主要的发展能力指标包括销售增长率、净资产增长率、经营净现金增长率等，每个指标都从不同的角度反映了企业成长的速度和质量。

通过发展能力分析，管理层可以识别企业在成长和扩张中的优势和劣势，制定相应的策略以优化资源配置，促进企业的健康发展。同时，这种分析也为外部投资者和利益相关者提供了企业成长潜力和未来前景的重要信息，增强对企业的信心和支持。发展能力分析不仅关注短期的财务表现，还着眼于企业的长期发展战略和可持续成长的能力，是推动企业实现长期目标和增强市场竞争力的重要工具。

企业发展能力的主要分析指标如下：

（1）销售增长率 = 本期销售增长额÷上期销售额×100%

$$= （本期销售额-上期销售额）÷上期销售额×100%$$

销售增长率作为衡量企业销售收入在一定期间内变化的关键指标，直接体现了企业对市场需求的把握、扩张能力和竞争策略的有效性。这一指标的提升不仅意味着企业的产品或服务赢得了市场的认可，而且表明销售规模的持续扩大为企业带来增加的市场份额和竞争优势。因此，通过监测销售增长率的变化，企业能够评估其市场表现、盈利状况和战略实施效果，进而及时调整经营策略以促进持续成长和提高市场地位。

对管理层而言，密切关注销售增长率并据此优化市场和经营计划，是维持和增强企业发展能力与市场竞争力的重要行动。

用 SQL 命令查询销售增长率的方法如下：

输入命令：

```
SELECT
    b.日期,
    b.本期销售额,
    c.上期销售额,
    ROUND(( b.本期销售额 - c.上期销售额 )/ c.上期销售额,4 ) AS 销售增长率
FROM
    ( SELECT 日期,营业收入 AS 本期销售额 FROM 利润表 ) b,
    ( SELECT LAST_DAY( DATE_ADD(日期, INTERVAL 1 YEAR )) AS 日期,营业收入 AS 上期销售额 FROM 利润表 ) c
WHERE
    b.日期 = c.日期;
```

执行结果：

日期	本期销售额	上期销售额	销售增长率
2022/12/31	4241.00	2161.00	0.9625

销售增长率指标解读：

该公司2022年的销售增长率为96.25%，相比之下，汽车制造业整体的平均销售增长率仅为12.40%。这一显著差异不仅展示了该公司在其所处行业中的卓越表现，而且还从市场需求的强劲响应、市场份额的快速扩张、经营策略的有效执行、可持续发展的潜力等多个角度凸显了其强大的发展能力。

该公司在2022年销售增长率的显著优势表明了其在汽车制造业中的领导地位。为保持这种优势并实现可持续发展，该公司需要继续关注市场动态，持续创新，并优化其经营和财务战略。

（2）净资产增长率 =（本期净资产−上期净资产）/ 上期净资产×100%

净资产增长率，作为衡量企业在一定时期内资本积累及内在价值增长的速度的关键指标，直观地体现了企业的发展潜力与扩张能力。这一指标不仅反映了企业资本规模的扩张速度，而且揭示了其资产的保值和增值能力，对于全面评价企业成长状况极为重要。

通过有效提升净资产增长率，企业能够持续巩固其在资本积累、财务稳健性，以及未来发展前景方面的优势，增强对投资者的吸引力。这一指标的优化不仅确保了企业的财务健康，也为其持续成长和市场扩张奠定了坚实基础，体现了企业内在的强劲发展动力。

净资产增长率是投资者和企业管理层监测和指导企业实现价值创造并持续增长的重要指标。

用SQL命令查询净资产增长率的方法如下：

输入命令：

```
SELECT
    b.日期,
    b.本期净资产,
    c.上期净资产,
    ROUND(( b.本期净资产 - c.上期净资产 )/ c.上期净资产, 4 ) AS 净资产增长率
FROM
    ( SELECT 日期, 股东权益合计 AS 本期净资产 FROM 资产负债表 ) b,
    ( SELECT LAST_DAY( DATE_ADD(日期, INTERVAL 1 YEAR )) AS 日期, 股东权益合计 AS 上期净资产 FROM 资产负债表 ) c
WHERE
    b.日期 = c.日期;
```

执行结果：

日期	本期净资产	上期净资产	净资产增长率
2022/12/31	1214.00	1042.00	0.1651

净资产增长率指标解读：

该公司2022年的净资产增长率达16.51%，高于汽车制造业11.94%的平均水平。这一数据显著表明该公司在持续增强其内在价值和扩大规模方面展现出强劲的发展势头。

净资产增长率的主要影响因素是资本积累与再投资、盈利能力增长和战略执行与市场表现。该公司2022年净资产增长率高于汽车制造业平均水平，这不仅展示了其强劲的发展能力和盈利模式的有效性，也表明了其在持续增长和市场竞争中的优势地位。通过持续的创新、有效的资本管理和积极的市场策略，该公司有望继续加强其在行业内的领导地位，实现长期稳定发展。

（3）经营净现金增长率 =（本期经营活动产生的现金流量净额−上期经营活动产生的现金流量净额）/ 上期经营活动产生的现金流量净额× 100%

经营净现金增长率是指企业经营活动产生的净现金流量在一定时期内的增长比例，它衡量了企业从核心业务活动中产生现金的能力及其变化趋势。从发展能力的角度看，经营净现金增长率是评估企业持续运营和发展潜力的重要指标，因为它直接关联到企业维持日

常运营和支持长期增长的资金能力。

　　经营净现金增长率不仅反映了企业核心业务活动的盈利能力和现金创造能力，也是衡量企业发展潜力和财务稳定性的关键指标。对于追求持续成长和市场扩张的企业而言，维持健康的经营净现金增长率是实现这些目标的基础。因此，企业应注重优化经营效率和现金流管理，以支持其长期发展战略和增强市场竞争力。

演示视频

经营净现金增长率

　　用 SQL 命令查询经营净现金增长率的方法如下：

输入命令：

```
SELECT
    b.日期,
    b.本期经营活动产生的现金流量净额,
    c.上期经营活动产生的现金流量净额,
    ROUND(( b.本期经营活动产生的现金流量净额 - c.上期经营活动产生的现金流量净额 )/ c.上期经营活动产生的现金流量净额,4 ) AS 经营净现金增长率
FROM
    ( SELECT 日期,经营活动产生的现金流量净额 AS 本期经营活动产生的现金流量净额 FROM 现金流量表 ) b,
    ( SELECT LAST_DAY( DATE_ADD(日期, INTERVAL 1 YEAR )) AS 日期,经营活动产生的现金流量净额 AS 上期经营活动产生的现金流量净额 FROM 现金流量表 ) c
WHERE
    b.日期 = c.日期;
```

执行结果：

日期	本期经营活动产生的现金流量净额	上期经营活动产生的现金流量净额	经营净现金增长率
2022/12/31	1408.00	654.70	1.1506

　　经营净现金增长率指标解读：

　　该公司 2022 年的经营净现金增长率为 115.06%，显著高于汽车制造业行业-80.76%的平均水平，揭示了该公司在经营活动产生现金流方面的强大能力。较高增长的经营净现金流显示该公司具备较强的持续发展能力，能够对其扩张计划和持续的研发投入进行自我资助，而不需过度依赖外部融资。

　　该公司 2022 年的经营净现金增长率表明，公司在经营效率、市场竞争力和财务稳健性方面均表现出色。这种优势为公司提供了持续增长和扩张的坚实基础。面向未来，该公司应继续发挥其核心竞争力，同时在新兴市场和技术领域寻找增长机会，以保持其行业领导者的地位。

　　（4）发展能力综合评价

　　该公司 2022 年在销售增长率、净资产增长率和经营净现金增长率等关键指标上的显著表现，展示了其在汽车制造业中的卓越发展能力和竞争力。

　　该公司的销售增长率高达 96.25%，远超汽车制造业行业 12.40%的平均水平，这一巨大差异凸显了该公司在市场需求把握、市场份额扩张和经营策略执行方面的卓越能力。这一指标不仅表明该公司产品和服务的市场认可度，也反映了其在行业内的强劲增长动力和

市场领导地位。

该公司的净资产增长率为**16.51%**，同样高于同行业平均水平（**11.94%**），体现了该公司在资本积累、再投资以及盈利能力增长方面的优势。这一指标表明该公司在持续强化其内在价值和规模扩大方面具有良好的发展势头，是其长期稳健增长的重要支撑。

该公司在经营净现金增长率上的表现尤为突出，达到**115.06%**，与汽车制造业行业**-80.76%**的平均水平形成鲜明对比。这显示了该公司在经营活动产生现金流方面的强大能力，为其自我资金供应提供了充足保障，降低了对外部融资的依赖，增强了公司的财务稳定性和自主发展能力。

该公司在销售增长率、净资产增长率和经营净现金增长率上的优异表现，整体上反映了公司在行业内的强大发展能力、盈利模式的有效性和财务管理的高效率。这些因素共同促进了该公司在汽车制造业的竞争地位，为公司的持续增长和扩张提供了坚实的基础。

9.3.5　财务效率综合评价

该公司的财务效率分析揭示了其在多个关键领域的优秀表现和潜在的挑战。以下是对该公司各财务效率维度的综合评价：

（1）偿债能力

该公司具备一定的偿债能力，但也面临着挑战。尽管公司的经营现金流增长率显著，显示出良好的经营活动产生现金能力，但流动比率和速动比率的下降表明短期偿债能力有所减弱。此外，负债权益比率和资产负债率的提高显示了公司依赖负债融资的程度增加，这可能增加财务风险。因此，该公司需要密切关注其财务结构，优化债务管理，确保长期的财务健康和稳定性。

（2）营运能力

该公司在营运能力方面表现出色，其应收账款周转率、存货周转率和总资产周转率均超过行业平均水平，体现了公司在资产管理和运营效率上的优势。高效的营运管理不仅提高了资金或资本使用效率，也增强了市场竞争力。为保持这种优势，该公司应继续关注运营效率的提升和成本控制，以支持可持续增长的盈利能力。

（3）盈利能力

该公司在盈利能力方面显著提升，其销售净利率、营业利润增长率和净资产收益率等关键指标均显示了公司的盈利模式和财务管理的有效性。特别是在行业平均水平下降的背景下，该公司能够实现净利率和营业利润的显著增长，凸显了其产品和市场策略的成功。该公司应持续优化其盈利结构，挖掘盈利源泉，以维持和增强其盈利能力。

（4）发展能力

该公司的销售增长率、净资产增长率和经营净现金增长率等指标均体现了其强劲的发展能力和市场扩张的潜力。尤其是销售增长率远超行业平均水平，展现了其产品竞争力和市场需求的强劲响应。为确保长期的发展和增长，该公司需要持续投资于研发、市场扩展和品牌建设，同时优化财务结构，以支持其扩张策略和创新计划。

（5）综合评价

综合来看，该公司在偿债能力、营运能力、盈利能力和发展能力等多个财务效率维度表现出了明显的优势和一定的挑战。公司需要继续强化其核心竞争力，优化财务和运营策略，同时积极应对潜在的风险，以保持可持续的增长和稳定的财务健康状态。通过这种全面而均衡的管理策略，该公司有望在未来进一步巩固其在汽车制造行业的领先地位。

9.4　企业财务综合分析

杜邦分析体系指标结构示意图如图 9-1 所示。

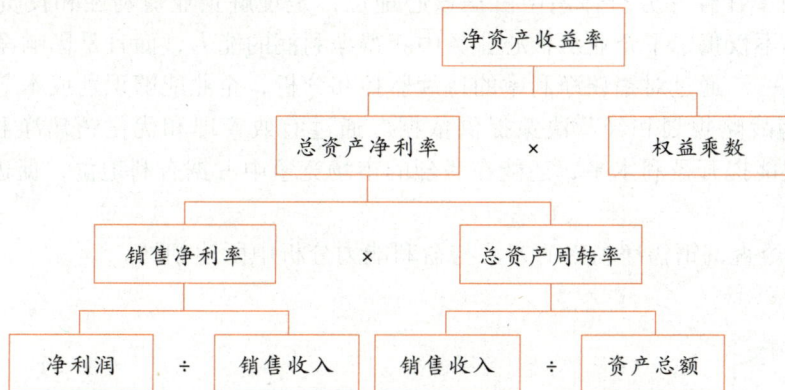

图 9-1　杜邦分析体系指标结构示意图

杜邦分析体系各层级分指标的相互关系如下：

净资产收益率=总资产净利率×权益乘数

=销售净利率×总资产周转率×权益乘数

=（净利润/销售收入）×（销售收入/资产总额）×（资产总额/股东权益总额）

其中：

总资产净利率反映企业利用其总资产产生净利润的能力，即每单位总资产产生的净利润金额。这个比率揭示了企业资产利用的效率。较高的总资产净利率意味着企业能够有效利用其资产产生盈利。总资产净利率可以分解为销售净利率和总资产周转率。

销售净利率体现了企业每一单位销售收入中能转化为净利润的比例，直接关系到企业的成本控制和定价策略。较高的销售净利率意味着企业在保持收入的同时，有效地控制了成本，增强了盈利能力。

总资产周转率反映了企业利用其总资产生成销售收入的效率，是衡量企业资产管理和运营效率的重要指标。较高的总资产周转率说明企业在同等资产规模下实现了更高的销售额，表明资产利用效率较高。

权益乘数，又称为财务杠杆比率，表示企业资产总额与股东权益总额的比率。这一比率体现了企业在融资结构上对债务和权益的依赖程度。较高的权益乘数暗示企业在资本结构上更多地依赖债务融资，可能增加财务风险但同时也提高了净资产收益率。

通过杜邦分析，企业能够综合考量盈利能力、资产运营效率和财务结构三方面的表现，为企业的财务决策提供全面的视角。管理层可以利用这一体系识别盈利能力强化或弱化的具体环节，有针对性地制定改进措施，如优化成本结构、提升资产利用效率或调整融资策略。同时，投资者也可通过杜邦分析更深入地理解企业的财务状况和潜在风险，从而作出更加明智的投资决策。

综上所述，杜邦分析体系是连接企业经营活动、财务战略与盈利能力的桥梁，为综合财务分析提供了一个强有力的工具。

杜邦分析体系的主要指标及查询分析方法如下：

9.4.1 销售净利率

销售净利率 = 净利润/营业收入净额×100%

销售净利率在杜邦分析体系中占据核心地位，是理解企业盈利性和投资回报率的关键。这一指标不仅揭示了企业从核心业务中获得净利润的能力，而且是影响净资产收益率的核心因素之一。通过对销售净利率的持续监控和分析，企业能够识别成本节约和收入提升的机会，为战略规划和经营决策提供依据。通过有效管理和优化销售净利率，企业不仅能提升盈利水平，还能在激烈的市场竞争中占据有利地位，促进持续成长。

演示视频

销售净利率

用SQL命令查询销售净利率的方法与盈利能力分析中所述相同。

输入命令：

```sql
SELECT
    a.日期,
    a.净利润,
    a.营业收入,
    ROUND(a.净利润 / a.营业收入,4) AS 销售净利率
FROM
    利润表 a
ORDER BY
    销售净利率 DESC;
```

执行结果：

日期	净利润	营业收入	销售净利率
2022/12/31	177.10	4241.00	0.0418
2021/12/31	39.67	2161.00	0.0184

根据查询结果得知，该公司2022年的销售净利率大幅提升，从2021年的1.84%增长到2022年的4.18%。

与此同时，整个汽车制造业的平均销售净利率同期却出现了下降，从2021年的4.94%降至2022年的3.49%。

在杜邦分析框架中，销售净利率是影响总资产净利率的关键组成部分之一。该公司销售净利率的提升对其总资产净利率产生了积极影响，因为它直接提高了公司从每单位销售中获得的净利润，从而增加了总利润水平。即便总资产规模保持不变，更高的销售净利率也会导致总资产净利率的提高。

对于汽车制造业而言，2022年销售净利率的下降，凸显了整个行业在经营环境和成本控制方面的挑战。而该公司销售净利率的提高，显示出其在盈利能力方面的改进，这对于提升其总资产净利率具有直接且积极的影响。这种变化反映了该公司在市场定位、成本控制和定价策略方面相对于行业平均水平的优势，反映了其在盈利能力方面的优异表现及

其应对行业挑战的能力。

9.4.2　总资产周转率

总资产周转率 = 营业收入净额/总资产平均占用额×100%

总资产周转率是企业一定时期的营业收入净额与总资产平均占用额之比，是衡量资产投资规模与销售水平之间配比情况的指标。总资产周转率专注于衡量企业利用其资产的效率，即企业每使用一单位的资产能产生多少销售收入。

总资产周转率在杜邦分析体系中起着至关重要的作用，它是通过影响总资产净利率进而影响净资产收益率的重要因素。在杜邦分析框架中，总资产周转率与销售净利率和权益乘数共同作用，决定了最终的净资产收益率。

总资产周转率高表明企业能够高效地使用其资产来产生销售额，意味着资产利用效率高。即便销售净利率较低，通过提高总资产周转率也能有效提升企业的盈利能力，即所谓"薄利多销"，因为它可以通过更高频次的资产周转来弥补利润率的不足。它不仅能帮助企业管理者、投资者和分析师深入理解企业的资产利用效率，还能指导企业优化资产管理和提高整体的盈利能力。

用 SQL 命令查询总资产周转率的方法与营运能力分析中所述相同。

输入命令：

```
SELECT
    a.日期,
    a.营业收入,
    b.本期总资产,
    c.上期总资产,
    ROUND( a.营业收入 /(( b.本期总资产 + c.上期总资产 )/ 2 ), 4 ) AS 总资产周转率
FROM
    利润表 a,
    ( SELECT 日期,资产总计 AS 本期总资产 FROM 资产负债表 ) b,
    ( SELECT LAST_DAY( DATE_ADD(日期, INTERVAL 12 MONTH )) AS 日期,资产总计 AS 上期
总资产 FROM 资产负债表 ) c
WHERE
    a.日期 = b.日期
    AND b.日期 = c.日期;
```

执行结果：

日期	营业收入	本期总资产	上期总资产	总资产周转率
2022/12/31	4241.00	4939.00	2958.00	1.0741

该公司 2022 年总资产周转率达 1.0741，显著高于汽车制造业行业 0.67 的平均水平。

在杜邦分析框架中，该公司的总资产周转率显著高于汽车制造业的平均水平，这一指标的优势直接提升了公司的总资产净利率，反映出其在行业内的强大竞争力和高效的资产利用能力。这不仅促进了销售收入的增长，而且通过增加总资产周转率，正面地影响了总

资产净利率，进而加强了公司的营运能力和财务表现。

由此可见，该公司在利用资产生成收益的能力上表现出色，这为其财务稳健性和长期增长潜力构建了坚实基础，体现出该公司在行业内的竞争实力。

9.4.3 总资产净利率

总资产净利率=净利润/总资产平均占用额×100%

                  =销售净利率×总资产周转率

总资产净利率可以衡量企业总资产利用效率，是影响净资产收益率的重要因素。

在杜邦分析框架中，总资产净利率作为一个过渡性的分解指标，将通过进一步分解为销售净利率和总资产周转率，来深入探讨影响净资产收益率的关键因素。这种分析方法使得企业能够有针对性地识别和改进盈利模式和资产管理策略。

（演示视频 总资产净利率）

用 SQL 命令查询总资产净利率的方法与盈利能力分析中所述相同。

输入命令：

```
SELECT
    a.日期,
    a.净利润,
    b.本期总资产,
    c.上期总资产,
    ROUND( a.净利润 /(( b.本期总资产 + c.上期总资产 )/ 2 ), 4 ) AS 总资产净利率
FROM
    利润表 a,
    ( SELECT 日期,资产总计 AS 本期总资产 FROM 资产负债表 ) b,
    ( SELECT LAST_DAY( DATE_ADD(日期, INTERVAL 12 MONTH )) AS 日期,资产总计 AS 上期总资产 FROM 资产负债表 ) c
WHERE
    a.日期 = b.日期
    AND b.日期 = c.日期;
```

执行结果：

日期	净利润	本期总资产	上期总资产	总资产净利率
2022/12/31	177.10	4939.00	2958.00	0.0449

该公司2022年的总资产净利率为4.49%，高于汽车制造业行业3.27%的平均水平。

根据杜邦分析模型，净资产收益率是由销售净利率、总资产周转率和权益乘数共同决定的。因此，该公司较高的总资产净利率间接通过销售净利率和总资产周转率对其净资产收益率产生积极影响。具体而言，较高的销售净利率和总资产周转率表明该公司在每单位销售收入中获得的净利润较高，并且能够高效地利用其资产产生更多的销售收入。这两个因素，连同权益乘数，共同提升了该公司的净资产收益率，即股东权益的回报率。

该公司的总资产净利率超过汽车制造业平均水平，结合其显著提升的销售净利率和高

效的资产周转率，说明该公司在提升盈利能力和优化资产利用方面取得了显著进步。这不仅促进了其净资产收益率的增长，也凸显了其在盈利模式和财务管理上的综合优势。为继续保持并加强这一竞争优势，该公司需持续关注于创新、适应市场需求变化和提升成本效率，以应对行业挑战和加剧的市场竞争。

9.4.4　权益乘数

权益乘数＝资产总额/股东权益总额

在杜邦分析体系中，权益乘数是衡量公司财务杠杆使用程度及其对净资产收益率影响的关键指标。它展示了债务资本与股东权益在资本结构中的比例，提示了公司对债务融资的依赖水平。高权益乘数意味着公司较多地利用债务融资，这虽然能增加净资产收益率的潜力，但同时也引入了更大的财务风险。

权益乘数的核心作用主要是衡量财务杠杆程度和净资产收益率放大效应，可以帮助权衡风险与回报之间的关系。

权益乘数的分析使管理层能够评估和优化资本结构，投资者也可据此评价公司的财务策略和风险水平。因此，理解和管理权益乘数对于利用财务杠杆提升股东价值、优化资本结构至关重要，同时也是确保财务稳健的关键。

演示视频

权益乘数

用SQL命令查询权益乘数的方法如下：

输入命令：

```
SELECT
    日期,
    资产总计,
    股东权益合计,
    ROUND(资产总计 / 股东权益合计 ,4) AS 权益乘数
FROM
    资产负债表;
```

执行结果：

日期	资产总计	股东权益合计	权益乘数
2022/12/31	4939.00	1214.00	4.0684
2021/12/31	2958.00	1042.00	2.8388

该公司的权益乘数从2021年的2.8388增加到2022年的4.06840。这一跃升表明该公司在2022年显著增加了其财务杠杆，即更多地依赖债务融资来扩大其资产规模。与此同时，该公司的权益乘数在两年间均显著高于汽车制造业行业2022年2.54和2021年2.25的平均水平，这表明该公司可能是为了支持其扩张策略或投资于新项目。

在杜邦分析中，权益乘数表明了财务杠杆对股东回报率的放大效应。该公司权益乘数的提高，理论上会直接提升其净资产收益率，前提是其总资产净利率保持不变或提升。这种策略能够在盈利能力强的情况下，为股东创造更高的回报率。

该公司使用较高的财务杠杆，显示其追求高速增长和扩张的决心，也可能反映出其对未来市场和盈利能力的自信。然而，这同时增加了财务风险，特别是在市场波动或经营压力增大时，高财务杠杆可能增加公司的脆弱性。

长期而言，该公司需要谨慎平衡其增长策略与财务风险，确保杠杆的使用能够持续支持其业务的健康发展而不至于引入过高的风险。

综上所述，该公司通过提高权益乘数加强了其财务杠杆效应，这对提升净资产收益率有直接的积极影响。然而，随之而来的是对财务稳定性和风险管理的考验，需要公司持续监控和调整其财务策略以保持健康的增长轨迹。

9.4.5　净资产收益率

净资产收益率=净利润/平均净资产×100%

　　　　　=总资产净利率×权益乘数

　　　　　=销售净利率×总资产周转率×权益乘数

　　　　　=（净利润/销售收入）×（销售收入/资产总计）×（资产总计/股东权益总额）

净资产收益率从股东权益回报率角度反映了企业利用股东权益创造净利润的能力，它是杜邦分析体系的核心指标。

用SQL命令查询净资产收益率的方法与盈利能力分析中所述相同。

输入命令：

```
SELECT
    a.日期,
    b.本期股东权益合计,
    c.上期股东权益合计,
    ROUND( a.净利润 /(( b.本期股东权益合计 + c.上期股东权益合计 )/ 2 ), 4 ) AS 净资产收益率
FROM
    利润表 a,
    ( SELECT 日期,股东权益合计 AS 本期股东权益合计 FROM 资产负债表 ) b,
    ( SELECT LAST_DAY( DATE_ADD(日期, INTERVAL 1 YEAR )) AS 日期, 股东权益合计 AS 上期股东权益合计 FROM 资产负债表 ) c
WHERE
    a.日期 = b.日期
    AND b.日期 = c.日期;
```

执行结果：

日期	净利润	本期股东权益合计	上期股东权益合计	净资产收益率
2022/12/31	177.10	1214.00	1042.00	0.1571

该公司2022年净资产收益率为15.71%，显著高于汽车制造业行业同期净资产收益率2.95%的平均水平。

在杜邦分析框架中，净资产收益率是由销售净利率、总资产周转率以及权益乘数三个因素共同决定的，这为我们提供了一个全面评价公司绩效的视角，这些因素共同作用，为

该公司带来了高于行业平均的股东权益回报率。

通过该公司与汽车制造业平均的净资产收益率的比较，我们可以看出该公司在盈利能力、资产利用效率以及财务结构上具有明显综合优势。

较高的净资产收益率为该公司未来的增长和扩张提供了强有力的财务支持。然而，公司也需要继续优化其盈利结构，合理控制财务风险，确保在追求高速增长的同时维持健康的财务状况和稳定的盈利能力。

9.4.6　杜邦体系综合分析

以下是基于该公司2022年的相关财务指标，对其盈利能力进行的综合财务分析：

（1）该公司2022年的关键财务指标与行业平均值对比

①净资产收益率：该公司为15.71%，远高于汽车制造业行业的平均值2.95%。这显示该公司对股东权益的回报率显著超过行业平均水平，反映了其出色的盈利能力和财务效率。

②销售净利率：该公司从2021年的1.84%提高至2022年的4.18%，而同期行业平均值从4.94%下降至3.49%。该公司在提高销售净利率方面取得显著进步，说明其在成本控制和销售定价上有优异表现。

③总资产周转率：该公司为1.0741，远高于0.67的行业平均水平。这表明该公司在利用其资产产生销售收入方面的效率远高于行业平均水平，是其高净资产收益率的重要驱动因素之一。

④权益乘数（财务杠杆）：该公司从2021年的2.8388增加到2022年的4.0684，而行业平均水平则较低，从2.25增至2.54。该公司权益乘数这一跃升显示该公司增加了其对财务杠杆的依赖，为扩大资产规模和支持增长战略采取了更积极的财务策略。

（2）综合财务分析

①盈利能力：该公司较高的净资产收益率主要受其提升的销售净利率和总资产周转率的正面影响，这两个指标共同提高了总资产净利率，进一步强化了该公司的盈利模式和财务表现。

②资产管理效率：该公司较高的总资产周转率表明，公司能够有效地利用其资产产生更多的销售收入，显示了其在资产管理和运营效率方面的优势。

③财务结构：该公司权益乘数的增加表明公司采取了积极的财务杠杆策略。虽然这种策略提高了财务风险，但也表明了该公司对未来发展的信心和其追求增长的决心。

（3）结论与建议

该公司2022年的财务绩效显示了其在盈利能力、资产管理效率和财务结构方面的显著优势。为了保持这一竞争优势并支持长期健康增长，该公司需持续优化其盈利结构和资产利用策略，同时谨慎管理财务风险。特别是在使用财务杠杆扩展业务时，需要平衡增长机会与潜在风险，确保企业稳健发展。此外，该公司还应继续关注市场需求变化、创新和成本控制，以应对行业挑战和市场竞争，进一步提升其市场领导地位和股东价值。

本章小结

在本章中，我们介绍了财务分析在企业决策和战略规划中的核心作用，并结合SQL语言的应用，强调了其在财务数据处理和分析中的重要性和实用性。通过学习财务效率分析指标和财务综合分析中杜邦分析体系的应用，我们能够全面评估企业财务状况和盈利能力，这对于企业战略的制定至关重要。

特别是，在SQL语言的支持下，我们能够进行高效的数据筛选、整合、聚合和多表连接操作，从而提升了财务分析的精确性和实效性。这种能力不仅仅是技术应用的提升，更是培养财务思维、批判性思维和创新能力的重要途径。

本章命令文本

序号	名称	命令文本二维码
1	9.2　创建BYD报表	
2	9.3.1.1　查询流动比率	
3	9.3.1.2　查询速动比率	
4	9.3.1.3　查询现金比率	
5	9.3.1.4　查询现金流量比率	
6	9.3.1.5　查询资产负债率	
7	9.3.1.6　查询负债权益比率	

序号	名称	命令文本二维码
8	9.3.1.7　查询利息保障倍数	
9	9.3.2.1　查询应收账款周转率	
10	9.3.2.2　查询存货周转率	
11	9.3.2.3　查询流动资产周转率	
12	9.3.2.4　查询总资产周转率	
13	9.3.3.1　查询销售毛利率	
14	9.3.3.2　查询销售净利率	
15	9.3.3.3　查询营业利润增长率	
16	9.3.3.4　查询总资产净利率	
17	9.3.3.5　查询总资产报酬率	
18	9.3.3.6　查询净资产收益率	

序号	名称	命令文本二维码
19	9.3.4.1 查询销售增长率	
20	9.3.4.2 查询净资产增长率	
21	9.3.4.3 查询经营净现金增长率	
22	9.4.1 查询销售净利率	
23	9.4.2 查询总资产周转率	
24	9.4.3 查询总资产净利率	
25	9.4.4 查询权益乘数	
26	9.4.5 查询净资产收益率	

练习与思考

一、选择题

1.在 SQL 中，使用以下（   ）命令可以计算流动比率。

A. SELECT   B. UPDATE   C. DELETE   D. INSERT

2.选择以下（   ）SQL 查询来计算速动比率。

A. 使用 JOIN 连接资产负债表和利润表   B. 使用 GROUP BY 分组数据

C. 使用 WHERE 筛选特定日期的数据   D. 使用 ORDER BY 排序结果

3.使用 SQL 进行财务分析时，以下（   ）函数通常不用于计算财务比率。

A. SUM()　　　　　　　B. AVG()　　　　　　　C. MAX()　　　　　　　D. CONCAT()

4.如果要通过SQL查询分析营业收入的年增长率，需要用到以下（　　）SQL子句。

A. LIMIT　　　　　　　B. JOIN　　　　　　　C. GROUP BY　　　　　　D. HAVING

5.在进行净资产收益率（ROE）分析时，应该从以下（　　）表中提取数据。

A.利润表　　　　　　　B.现金流量表　　　　　C.资产负债表　　　　　D.投资收益表

二、填空题

1.使用SQL计算存货周转率时，需要从_____表中提取营业成本和存货数据。

2.为了计算总资产报酬率（ROA），必须将利润总额与_____表中的资产总计相除。

3.SQL查询中使用_____函数，可以计算出指定时间段内的平均财务比率。

4.在资产负债表中，_____与流动负债的比值用于评估企业的短期偿债能力。

5.利用SQL分析财务数据时，通过比较连续两年的_____，可以评估企业的盈利增长情况。

三、判断题

1.SQL的GROUP BY子句可以用来计算每个部门的总资产。　　　　　　　　（　　）

2.在SQL中，使用AVG()函数可以直接计算出财务比率。　　　　　　　　（　　）

3.通过SQL查询，可以直接在一个查询中完成多年财务数据的比较和增长率计算。

（　　）

4.使用SQL进行财务分析时，通常需要结合使用JOIN和WHERE子句来提取和分析数据。　　　　　　　　　　　　　　　　　　　　　　　　　　　　　　　　　（　　）

5.利润表和资产负债表无须连接即可分析大部分财务比率。　　　　　　　（　　）

四、实操题

1.编写一个SQL查询，计算并展示2022年的流动比率。

2.利用SQL查询分析2021年至2022年营业收入的增长率。

3.创建一个SQL查询，展示2022年总资产报酬率。

4.使用SQL查询，比较2021年和2022年的存货周转率。

5.编写SQL查询，计算2022年的净资产收益率（ROE）。

五、思考题

1.讨论使用SQL进行财务分析的优势和潜在局限性。

2.思考如何使用SQL进一步深化对企业盈利能力和资产管理效率的分析。

3.探讨将SQL与其他数据分析工具结合使用在财务分析中的潜在价值。

4.分析在实际工作中如何应用SQL技能来提升财务报告的准确性和时效性。

5.考虑当前企业环境下，数据驱动的财务决策如何影响企业的长期竞争力。

第 10 章
SQL 常用函数

本章重点

SQL 内建函数：掌握 SQL 提供的各类内建函数，包括字符串函数、数值函数、日期和时间函数等，了解它们的基本用法和应用场景。

聚合函数的使用：深入学习如何使用聚合函数（如 COUNT()、SUM()、AVG()、MIN()、MAX()等）来对数据集进行汇总分析。

窗口函数：介绍窗口函数的概念及其在数据分析中的重要作用，如 ROW_NUMBER()、RANK()、DENSE_RANK()等，以及它们的使用方法和实例。

高级函数应用：探索更高级的 SQL 函数，如条件表达式（CASE 语句）、类型转换函数等，以及它们在复杂查询中的应用技巧。

本章难点

函数组合应用：如何将多个函数组合使用，解决实际业务中的复杂问题。

性能优化：在大数据集上使用函数时，如何优化 SQL 查询以保持高效的数据处理速度。

窗口函数的高级用法：理解窗口函数的高级特性，如使用分区、排序和帧规范，可能较为复杂。

函数应用的实际场景：将学习到的函数知识应用于实际的业务逻辑和数据分析中，将理论与实践结合。

思政要点

培养逻辑思维和问题解决能力：通过解决使用函数处理数据的复杂问题，锻炼学生的逻辑思维和问题解决能力。

激发创新思维：鼓励学生不仅学习函数的基本用法，还要探索函数的创新应用，培养学生的创新思维。

数据处理的职业伦理和社会责任感：在教学中强调数据处理的准确性、公正性和对个人隐私的尊重，培养学生的职业伦理和社会责任感。

团队协作和沟通能力：通过小组项目和案例分析，促进学生之间的交流和合作，提高团队协作和沟通能力。

SQL 函数用于在 SQL 查询中执行特定操作或计算，是处理、操作或计算数据的内置程序模块。它们支持数据处理的各种需求，以下是常见函数的分类及应用示例：

10.1　字符串函数

字符串函数在处理和操作文本数据时非常重要，特别是在数据清洗、预处理及生成报告的过程中。它们能够高效处理复杂的字符串操作。以下是几个常用的字符串函数及其应用：

（1）CONCAT()：连接字符串

功能：将多个字符串连接成一个完整的字符串，常用于将多个字段的值合并为一个新的数据表示。它可以处理任意数量的参数，并生成格式化的输出。

【示例 10.1】将一级、二级、三级编码合并为会计科目编码。

命令格式：

SELECT CONCAT(一级编码, '', 二级编码, '', 三级编码) AS 会计科目编码
　　FROM 会计科目表;

解释：使用 CONCAT() 函数将三个不同字段的数据用空格分隔后合并，形成完整的会计科目编码。这种方法将分散的数据组合成统一的格式，方便后续操作。

（2）SUBSTRING()：截取字符串

功能：从一个字符串中提取指定长度的一部分，常用于提取用户名、产品代码等特定片段。

【示例 10.2】从电子邮件地址中提取用户名。

命令格式：

SELECT SUBSTRING(电子邮件, 1, POSITION('@' IN 电子邮件) - 1) AS 用户名
　　FROM 联系人表;

解释：通过 SUBSTRING() 函数获取电子邮件地址中的用户名部分。使用 POSITION() 函数确定"@"的位置，再结合 SUBSTRING() 截取出"@"之前的字符串。

（3）LENGTH()：返回字符串长度

功能：返回字符串的字符长度，常用于验证文本输入的正确性或筛选长度符合标准的记录。

【示例 10.3】筛选名字超过 10 个字符的用户。

命令格式：

SELECT 名字
　　FROM 用户表
　　WHERE LENGTH(名字) > 10;

解释：通过 LENGTH() 函数筛选名字长度超过 10 个字符的用户。这个操作直观且适用于数据清理和长度验证。

（4）UPPER() 和 LOWER()：转换字符串大小写

功能：将字符串转换为大写或小写，确保字符串的一致性，避免因大小写不同而产生匹配错误。

【示例 10.4】将所有用户名转为小写。

命令格式：

SELECT LOWER(用户名) AS 用户名小写

FROM 用户表；

解释：使用 LOWER() 函数将所有用户名转为小写，避免因大小写不同而产生的匹配错误，确保查询或比较时保持一致性。

（5）TRIM()：去除字符串两端的空格或特定字符

功能：去除字符串两端的空格或指定字符，常用于清理用户输入，确保数据准确性。

【示例 10.5】清理用户输入的首尾空格。

命令格式：

SELECT TRIM(名字) AS 清洁名字

FROM 用户表；

解释：TRIM() 函数去除了名字字段中的首尾空格，确保用户输入数据的准确性，避免多余空格对后续查询或处理产生影响。

字符串函数能够高效灵活地处理文本数据，在数据清理、验证、格式化及展示等环节中发挥重要作用，提升操作准确性和数据可读性。

10.2 数值函数

数值函数用于对数据进行数学运算，从基本的四则运算到更复杂的计算。它们在数据分析、财务计算、统计等领域非常重要。以下是几个常用的数值函数及其应用场景：

（1）ROUND()：四舍五入到指定小数位

功能：将数字按指定精度四舍五入，处理财务数据或需要控制数值精度时特别有用。

【示例 10.6】将产品价格四舍五入到两位小数。

命令格式：

SELECT ROUND(价格, 2) FROM 产品表；

解释：将产品表中的价格字段四舍五入到两位小数，确保价格显示的精确度适合财务报表和客户展示，避免过长的小数部分。

（2）FLOOR() 和 CEIL()：向下或向上取整

功能：FLOOR() 将数值向下取整到最近的整数，而 CEIL() 则向上取整。适用于存储容量、分组分析等场景。

【示例 10.7】向下取整到最近的 GB。

命令格式：

SELECT FLOOR(存储空间) AS 存储 GB FROM 设备表；

解释：通过 FLOOR() 函数将设备的存储空间向下取整，结果以 GB 为单位显示，适用于处理硬件资源的整数展示。

（3）ABS()：计算绝对值

功能：返回数值的绝对值，关心数值的大小而不关心其符号，特别在金融和财务分析中有用。

【示例 10.8】**显示金额的绝对值**。

命令格式：

SELECT ABS(余额) FROM 账户表;

解释：将账户余额字段中的负值转化为正数，显示绝对值能更直观地反映账户欠款的实际金额。

（4）MOD()：计算除法余数

功能：返回两个数相除后的余数，适用于判断一个数是否能被另一个数整除，常用于数据分组或条件筛选。

【示例 10.9】**找出 ID 为偶数的用户**。

命令格式：

SELECT ID FROM 用户表 WHERE MOD(ID, 2) = 0;

解释：计算用户 ID 除以 2 的余数，当余数为 0 时，说明该 ID 是偶数。用于筛选偶数 ID 的用户。

数值函数提供了灵活强大的工具来处理数值运算，从四舍五入到整除操作，这些函数在数据展示和分析中扮演了关键角色，帮助在各种数据处理场景中实现精确计算。

10.3　日期和时间函数

日期和时间函数用于处理与日期或时间相关的数据，适用于时间分析、计算及记录时序数据。以下是常见的日期和时间函数及其应用：

（1）NOW()：获取当前日期和时间

功能：返回当前系统的日期和时间，精确到秒，适用于记录事件发生的时间、生成时间戳等情境。

【示例 10.10】**在用户登录时记录当前时间**。

命令格式：

INSERT INTO 登录记录表(用户 ID, 登录时间) VALUES (1, NOW());

解释：在用户登录时自动记录系统当前时间，便于后续查询。

（2）DATE_ADD() 和 DATE_SUB()：日期加/减时间间隔

功能：DATE_ADD() 将指定时间间隔加到某个日期上，而 DATE_SUB() 则减去指定时间间隔，适用于计算未来或过去的日期。

【示例 10.11】**计算 7 天后的日期**。

命令格式：

SELECT DATE_ADD(NOW(), INTERVAL 7 DAY);

解释：基于当前时间返回 7 天后的日期，适用于任务到期时间的计算等场景。

（3）DATEDIFF()：计算两个日期之间的天数差异

功能：返回两个日期之间的天数差，用于分析两个时间点之间的差异，如计算会员天数或项目持续时间。

【示例 10.12】**计算用户的加入天数**。

命令格式：

SELECT DATEDIFF(NOW(), 加入日期) AS 加入天数 FROM 用户表;

解释：返回从用户加入到当前的天数，用于分析用户在系统中的活跃时间。

（4）DAYOFWEEK()：获取日期对应的总星期几

功能：返回给定日期在一周中的第几天（1 表示星期天，2 表示星期一，依此类推）。适用于基于星期的分析。

【示例 10.13】找出在星期一注册的用户。

命令格式：

SELECT 名字 FROM 用户表 WHERE DAYOFWEEK(加入日期) = 2;

解释：通过 DAYOFWEEK() 函数筛选出在星期一注册的用户，方便分析用户行为模式。

日期和时间函数在处理与时间相关的任务时至关重要，提供了对日期和时间的全面操作能力，有助于时间分析、事件记录及时间间隔计算等工作。

10.4 聚合函数

聚合函数用于对一组值进行汇总操作，常用于生成统计数据和汇总报告。它们能够处理大规模数据并提取有用信息。以下是常见的聚合函数及其应用：

（1）COUNT()：计算记录数

功能：返回表中记录的数量，常用于统计数据总量，生成报表时常用。

【示例 10.14】计算用户表中的总用户数。

命令格式：

SELECT COUNT(*) FROM 用户表;

解释：计算用户表中的总用户数，方便统计和数据分析。

（2）SUM()：计算总和

功能：对一列数据求和，用于汇总财务数据、销售总额等。

【示例 10.15】计算所有订单的总金额。

命令格式：

SELECT SUM(订单金额) FROM 订单表;

解释：汇总所有订单的金额，生成销售总额报告，帮助分析销售业绩。

（3）AVG()：计算平均值

功能：返回某列数据的平均值，适用于分析成绩、价格等数据的总体水平。

【示例 10.16】计算用户评分的平均值。

命令格式：

SELECT AVG(评分) FROM 产品评论表;

解释：计算产品评论表的平均评分，便于了解产品的总体满意度。

（4）MAX() 和 MIN()：找出最大值和最小值

功能：返回某列数据的最大值或最小值，适用于寻找数据中的极值，如最高分、最低价等。

【示例 10.17】找出订单金额的最大值。

命令格式：

SELECT MAX(订单金额) FROM 订单表;

解释：找出订单表中最大金额，用于分析最大单笔交易的情况。

聚合函数是数据分析中不可或缺的工具，它们能够对大量数据进行统计和汇总，帮助生成有意义的报告和数据洞察。

10.5　窗口函数

窗口函数对数据集子集（窗口）执行计算，为每行返回值。

（1）ROW_NUMBER()：为结果集中的每一行分配一个唯一的序号。

【示例10.18】对销售额排序。

SELECT 销售人员, 销售额, ROW_NUMBER() OVER (ORDER BY 销售额 DESC) FROM 销售表;

（2）RANK()和DENSE_RANK()：分配排名。RANK()用于分配排名时，相同值会有相同的排名，下一个排名跳过中间值。DENSE_RANK()分配排名时，相同值有相同排名，下一个排名连续。

【示例10.19】学生成绩排名。

SELECT 学生ID, 成绩, RANK() OVER (ORDER BY 成绩 DESC) FROM 考试表;

（3）LEAD()和LAG()：访问后行或前行数据。LEAD()用于访问结果集中当前行之后的第N行数据，默认为后一行；LAG()用于访问结果集中当前行之前的第N行数据，默认为前一行。

【示例10.20】比较本月与上月销售额。

SELECT 月份, 销售额, LAG(销售额) OVER (ORDER BY 月份) 上月销售额 FROM 月销售表;

（4）NTILE()：分桶。

【示例10.21】按业绩分四个级别。

SELECT 销售人员, 销售额, NTILE(4) OVER (ORDER BY 销售额 DESC) 业绩分级 FROM 销售表;

10.6　函数的高级应用和性能考量

函数可独立或组合使用，需注意复杂操作对性能的影响。

高级应用：如利用CONCAT()与SUBSTRING()生成特定格式字符串，将聚合函数与窗口函数结合用于数据分析。

性能考量：复杂函数和大数据量操作可能影响查询速度，应考虑进行优化。优化包括索引使用、避免在WHERE子句中用函数、限制结果集大小等。

本章小结

本章简单介绍了SQL内建函数的应用，涵盖了字符串、数值、日期和时间等不同类型的函数，如COUNT()、SUM()、AVG()、MIN()、MAX()等，旨在帮助学生掌握这些函数的基本用法及其在实际场景中的应用。通过学习聚合函数，学生可以了解如何对数据集进行有效的汇总分析，这不仅可以增强学生的数据处理能力，还可以培养学生的逻辑思维和问题解决能力。

练习与思考

一、选择题

1.CONCAT()函数在SQL中用于以下（　　　）目的。

A.计算字符串长度　　　　　　　　　　　B.截取字符串的一部分

C.连接两个或多个字符串　　　　　　　　D.转换字符串为大写

2.要计算字段生日到当前日期的天数差，应使用以下（　　　）函数。

A.DATE_DIFF()　　　　B.DATEDIFF()　　　　C.TIMEDIFF()　　　　D.DAYDIFF()

3.在SQL中，ROW_NUMBER()属于以下（　　　）函数。

A.字符串函数　　　　B.数值函数　　　　C.聚合函数　　　　D.窗口函数

4.如果需要将产品价格四舍五入到整数部分，应使用以下（　　　）函数。

A.ROUND()　　　　B.FLOOR()　　　　C.CEIL()　　　　D.TRUNCATE()

5.为了移除字段用户名两侧的空格，应使用以下（　　　）函数。

A.TRIM()　　　　　　B.STRIP()　　　　　　C.CLEAN()　　　　　　D.RTRIM()

二、填空题

1._____函数可用于返回文本字段中字符的数量。

2.使用_____(日期字段, INTERVAL 1 YEAR)可以计算日期字段一年后的日期。

3._____函数在聚合数据时用来计算平均值。

4.在使用窗口函数时，_____OVER (ORDER BY 字段名）可以对结果进行排序编号。

5.为了将文本字段email中的所有字符转换为小写，可以使用_____函数。

三、判断题

1.UPPER()函数可以将字符串中的所有字母转换为小写。　　　　　　　　　　（　　　）

2.SUM()函数可以在WHERE子句中使用。　　　　　　　　　　　　　　　　（　　　）

3.使用DATEDIFF()函数可以计算两个日期之间的差异，结果以小时为单位。　（　　　）

4.窗口函数RANK()可以在没有OVER子句的情况下使用。　　　　　　　　　（　　　）

5.MOD()函数用于计算两个数相除的余数。　　　　　　　　　　　　　　　（　　　）

四、实操题

1.创建一个查询，使用CONCAT()函数将"会计科目表"的"一级科目"与"二级科目"合并为一个"二级明细科目"字段显示。

2.使用ROUND()函数创建一个查询，显示"产品表"中每个产品的价格，价格四舍五入到最近的整数。

3.编写一个SQL语句，使用DATEDIFF()函数找出所有在过去一周内注册的用户。

4.使用ROW_NUMBER()窗口函数为"销售记录表"中的记录按"销售额"降序排序，并显示排名。

5.创建一个查询，使用TRIM()函数清理"客户表"中"客户姓名"字段的前后空格。

五、思考题

1.讨论在大型数据集上使用聚合函数和窗口函数可能会遇到的性能问题，并提出可能的解决方案。

2.探索CONCAT()和SUBSTRING()函数的组合使用，解决实际业务中的某个问题。

主要参考书目

［1］ FORTA B．SQL必知必会［M］．5版．钟鸣，刘晓霞，译．北京：人民邮电出版社，2020.

［2］FEHILY C．SQL基础教程［M］．冯宇晖，贾文峰，译．北京：人民邮电出版社，2009.

［3］CELKO J．SQL权威指南［M］．4版．朱巍，钟鸣，王渊，译．北京：人民邮电出版社，2013.

［4］王珊，萨师煊．数据库系统概论［M］．5版．北京：高等教育出版社，2014.

［5］FORTA B．MySQL必知必会［M］．钟鸣，译．北京：人民邮电出版社，2009.

［6］MICK．SQL基础教程［M］．2版．孙淼，罗勇，译．北京：人民邮电出版社，2017.

［7］JEFFREY D，WIDOM J．数据库系统基础教程［M］．岳丽华，金培权，万寿红，译．北京：机械工业出版社，2009.

附 录

附录1 常用SQL命令

常用SQL命令见附表1。

附表1   常用SQL命令

命令	描述	示例
SELECT	查询数据	SELECT 列名称 FROM 表名称;
INSERT INTO	插入新的数据行	INSERT INTO 表名称 (列 1, 列 2) VALUES (值 1, 值 2);
UPDATE	更新现有数据	UPDATE 表名称 SET 列名称 = 新值 WHERE 条件;
DELETE	删除数据	DELETE FROM 表名称 WHERE 条件;
CREATE TABLE	创建新表	CREATE TABLE 表名称 (列定义);
DROP TABLE	删除表	DROP TABLE 表名称;
ALTER TABLE	修改表结构	ALTER TABLE 表名称 ADD 列名称 数据类型;
CREATE INDEX	创建索引	CREATE INDEX 索引名 ON 表名称 (列名称);
DROP INDEX	删除索引	DROP INDEX 索引名;
CREATE DATABASE	创建新数据库	CREATE DATABASE 数据库名称;
DROP DATABASE	删除数据库	DROP DATABASE 数据库名称;
USE	选择数据库	USE 数据库名称;

附录2 常用SQL函数

常用SQL函数见附表2至附表6。

附表2   字符串函数

函数	描述	示例
CONCAT()	连接两个或多个字符串	SELECT CONCAT(列 1, 列 2) AS 别名 FROM 表名称;
SUBSTRING()	截取字符串中的一部分	SELECT SUBSTRING(列名称, 起始位置, 长度) FROM 表名称;
LENGTH()	返回字符串的长度	SELECT LENGTH(列名称) FROM 表名称;
UPPER()	将字符串转换为大写	SELECT UPPER(列名称) FROM 表名称;
LOWER()	将字符串转换为小写	SELECT LOWER(列名称) FROM 表名称;
TRIM()	去除字符串两侧的空格或其他指定字符	SELECT TRIM(列名称) FROM 表名称;

附表3 数值函数

函数	描述	示例
ROUND()	四舍五入到指定小数位	SELECT ROUND(列名称, 小数位数) FROM 表名称;
FLOOR()	向下取整	SELECT FLOOR(列名称) FROM 表名称;
CEIL()	向上取整	SELECT CEIL(列名称) FROM 表名称;
ABS()	返回绝对值	SELECT ABS(列名称) FROM 表名称;
MOD()	返回除法的余数	SELECT MOD(列1, 列2) FROM 表名称;

附表4 日期和时间函数

函数	描述	示例
NOW()	获取当前日期和时间	SELECT NOW() FROM 表名称;
DATE_ADD()	日期加上时间间隔	SELECT DATE_ADD(日期列, INTERVAL 数量 单位) FROM 表名称;
DATE_SUB()	日期减去时间间隔	SELECT DATE_SUB(日期列, INTERVAL 数量 单位) FROM 表名称;
DATEDIFF()	计算两个日期之间的天数差	SELECT DATEDIFF(日期1, 日期2) FROM 表名称;
DAYOFWEEK()	获取日期是星期几	SELECT DAYOFWEEK(日期列) FROM 表名称;

附表5 聚合函数

函数	描述	示例
COUNT()	计算行数	SELECT COUNT(*) FROM 表名称;
SUM()	计算总和	SELECT SUM(列名称) FROM 表名称;
AVG()	计算平均值	SELECT AVG(列名称) FROM 表名称;
MIN()	计算最小值	SELECT MIN(列名称) FROM 表名称;
MAX()	计算最大值	SELECT MAX(列名称) FROM 表名称;

附表6 窗口函数

函数	描述	示例
ROW_NUMBER()	为结果集中的每一行分配一个唯一的序号	SELECT ROW_NUMBER() OVER (ORDER BY 列名称) FROM 表名称;
RANK()	分配排名，相同值会有相同的排名，下一个排名跳过中间值	SELECT RANK() OVER (ORDER BY 列名称) FROM 表名称;
DENSE_RANK()	分配排名，相同值有相同排名，下一个排名连续	SELECT DENSE_RANK() OVER (ORDER BY 列名称) FROM 表名称;
LEAD()	访问结果集中当前行之后的第N行数据	SELECT LEAD(列名称, N) OVER (ORDER BY 列名称) FROM 表名称;
LAG()	访问结果集中当前行之前的第N行数据	SELECT LAG(列名称, N) OVER (ORDER BY 列名称) FROM 表名称;

附录3 模拟试卷

模拟试卷（一）

一、选择题（30分，每题3分）

1.SELECT 语句用于（　　）。

A. 更新数据　　　　　B. 删除数据　　　　　C. 查询数据　　　　　D. 插入数据

2.在关系型数据库中，外键用于（　　）。

A. 唯一标识每行数据　　　　　　　　B. 增加数据冗余

C. 建立表之间的关系　　　　　　　　D. 存储大量文本

3.HAVING 子句通常与（　　）SQL子句一起使用。

A. WHERE　　　　　B. GROUP BY　　　　　C. ORDER BY　　　　　D. JOIN

4.NULL 值在 SQL 中表示（　　）。

A. 0　　　　　　　B. 空字符串　　　　　C. 未知或缺失的值　　　D. 非法值

5.以下（　　）SQL语句用于从数据库中删除表。

A. REMOVE TABLE　　B. DROP TABLE　　　C. DELETE TABLE　　　D. ERASE TABLE

6.在 MySQL 中，以下（　　）命令可以用来查看数据库中所有的表。

A. SHOW DATABASES　B. SHOW COLUMNS　C. SHOW TABLES　　　D. LIST TABLES

7.数据库规范化的主要目的是（　　）。

A. 增加数据处理速度　　　　　　　　B. 减少数据的安全性

C. 消除数据冗余　　　　　　　　　　D. 增加数据冗余

8.对于 LEFT JOIN 命令，以下说法中（　　）是正确的。

A. 只返回左表中有匹配的行

B. 只返回右表中有匹配的行

C. 返回左表中的所有行，即使右表中没有匹配

D. 返回右表中的所有行，即使左表中没有匹配

9.在 SQL 中，DISTINCT 关键字的作用是（　　）。

A. 按字母顺序排序　B. 连接两个表　　　C. 更新数据　　　D. 选取唯一不同的值

10.关于 SQL 语句的执行顺序，以下（　　）选项是正确的。

A. FROM -> WHERE -> SELECT -> GROUP BY -> HAVING -> ORDER BY

B. SELECT -> FROM -> WHERE -> GROUP BY -> HAVING -> ORDER BY

C. FROM -> SELECT -> WHERE -> GROUP BY -> HAVING -> ORDER BY

D. SELECT -> WHERE -> FROM -> GROUP BY -> HAVING -> ORDER BY

二、填空题（20分，每题2分）

1.SQL中，_____ 子句用于对结果集进行排序。

2.在创建新表时，_____ 关键字用于定义表中的列作为主键。

3._____ 函数用于计算表中某列的平均值。

4. 要从表中选出唯一不同的值，可以使用 SELECT _____ columnName FROM tableName; 。

5. 在 SQL 中，使用 _____ 命令来插入新行到表中。

6. _____ 子句用于在 SQL 查询中指定条件。

7. 使用 _____ 语句来更新表中的数据。

8. 使用 _____ 关键字来连接两个或更多的表。

9. _____ 函数用于返回表中某列的最大值。

10. 使用 _____ 子句来限制查询结果的数量。

三、判断题（20分，每题2分）

1. TRUNCATE TABLE 语句用于删除表中的数据，但不删除表本身。 （　　）

2. SQL 中的 UPDATE 语句可以同时更新多个记录。 （　　）

3. GROUP BY 子句可以用于汇总单个列的值。 （　　）

4. 在使用 INNER JOIN 时，只有匹配的行才会出现在结果集中。 （　　）

5. VARCHAR 类型的数据可以存储任意长度的文本。 （　　）

6. 在所有情况下，DELETE 语句比 TRUNCATE TABLE 语句执行得更快。 （　　）

7. PRIMARY KEY 约束自动地为数据库表创建一个索引。 （　　）

8. FOREIGN KEY 约束用于防止一个表中的列创建重复值。 （　　）

9. NULL 值可以通过算术运算符进行计算。 （　　）

10. HAVING 子句可以在没有 GROUP BY 子句的情况下使用。 （　　）

四、实操题（30分，每题10分）

1. 假设有一个名为 Products 的表，包括字段 ProductID, ProductName, Price。编写一个 SQL 查询，列出价格高于平均价格的所有产品。

2. 创建一个名为 Employees 的表，其中包含 EmployeeID（主键，整型），FirstName（字符串），LastName（字符串），DepartmentID（整型，外键）。

3. 假设有一个 Orders 表，包括 OrderID、CustomerID、OrderDate、TotalAmount。编写一个 SQL 语句来更新所有订单的 TotalAmount，使其增加 10%。

【答案提交说明】

确保在 MySQL 环境中测试以上 SQL 语句，验证其准确性。

对于实操题，提交时需包含执行前后的数据截图，以证明操作的效果。

解释每个 SQL 语句的作用，以及它如何满足题目的要求，这将有助于理解其应用场景。

对于可能影响数据完整性或安全性的操作（如更新和删除操作），建议在测试环境中进行，并确保有数据备份或恢复点。

模拟试卷（二）

一、选择题（30分，每题3分）

1. 在关系型数据库设计中，规范化的主要目的是（　　）。

A. 增加查询速度
B. 减少数据冗余和提高数据完整性
C. 增加数据冗余以提高恢复速度
D. 降低磁盘存储成本

2. 在SQL中，以下（　　）子句用于从结果集中排除具有重复值的记录。

A. GROUP BY　　　　B. ORDER BY　　　　C. UNIQUE　　　　D. DISTINCT

3. 使用INNER JOIN连接两个表时，结果集（　　）。

A. 包含左表中的所有行，无论是否有匹配

B. 只包含两个表中匹配行的组合

C. 包含右表中的所有行，无论是否有匹配

D. 两个表的笛卡尔积

4. 在MySQL中，以下（　　）语句用于删除数据库中的表。

A. DELETE TABLE tablename
B. DROP TABLE tablename
C. REMOVE TABLE tablename
D. ERASE TABLE tablename

5. 以下SQL函数中，（　　）用于返回指定列的唯一不同值的数量。

A. SUM()
B. COUNT()
C. COUNT(DISTINCT column_name)
D. AVG(DISTINCT column_name)

6. 在SQL中，以下（　　）命令用于创建视图。

A. CREATE VIEW view_name AS SELECT statement

B. MAKE VIEW view_name AS SELECT statement

C. BUILD VIEW view_name AS SELECT statement

D. SET VIEW view_name AS SELECT statement

7. NOT NULL约束确保指定的列（　　）。

A. 可以接受NULL值　　B. 不能接受任何值　　C. 不能接受重复值　　D. 不能接受NULL值

8. 在SQL中，LIKE运算符通常与以下（　　）功能一起使用来进行搜索模式。

A. 正则表达式　　　　B. 通配符　　　　C. 比较运算符　　　　D. 算术运算符

9. 以下（　　）命令用于向MySQL数据库中的表添加新列。

A. ADD COLUMN column_name datatype

B. INSERT COLUMN column_name datatype

C. MODIFY TABLE ADD column_name datatype

D. ALTER TABLE table_name ADD COLUMN column_name datatype

10. FOREIGN KEY约束用于（　　）。

A. 定义表的主键
B. 创建表之间的链接
C. 确保列没有重复值
D. 限制列的数据类型

二、填空题（20分，每题2分）

1. _____子句用于SQL语句中对记录进行分组。

2._____ 关键字用于SQL中指定连接的类型，如左连接或右连接。

3.在SQL中，_____ 函数用于计算某列的总和。

4.要更新表中的记录，我们使用 _____ 语句。

5._____ 关键字用于在SQL查询中排除那些条件不匹配的行。

6.在创建新表时，若要保证某列的值是唯一的，应使用 _____ 约束。

7.使用 _____ 语句来回滚当前事务中的更改。

8._____ 函数用于返回表中某列的最小值。

9.使用 _____ 子句来限定 GROUP BY 操作后的结果集。

10._____ 子句用于在SQL查询中合并多个查询结果，且自动去除重复的行。

三、判断题（20分，每题2分）

1.在SQL中，DELETE语句可以删除整个表的内容，但不删除表本身。　　（　　）

2.PRIMARY KEY 约束自动为被指定的列创建一个唯一索引。　　　　　（　　）

3.JOIN 操作只能在两个表之间进行，不能同时连接多个表。　　　　　（　　）

4.ALTER TABLE 语句用于修改已存在的表结构，如添加或删除列。　　（　　）

5.使用 LIKE 运算符时，% 代表一个或多个字符，而 _ 代表一个单一字符。（　　）

6.TRUNCATE TABLE 比 DELETE 无条件删除整个表的内容更安全，因为它允许回滚。（　　）

7.在使用 GROUP BY 子句时，选择的列必须在 GROUP BY 子句中声明。（　　）

8.FOREIGN KEY 约束用于防止在一个表中创建不存在于另一个表中的值。（　　）

9.VIEW 在物理上存储在数据库中，就像表一样。　　　　　　　　　　（　　）

10.UNION 操作符用于合并两个或多个 SELECT 语句的结果集，且默认情况下结果集中的行是唯一的。　　　　　　　　　　　　　　　　　　　　　　　　　　（　　）

四、实操题（30分，每题10分）

1. 假设有一个名为 Employees 的表，包括 EmployeeID, FirstName, LastName, DepartmentID。编写一个SQL查询，列出所有 DepartmentID 为5的员工的 FirstName 和 LastName。

2.创建一个名为 Inventory 的表，其中包含 ItemID（主键，整型），ItemName（字符串），Quantity（整型），Price（浮点型）。

3.假设有一个名为 Orders 的表，包含 OrderID, OrderDate, CustomerID, TotalAmount。编写一个SQL语句来找出 OrderDate 在 "2023-01-01" 到 "2023-12-31" 之间的所有订单，并按 TotalAmount 降序排列。

【答案提交说明】

在准备答案时，确保每个SQL语句都在 MySQL 环境中进行了测试，以验证其正确性和有效性。

对于实操题部分，建议提供详细的步骤和解释，说明如何构建查询或命令以及预期的效果。如果可能，包括执行SQL语句前后的数据库状态变化截图。

对于选择题和填空题的答案，可以提供简短的解释或理由，帮助理解为什么该选项是正确的。

对于判断题，除了指出对或错之外，也建议简要说明每个陈述为何正确或错误，这有助于深化对相关概念的理解。

模拟试卷（三）

一、选择题（30分，每题3分）

1.在 MySQL 中，以下（　　）命令用于查看当前所有的数据库。

A. SHOW DATABASES;　　　　　　　　　B. LIST DATABASES;

C. DISPLAY DATABASES;　　　　　　　　D. SHOW DB;

2.关系型数据库设计中，规范化的主要目的是（　　）。

A. 提高查询速度　　　　　　　　　B. 减少数据冗余，提高数据一致性

C. 增加数据的可读性　　　　　　　D. 降低硬盘使用量

3.在 SQL 中，BETWEEN 关键字的作用是（　　）。

A. 指定范围，选择在两个值之间的数据行

B. 比较字符串

C. 过滤重复数据

D. 分组数据

4.下列 SQL 函数中，（　　）用于返回字符串的长度。

A. LENGTH()　　　　B. SIZE()　　　　C. LEN()　　　　D. COUNT()

5.以下 SQL 子句中，（　　）用于对查询结果进行限制，只返回唯一的值。

A. LIMIT　　　　B. GROUP BY　　　　C. DISTINCT　　　　D. UNIQUE

6.下列（　　）是 SQL 中执行条件查询的关键字。

A. SELECT　　　　B. WHERE　　　　C. FROM　　　　D. ORDER BY

7.FOREIGN KEY 约束的作用是（　　）。

A. 保证数据的唯一性　　　　　　　B. 保证数据的完整性和一致性

C. 保证数据的安全性　　　　　　　D. 保证数据的可读性

8.在 SQL 中，使用以下（　　）子句对结果集进行排序。

A. SORT BY　　　　B. ORDER BY　　　　C. ARRANGE BY　　　　D. ALIGN BY

9.以下（　　）命令用于从表中删除所有行，但不删除表本身。

A. DROP TABLE　　　B. DELETE FROM　　　C. TRUNCATE TABLE　　　D. REMOVE ALL

10.在 SQL 中，NULL 表示（　　）。

A. 空字符串　　　　B. 零值　　　　C. 未知或没有值　　　　D. 空白字符

二、填空题（20分，每题2分）

1._____ 关键字用于在 SQL 语句中指定搜索条件。

2.要更改表中的数据，使用 _____ 语句。

3._____ 函数用于计算表中某列的平均值。

4.在 SQL 中，_____ 子句用于返回不同的值。

5._____ 关键字用于添加一个新的列到已存在的表中。

6._____ 子句用于在 SQL 查询中组合多个条件。

7.使用 _____ 语句从数据库中删除一个表。

8.在 SQL 中，_____ 函数用于找出某列的最大值。

9._____ 子句允许在 SQL 查询中对数据进行分组，以便执行聚合函数。

10.使用 _____ 子句可以在 SQL 查询结果中限制返回的记录数量。

三、判断题（20分，每题2分）

1.在 SQL 中，LIKE 运算符可以与 % 和 _ 通配符一起使用来进行模糊匹配。（　　）

2.TRUNCATE TABLE 命令可以删除表中的所有记录，并且可以通过 ROLLBACK 命令撤销。（　　）

3.在使用 INNER JOIN 时，结果集只包含两个表中有匹配的行。（　　）

4.PRIMARY KEY 约束可以保证列不接受 NULL 值，并且每个值都是唯一的。（　　）

5.UNION 操作符用于合并两个或多个查询结果集，并且会删除重复的行。（　　）

6.DROP TABLE 命令用于从数据库中完全删除表及其数据，但保留表的结构。（　　）

7.HAVING 子句用于对 GROUP BY 子句生成的分组结果设置条件。（　　）

8.在 SQL 查询中，ORDER BY 子句默认按照升序排列结果。（　　）

9.FOREIGN KEY 约束用于防止在一个表中创建不存在于另一个表中的值。（　　）

10.在 SQL 中，NULL 值与任何其他 NULL 值相等。（　　）

四、实操题（30分，每题10分）

1.设有 Customers 表，包含 CustomerID、CustomerName、ContactName、Country。编写一个 SQL 查询，找出所有来自"Germany"的客户，并按 CustomerName 排序。

2.创建一个名为 Products 的表，包括 ProductID（主键，整型）、ProductName（字符串）、SupplierID（整型）、CategoryID（整型）、Unit（字符串）、Price（浮点型）。

3.假设有 Sales 表，包含 SaleID、SaleDate、ProductID、Quantity、SaleAmount。编写一个 SQL 语句来更新所有在"2023-03-15"售出的产品的 Quantity，使其为原来的两倍。

【答案提交说明】

在测试 SQL 语句时，请在 MySQL 环境中执行，以确保其正确性。

提交答案时，建议提供包括执行 SQL 语句前后的数据库状态变化截图，尤其是对于实操题部分，这有助于证明解答的有效性。

对于实操题，解释说明 SQL 语句如何满足题目要求，以及它们的预期效果。

对于选择题、填空题和判断题的正确选项或答案，可以给出简短的解释或原因，以帮助理解为什么该选项或答案是正确的。

模拟试卷（四）

一、选择题（30分，每题3分）

1.在关系型数据库中，（　　）约束用于确保每行数据的唯一性。

A. PRIMARY KEY　　　　B. FOREIGN KEY　　　　C. CHECK　　　　D. UNIQUE

2.SQL中的以下（　　）命令用于返回有关数据库中表的元数据。

A. SHOW TABLES;　　　　　　　　　　B. DESCRIBE tablename;

C. SHOW COLUMNS FROM tablename;　　D. B 和 C 都是

3.以下SQL子句中，（　　）用于限制 GROUP BY 后结果的条件。

A. WHERE　　　　　B. HAVING　　　　　C. ORDER BY　　　　D. GROUPING

4.以下（　　）函数用于在SQL中计算日期差。

A. DATE_SUB()　　　　B. DATEDIFF()　　　　C. TIMEDIFF()　　　　D. SUBDATE()

5.在 SQL 中，UNION 和 UNION ALL 的区别是（　　）。

A. UNION 删除重复行，UNION ALL 不删除

B. UNION ALL 删除重复行，UNION 不删除

C. 没有区别

D. UNION 更快

6.以下（　　）命令用于在 MySQL 中创建一个新的用户。

A. CREATE USER username;　　　　　　B. ADD USER username;

C. NEW USER username;　　　　　　　 D. INSERT USER username;

7.使用以下（　　）SQL子句可以更改查询结果集的列名称。

A. AS　　　　　B. ALTER　　　　　C. RENAME　　　　D. CHANGE

8.在 SQL 中，NOT NULL 约束的作用是（　　）。

A. 确保列不能有重复值　　　　　　B. 确保列不接受 NULL 值

C. 确保列必须包含数据　　　　　　D. B 和 C 都是

9.以下（　　）SQL子句用于从数据库中的表返回数据。

A. GET　　　　　B. RETRIEVE　　　　　C. SELECT　　　　D. EXTRACT

10.在 SQL 中，INNER JOIN 与 LEFT JOIN 的主要区别是（　　）。

A. INNER JOIN 返回匹配的行，LEFT JOIN 返回所有左表的行及其匹配的右表行

B. LEFT JOIN 返回匹配的行，INNER JOIN 返回所有左表的行及其匹配的右表行

C. 没有区别

D. INNER JOIN 用于删除数据，而 LEFT JOIN 用于更新数据

二、填空题（20分，每题2分）

1.在SQL中，使用 _____ 函数可以返回当前的日期和时间。

2._____ 约束用于确保表中的每一行对于某个特定列都是唯一的。

3.使用 _____ 语句可以在已存在的表中添加一个新列。

4.在SQL中，_____ 关键字用于排除查询中的重复记录。

5._____ 子句在SQL中用于基于某些条件对结果集进行分组。

6.要从数据库中永久删除表，使用 _____ 语句。

7._____ 函数用于在SQL查询中计算某列的总行数。

8.使用 _____ 关键字可以在SQL查询中指定要返回的记录的数目限制。

9.在SQL中，_____ 运算符用于选择介于两个值之间的数据范围。

10._____ 约束用于确保列中的每个值都不是NULL。

三、判断题（20分，每题2分）

1.INDEX 在数据库中用于加速查询过程，但可能会减慢数据写入速度。　　　（　　　）

2.ALTER TABLE 命令用于更改现有表的结构，如添加或删除列。　　　（　　　）

3.在SQL中，所有的 JOIN 操作都需要使用 ON 子句来指定连接条件。　（　　　）

4.UNION 操作符默认情况下会对结果进行排序。　　　（　　　）

5.在使用 GROUP BY 子句时，只能使用聚合函数对结果集进行汇总。　（　　　）

6.LEFT JOIN 会返回左表中的所有记录，即使在右表中没有匹配的记录。　（　　　）

7.VIEW 是一种虚拟表，它的内容是基于 SQL 语句的结果集。　　（　　　）

8.TRUNCATE TABLE 命令比 DELETE FROM 命令执行速度慢，因为它要记录每一行的删除。　　　（　　　）

9.在 ORDER BY 子句中，默认情况下数据是按照降序排列的。　　（　　　）

10.FOREIGN KEY 约束是用来防止在关联表中创建不存在于主表中的值的。　（　　　）

四、实操题（30分，每题10分）

1.假设有一个名为 Employees 的表，包括 EmployeeID、Name、Position、Salary。编写一个SQL查询，找出薪水在前10%之内的员工名字和薪水。

2.创建一个名为 Books 的表，包含 BookID（主键，整型）、Title（字符串）、Author（字符串）、PublishedYear（整型）、Price（浮点型）。

3.假设有 Orders 表，包含 OrderID、CustomerID、OrderDate、ProductID、Quantity。编写一个SQL语句来更新所有在 "2024-02-14" 订单的 Quantity，将它们增加20%。

【答案提交说明】

执行SQL语句前，请确保已在MySQL环境中准备好相应的数据库和表结构。

对于实操题，需提交包括执行SQL语句前后的截图和结果，这有助于展示解答过程和结果。

提供每个SQL语句的简要解释，说明它如何满足题目的要求，以及它的预期效果。

对于可能影响数据完整性的操作（如更新、删除操作），建议在测试环境中执行，并确保有数据备份机制。

模拟试卷（五）

一、选择题（30分，每题3分）

1.以下（　　）SQL关键字用于返回唯一不同的值。

A. UNIQUE　　　　　B. DIFFERENT　　　　　C. DISTINCT　　　　　D. SINGLE

2.在SQL中，HAVING子句与以下（　　）子句最相似。

A. SELECT　　　　　B. WHERE　　　　　C. ORDER BY　　　　　D. GROUP BY

3.以下（　　）SQL语句用于插入新数据到一个表中。

A. ADD RECORD　　　　　B. INSERT INTO　　　　　C. UPDATE　　　　　D. CREATE RECORD

4.关于视图的说法，以下（　　）是正确的。

A. 视图可以包含多个表的数据　　　　　B. 视图不支持使用SQL函数

C. 视图是存储在数据库中的物理表　　　　　D. 修改视图将直接改变基础表的物理结构

5.以下（　　）命令用于创建索引。

A. CREATE INDEX　　　　　B. MAKE INDEX　　　　　C. ADD INDEX　　　　　D. SET INDEX

6.LEFT JOIN和RIGHT JOIN在功能上的主要区别是（　　）。

A. LEFT JOIN返回所有左表行，RIGHT JOIN返回所有右表行

B. LEFT JOIN返回所有右表行，RIGHT JOIN返回所有左表行

C. 没有区别，它们是同义词

D. LEFT JOIN用于连接三个或以上的表，而RIGHT JOIN只能用于连接两个表

7.以下（　　）SQL函数用于查找字符串"SQL Tutorial"中"SQL"的位置。

A. FIND("SQL")　　　　　B. SEARCH("SQL")

C. LOCATE("SQL", "SQL Tutorial")　　　　　D. POSITION("SQL")

8.在SQL中，以下（　　）关键字用于对结果集进行限制，只返回指定的记录。

A. STOP　　　　　B. LIMIT　　　　　C. TOP　　　　　D. RESTRICT

9.以下（　　）SQL语句用于更新数据库中的数据。

A. CHANGE　　　　　B. MODIF　　　　　C. UPDATE　　　　　D. ALTER

10.在SQL中，连接的默认类型是（　　）。

A. LEFT JOIN　　　　　B. RIGHT JOIN　　　　　C. FULL JOIN　　　　　D. INNER JOIN

二、填空题（20分，每题2分）

1.使用_____子句可以在SQL查询中排除重复的记录。

2._____关键字允许SQL语句中的条件判断，增加了语句的灵活性。

3.为了从表中选取满足特定条件的记录，应使用_____子句。

4._____函数用于返回表中某列值的总和。

5.使用_____语句可以从数据库中删除表。

6._____子句用于SQL查询中对结果集进行分组，通常与聚合函数一起使用。

7.在SQL中，_____函数可以用来计算某列的平均值。

8._____关键字用于SQL查询中对结果集的行进行排序。

9.在创建新表时，_____关键字用于指定表中某列的数据为唯一且不为NULL。

10.使用 _____ 语句可以向表中插入新的行。

三、判断题（20分，每题2分）

1.在SQL中，NULL与空字符串("")是等同的。　　　　　　　　　　（　　）
2.FULL JOIN 在SQL中用于返回左表和右表中所有的行。　　　　　（　　）
3.ALTER TABLE 命令可以用于为已存在的表添加或删除列。　　　（　　）
4.在SQL中，使用 LIKE 运算符进行模糊匹配时，_ 代表任意单个字符。　（　　）
5.GROUP BY 子句前不能使用 WHERE 子句。　　　　　　　　　　（　　）
6.索引可以提高数据库查询的效率，但可能会减慢数据插入、删除和更新的速度。

　　　　　　　　　　　　　　　　　　　　　　　　　　　　（　　）

7.INNER JOIN 只返回两个表中匹配的记录，不匹配的记录不会出现在结果集中。

　　　　　　　　　　　　　　　　　　　　　　　　　　　　（　　）

8.在SQL中，UNION 操作会合并两个查询的结果集并移除重复的行。（　　）
9.使用 TRUNCATE TABLE 命令删除表中的数据比使用 DELETE 语句更耗时。（　　）
10.视图（VIEW）可以用来简化复杂的SQL查询，并且像表一样使用。（　　）

四、实操题（30分，每题10分）

1. 假设有一个名为 Orders 的表，包含 OrderID，CustomerID，OrderDate，TotalAmount。编写一个 SQL 查询，列出所有 OrderDate 在 2023 年 1 月的订单，并按 TotalAmount 降序排列。

2. 创建一个名为 Employees 的表，包括 EmployeeID（主键，整型），FirstName（字符串），LastName（字符串），HireDate（日期），Department（字符串）。

3. 假设有一个 Stock 表，包含 ProductID，ProductName，QuantityAvailable。编写一个 SQL 语句使所有产品的 QuantityAvailable 为原来的 1.5 倍。

【答案提交说明】

在提交答案时，确保每个 SQL 语句都已在 MySQL 或相应的数据库管理系统中测试，以验证其准确性。

对于实操题部分，建议提供执行 SQL 语句前后的数据截图，这将有助于展示解决方案的效果。

在解释每个 SQL 语句时，简要说明其背后的逻辑，以及如何满足题目的要求，这有助于更好地理解每个题目的目的和解答方法。

对于选择题、填空题和判断题，除了给出正确答案外，也可以简要说明为什么该选项或答案是正确的，尤其是对于可能不那么直观的问题。

编后语

　　当您翻到这一页，我们希望这既是一个结束，也是一个新的开始。在这一路的学习旅程中，从数据库的基础概念到高级查询与分析，每一章、每一个例子，我们都精心设计，旨在为您提供最直观、最实用的学习体验。

　　SQL，作为与数据对话的语言，其重要性在当今的数据驱动世界中不言而喻。无论您工作需要，还是兴趣爱好，掌握 SQL 都将大大增强您在数据处理和分析方面的能力。我们编写这本教材的初衷，就是希望能够让更多人轻松进入 SQL 的世界，掌握这一强大工具。

　　我们深知，仅仅通过阅读书本是不足以精通 SQL 的。真正的理解和技能的培养，来源于不断的实践和探索。因此，我们在每一章节后都设计了【练习与思考】，鼓励您在实际的数据库环境中应用所学知识，解决实际问题。此外，我们也特别强调了团队协作和沟通的重要性，希望您能够在团队中分享您的见解，与他人共同成长。

　　在您继续前行的道路上，可能会遇到困难和挑战，但请记住，每一次的挑战都是成长的机会。我们诚挚希望这本教材能够成为您宝贵的学习伙伴，帮助您在数据处理和分析领域不断前进，达到新的高度。

　　最后，我们非常感谢您选择了这本教材。我们期待您的反馈和建议，以便我们不断改进和完善。无论您的数据之旅将会带您前往何方，我们都祝愿您一路顺风，不断发现、学习、成长。

　　感谢阅读，祝学习愉快！